羅馬人的故事 XIII

最後一搏

塩野七生 著

鄭維欣 譯

三民書局

作者介紹

塩野七生

一九三七年七月生於東京，畢業於學習院大學文學部哲學系，一九六三～一九六八年間遊學義大利。一九六八年開始寫作，於《中央公論》發表〈文藝復興的女性〉。一九七〇年，首部長篇作品《凱撒波吉耳抑或優雅的冷酷》獲頒每日出版文化賞，之後長住義大利。一九八二年以《海都物語》得到三多利學藝賞。一九八三年，獲頒菊池寬賞。自一九九二年起，以羅馬帝國千年興亡為題，著手寫作《羅馬人的故事》系列，並以每年一部作品的速度發表。一九九三年《羅馬人的故事I》獲頒新潮學藝賞。一九九九年再獲司馬遼太郎賞。二〇〇一年發行《塩野七生文藝復興著作集》共七冊。二〇〇二年榮獲義大利政府頒授國家功勞勳章。二〇〇五年獲日本政府頒贈紫綬褒章，二〇〇七年再獲文部科學省評選為文化功勞者。

三十周年經典紀念版序

《羅馬人的故事》新版發售之際，作者送給臺灣讀者的話

這部既不算是研究歷史的專業書籍，也不是歷史小說，在歐洲稱之為「歷史散文」的作品，我持續執筆了半世紀多，最在意的其中一件事情就是，為什麼這個國家能在完全認同個人思想與表現的同時，維持歷時長久的獨立與繁榮。

因而執筆了《羅馬人的故事》與《海都物語》兩部作品。《羅馬人的故事》是為了想知道大國發生過什麼事。另一部《海都物語》則是因為想了解，為何即使是小國，在確保個人思想與自由表達下，同時也能達成國家的獨立與繁榮。

其次，舉例古羅馬帝國與中世紀文藝復興時期的威尼斯共和國作為代表大國與小國的典範，也是有原因的。因為這兩國即使國家規模大小有所不同，卻都有能享逾千年長壽的共同點。

有些國家在鎖國的情況下也維持了長治久安。像是古希臘的斯巴達或江戶時期的日本。然而，持續開國方針而能長命百歲的國家卻很少。羅馬與威尼斯在這部分也有相同點。

我同樣建議目前居住在臺灣的各位讀者也務必閱讀《海都物語》。因為日本也是小國，而

臺灣也是小國之一。小國自有小國的生存之道，只要正視這個事實，也有付諸實行的強烈意志，就會讓國家邁向獨立與繁榮。

還有，如果可以的話，再推薦各位閱讀我的另一部「文藝復興小說」（暫譯，原名「小説イタリア・ルネサンス」）全四集，我會感到十分榮幸。在這部作品中我創造了兩位虛構的主角穿插在這段真實的歷史中。希望能讓讀者領會，個人的思想與表達的自由如何能成為創新的泉源。幾乎也可以換句話說，在那種無法保證絕對自由的社會下不會產生創新。因為正是這種自由，誕生了達文西與米開朗基羅為首的義大利文藝復興。而佛羅倫斯、威尼斯，無論在地理、人口規模上都只能算是小國。

儘管如此，大國的磨難也並未比小國少。羅馬與威尼斯相比的話，無論「磨難」的種類或數量，都令人感到十分類似吧。我覺得這才是閱讀歷史真正的樂趣。因為畢竟可以說「歷史總是一再重演，只是表現的型態不同」。

二〇二二年春天，於羅馬
塩野七生

修訂二版說明

《羅馬人的故事》不是一部正統的羅馬史。

塩野七生說：

我以「羅馬人的故事」為題，如果將日文的書名譯為拉丁文，故事與歷史的意義幾乎是相通的。……使用“Gestae”這個字，所謂“RES GESTAE POPULI ROMANI”，可直接翻譯為「羅馬人的各種行徑」。

換句話說，這是一部詳盡蒐羅史籍與資料，進而細膩描繪人物的經典作品。當我們隨著作者富有文學性的筆調，逐冊閱讀《羅馬人的故事》時，便會發現比起事實的陳述討論，塩野七生在這部作品裡更著重於「人」的故事。羅馬人在面對各種挑戰時如何解決？在面對強敵的進逼時，羅馬人是如何逆轉取勝？平息內憂與外患後，又如何迎向和平？羅馬著名的公共建設，其目的是「使人過得像人」？偉大的建築背後，隱含怎樣的思考邏輯？

無論思想或倫理道德如何演變，人類的行徑都在追求無常的宿命。

隨著作者的引導，我們得以像羅馬人一樣思考、行動，了解身為羅馬人，言行背後的思想與動機。羅馬從義大利半島上的一個小部族發跡，歷經崛起壯大，終致破滅衰亡的過程，不僅是歷史上一個橫跨歐亞非三洲的輝煌帝國史，或許也可在其中發現「羅馬人」的群體生活史。

在《羅馬人的故事XIII——最後一搏》，戴克里先接手逐漸擺脫混亂的三世紀，轉而面對問題重重的羅馬國內，他以政治智慧重振中興羅馬帝國，為帝國延續作出最後一搏，然而他創立的四頭政治能順利施行，全然建立在他個人絕對權威之下。當他卸下職責不再具有權威，而原本表面看似穩定進行的制度，又因君士坦提·克洛魯斯的猝逝產生其他可能，促使帝國再次陷入內戰危機，最後由兼具軍事及政治手腕的君士坦丁終結紛亂。然而在他治下的羅馬帝國，首都不僅不在羅馬，元首制轉為絕對君主制，羅馬眾神也被拋卻，僅存羅馬之名的帝國還是羅馬帝國嗎？作者透過側寫戴克里先及君士坦丁治下與過去羅馬和平時期的不同，讓讀者重新思考到底何為「羅馬帝國」，以及了解中世紀的基督教宗教文化鋪展起始。

希盼本系列能與您一同思考：羅馬何以成為羅馬？羅馬的千年興衰，對世界有何影響？更重要的是，羅馬人留給現代哪些珍貴的遺產？期待在讀完本書之後，能帶給您跨越時空的餘韻。

編輯部謹識

「一個事例無論結果如何惡劣，當回溯其最初的根源時，往往起於一片善意。」

～朱利斯．凱撒～

給讀者的話

假使把西元前八世紀起始，到西元後五世紀為止的時期，稱之為羅馬史的話，羅馬的整體制度演變應該可以這樣標示：

王政↓共和↓初期、中期帝政（元首政治）↓後期帝政（絕對君主政治）↓末期

本書要提到的，是在史學中已經定位為「帝政時代後期」，漸漸轉移為絕對君主政體時的羅馬帝國。

為什麼羅馬人要把政體轉為絕對君主制度？

其中到底有哪些細節？

與元首政治的差異又在哪裡？

而這個轉變又引來什麼樣的結果？

筆者沒有辦法為這些理所當然的疑問找出簡潔的答案，也沒有意願這樣做。因為筆者認為，只有一一追究史實，才有可能接近我們要的答案。

在羅馬帝國之中，凡事都大規模且多元化。不僅興隆期、鼎盛期是如此，就連走上了衰退的時代，這項特質也依舊沒變。

西元二〇〇四年夏季　於羅馬

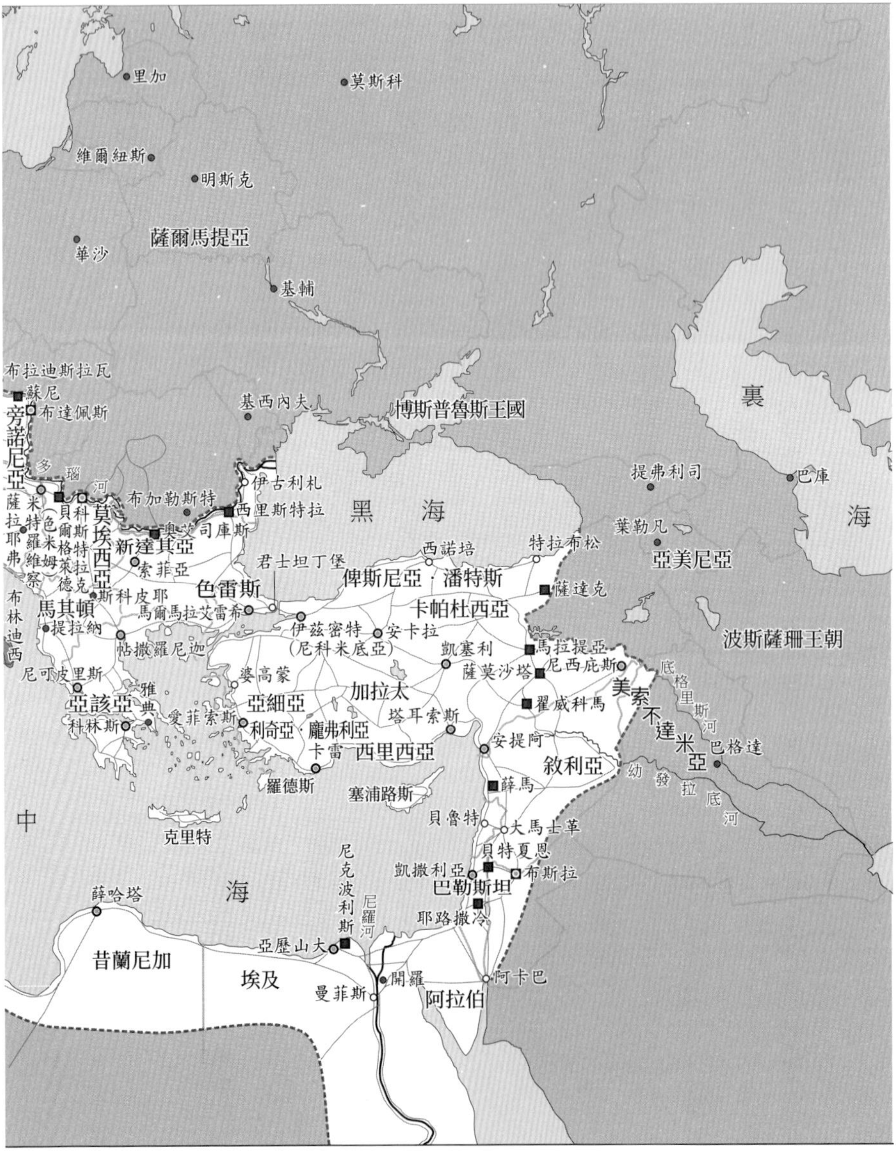
里加
莫斯科
維爾紐斯
明斯克
薩爾馬提亞
華沙
基輔
布拉迪斯拉瓦
蘇尼
布達佩斯
旁諾尼亞
基西內夫
博斯普魯斯王國
裏
提弗利司
巴庫
海
多瑙河
伊古利札
布加勒斯特
西里斯特拉
黑海
薩拉耶弗
米特羅維察
貝爾格勒
科斯特拉克
色米姆
莫埃西亞
奧艾司庫斯
新達其亞
葉勒凡
西諾培
特拉布松
亞美尼亞
索菲亞
君士坦丁堡
俾斯尼亞·潘特斯
薩達克
色雷斯
斯科皮耶
布林迪西
馬其頓
馬爾馬拉艾雷希
卡帕杜西亞
提拉納
伊茲密特
安卡拉
(尼科米底亞)
馬拉提亞
波斯薩珊王朝
帖撒羅尼迦
凱塞利
尼西庇斯
底格里斯河
尼可皮里斯
婆高蒙
薩莫沙塔
美索不達米亞
加拉太
雅典
亞該亞
亞細亞
翟威科馬
科林斯
愛菲索斯
利奇亞·龐弗利亞
塔耳索斯
巴格達
卡雷
西里西亞
安提阿
敘利亞
羅德斯
蘇馬
幼發拉底河
塞浦路斯
中
貝魯特
大馬士革
克里特
尼克波利斯
貝特夏恩
凱撒利亞
布斯拉
海
巴勒斯坦
薛哈塔
尼羅河
耶路撒冷
亞歷山大
昔蘭尼加
埃及
開羅
阿卡巴
曼菲斯
阿拉伯

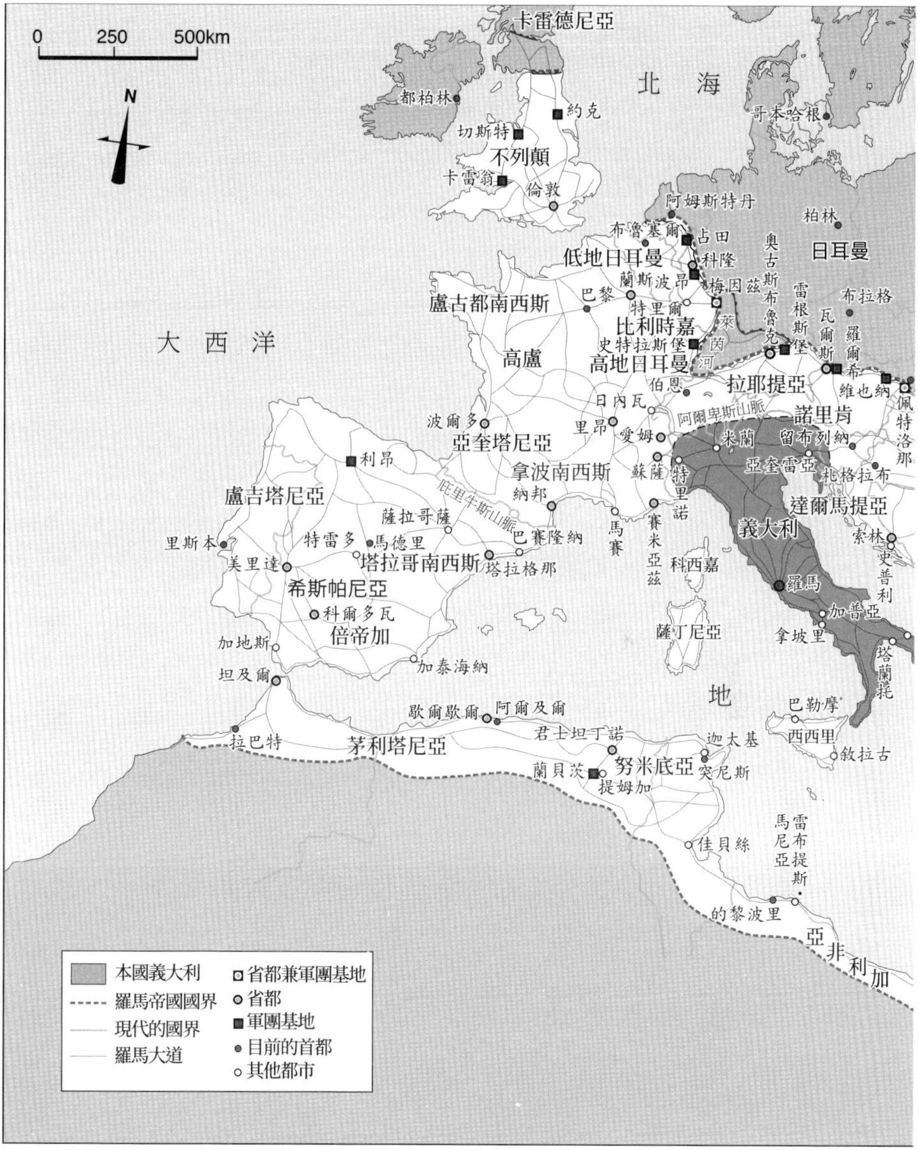

羅馬帝國全圖（西元三世紀末期）

目次

第二章　君士坦丁時代 133
（西元三〇六年～三三七年）

戴克里先 (Diocletianus)

脫出迷霧

我們很清楚西元二八四年登基稱帝之後，照羅馬風格易名為「戴克里先」的這個人物。可是在他登基之前，名叫「戴克里斯」的時期，卻沒有留下多少記錄。我們只能確認他在暴斃的努美梨亞皇帝之下擔任侍衛長。除此以外，就只知道他於西元二四五年左右出生於亞德里亞海東岸。其出生地位於現代的克羅埃西亞(Croatia)境內，在史普利地方附近，親生父母的姓名不詳。有人傳說他的父母是在農莊工作的解放奴隸，我們可以藉此推測他出身卑微。假設說他在符合羅馬人的成年標準十七歲時，便立刻志願加入羅馬軍團，代表他之後二十年都待在軍中。

可是在這段期間內，我們找不到他於戰場立功的痕跡。從士兵升遷到領導中隊規模的百夫長平均要五、六年，但就算扣除五年之後還有十五年的時光。這十五年之中，羅馬剛剛脫離西元二六〇年現任皇帝遭波斯俘虜的空前危機。軍人出身的奧雷利亞、普羅布斯、卡爾斯等皇帝正採取積極作戰的方針。換句話說，此時正是人人有機會在戰場上發揮實力的時期，可是在這段期間內，卻沒有人聽過「戴克里斯」的名字。偏偏他在這段時期正值從二十出頭到坐三望四的年紀，屬於最適於讓人肯定實力的年齡層。

光看這些背景，不僅讓人想同意大多數研究人員的看法。亦即戴克里先在軍事方面沒有才華。但會不會這段期間裡他雖然列籍軍中，卻沒有親自上陣，而是以軍團官僚的身份累積經歷？軍隊是一個必須凡事自行處理的組織，尤其羅馬軍團更是強調這項傳統。在羅馬軍團裡，不但有醫師、建築師，還有廚子與裁縫。想當年，為了讓屬下的軍團兵退伍後的生活有著落，朱利斯・凱撒是第一個在義大利以外地區建設大量殖民都市的武將。而且一個都市正好遷入一個軍團，可見軍團組織已經帶有居民共同體的特色，只要遷徙完畢，馬上就能發揮都市的功能。到了帝政時期之後，這項傳統也沒有改變。比方說北非的都市提姆加，就是圖拉真皇帝在位時，為了讓第三奧古斯塔軍團退伍後生活有著落，令軍團兵在服役期間親手完成的。

既然羅馬帝國的軍隊有這種特色，那麼就算不拿刀拿槍出外打仗，平時也有忙不完的工作。從戴克里先登基之後的舉措來推斷，想必當他在軍團之中擔任官僚時，也具有相當的實力。他能夠登基稱帝，成因在於受到軍團兵推舉。而士兵的眼光往往會集中在領導作戰的司令、指揮官身上。在面臨皇帝暴斃的緊急狀況下，士兵竟然會推選在後方的官僚繼位。可見戴克里先平時的工作績效已經深入了士兵的印象當中。而且士兵選擇的，不是適於過渡時期的年邁人物，戴克里先在登基時還挺年輕的。

同時這名軍團官僚，個性也不像所謂的小公務員。有很多人討厭自己負責的領域遭受別人干涉，戴克里先卻不是這種類型的人物。「委任外人」是戴克里先皇帝的基本政策之一。如果冷靜評估帝國面對的現狀，以及他個人的資質，這會是理所當然的結論。問題是並非每個人都有辦法達成這項結論。

西元二八四年戴克里先登基時，羅馬皇帝急於要處理的問題相當複雜。其中戴克里先最重視的問題，恐怕會是下列兩項：

第一項是安全保障，第二項則是帝國的結構改革。

具體而言，第一項的首要問題，是如何面對東方大國波斯。前任皇帝卡爾斯率軍渡過幼發拉底河攻入波斯境內，卻因為皇帝遭落雷擊斃，使得戰役無法持續進行。羅馬只好向西撤軍，在沒有締結休戰條約的狀況下中斷波斯戰役。因此，戰役隨時有死灰復燃的可能性。不過關於這項問題，由於前任皇帝卡爾斯率領的部隊，在皇帝謝世前已經對波斯軍造成重大打擊，波斯王應該無法輕易發動反攻。所以戴克里先也判斷這項問題可以暫時不處理。

不過，另一項問題是無法拖延的。那就是住在帝國北方防線萊茵河、多瑙河對岸的異族。當羅馬軍主力集中在東方時，北歐部族也趁虛而入，再度開始大舉入侵羅馬境內。遠赴東方的羅馬軍，是由卡爾斯皇帝率領。既然是由皇帝親自率領，那旗下自然全是羅馬軍的精銳。異族判斷如果要侵略帝國西側，就得趁這個防衛力量薄弱的時機，而且他們也真的付諸實行。

此外，在執行堅守帝國「防線」的工作時，也已經無法只顧及北方防線了。帝國南端的北非防線上，沙漠遊民也形成了一股威脅。南方的危機和北方異族一樣，在這個時期還沒有演變成外敵入侵後盤踞原地的局勢，他們大多是越境之後搶奪人員、財產、家畜，之後帶著戰利品回到自己定居地，亦即所謂盜匪行為。問題是，一旦這個現象成為常態，受害地區就沒有人敢居住了。滿心恐慌的居民會為了安全而流入都市，使得地方人口流失，都市人口過度集中。當帝國內部居民沒有適當分散，破壞城鄉均衡時，接下來就會引發生產力下跌，以及失業人口增加的問題。防止局勢惡化的唯一方法，就是安全保障。亦即大舉進行防衛工作，藉此致力維護和平。在整個西元三世紀中，地方荒蕪、都市過度集中的現象，是從帝國北方防線，亦即多瑙河、萊茵河沿岸逐漸往鄰近地區擴散。而到了三世紀末期，這個現象已經擴散到帝國南端的北非地區。

在當時，北方異族遍布廣大的北方國界外，像雲霧一樣地接連出現，往氣候溫暖豐饒的羅馬境內入侵。羅馬帝國投入了十六個軍團擔任防衛工作。但相對來看，北非「防線」的長度與北方防線不相上下，羅馬人長年來卻只有派遣一個軍團負責防衛。這個軍團以今日阿爾及利亞(Algeria)境內的蘭貝茨為基地，名稱叫做第三奧古斯塔軍團。從名稱來推測，這個軍團應該是由開國皇帝奧古斯都創建的。北非防線漫長綿延，範圍包括今日的摩洛哥、阿爾及利亞、突尼西亞(Tunisia)，乃至於利比亞。在這三百年時間裡，僅僅六千名主要戰力軍團兵就能擔任防衛工作。能達成這項任務的主要原因在於沙漠遊民的數量，比起森林裡的異族要少得多。此外，一個軍團足以承擔防衛任務的另一個原因，在於以主要戰力軍團的基地為軸心，周邊配置有退伍官兵集團移居的「殖民都市」和原住民城鎮。這些定點間有街道網路相連，重要據點上又設置碉堡城池。上述各項要點構成了羅馬帝國的防衛體系，而且能發揮功用。只不過到了三百年後的西元三世紀末期，這項體系也開始失靈了。

三世紀末期的羅馬帝國，受到跨越萊茵河、多瑙河入侵的北方異族強烈威脅，沒有餘裕增強防衛力量來抵制人數占相對少數的北非遊民，但實際情況又不容許羅馬官方棄置不理。在羅馬時代，北非是滿地綠蔭，以農業為主的大型產業地區。埃及是小麥的主要產地，埃及以西的北非產業更是豐碩。除了小麥以外，物產還包括橄欖油、水果及手工業製品等。當地人民的生活水準相對較高，義大利半島與北非航線上更是商船往來絡繹不絕。換句話說，帝國根據地義大利半島是一大消費地區，北非則是大生產區。雙方的關係要比義大利與西班牙之間更加密切。一旦北非受到威脅，對羅馬帝國而言，事情已經不是派遣增援部隊驅趕盜匪就可以了結的了。

除此以外，對於西元三世紀末期的羅馬帝國而言，光是擊退外敵，已經不足以恢復「羅馬和平」。也就是說，帝國內部也開始有敵人存在，不過這並不是指行省叛變反抗羅馬中央政府，而是羅馬政府苦於應付四處橫行的盜匪。尤其在高盧行省，不但盜匪構成大型集團四處作亂，甚至連軍方的多佛海峽警備艦隊都落入匪徒手中，使得暴行範圍擴及不列顛行省。

非法集團的勢力能夠如此強大的原因，換個奇怪的形容法來說，是盜匪的「品質」有所提升。過去的盜匪，只是威脅農民生活，搶奪旅人行囊的強盜。如今卻是除役原因不一的士兵與異族中激進份子的結合。也就是說，不久前還隔著帝國「防線」對峙的敵人，如今輕易地為了財物而互相合作。而這些人原本就熟悉武器與襲擊技巧，尤其上述武裝集團的首領，正是不久前還在擔任多佛海峽警備任務的羅馬軍指揮官。據說這個人改行當強盜的原因，是因為與異族作戰後的戰利品分配不均。也許我們可以說，盜匪集團素質的提升，起因於羅馬軍品質的下降。不管怎麼說，時代已經演變成必須由羅馬皇帝親自出馬對抗強盜了。

在登基之後，戴克里先立刻要面對上述敵人，只不過這還稱不上是燃眉之急。早在二十年前，羅馬才剛面對現任皇帝遭外敵俘虜，帝國一分為三的空前危機。隨後由於前線出身的軍人皇帝奮力作戰，雖說沒有完全克服危機脫離慘狀，至少使國家大勢得以挽回到以往的局面。與當時的情況比起來，三世紀末期必須處理的問題危險程度要低得多。挽回帝國局勢的有功人員，首推奧雷利亞皇帝。他在世時的處理模式，是一一推斷問題的優先順序，接下來毫不拖延地跑遍每一條戰線，親手解決所有問題。奧雷利亞與戴克里先同樣出身巴爾幹地區的社會低層，處理問題的方式卻不一樣。一來是因為這兩名皇帝的個性與資質不同，再者也和兩名皇帝面對的危機程度不一樣有關。

「雙頭政治」

早在登基之前許久，戴克里先就有一名好友。這個人與奧雷利亞皇帝一樣，出身多瑙河附近的色米姆（今日的米特羅維察）。也就是說，他與占據西元三世紀、四世紀羅馬皇位的人同樣出身於巴爾幹地區。由於出身社會低層，因此長年待在軍中任職，使得這個人也具有登基稱帝的資格。他名叫馬克西米安，據說年齡比戴克里先小五歲左右。

不過這兩名好友，個性可說是完全相反。戴克里先是個城府深沉不讓外人窺見的人物，馬克西米安則不但想法會透露在臉上，而且會立即付諸行動。比方說窗外傳來可疑的聲響，戴克里先會待在室內，先想辦法搞清楚聲音的來源；馬克西米安則是立刻帶著刀槍往屋外衝。我們不得而知這兩個人是怎麼變成朋友的，唯一確認的是馬克西米安打從內心佩服戴克里先，而戴克里先也是最清楚認識馬克西米安資質的人物。馬克西米安的特質在於擅長戰鬥。換句話說，他能打勝仗，因此受到士兵擁護。要說士兵尊敬馬克西米安，不如說他受士兵喜愛。有許多司令官作戰時位於後方發號施令，馬克西米安卻能身先士卒待在前線。

西元二八三年夏季，卡爾斯皇帝於波斯戰役途中遭雷殛逝世。

同一年秋季，卡爾斯之子努美梨亞皇帝，由美索不達米亞地區撤軍到小亞細亞的尼科米底亞（今日的伊茲密特），在此地被發現暴斃於行軍中的馬車內，之後士兵立即擁護戴克里先登基稱帝。

第二年，西元二八四年夏季，卡爾斯的另一名兒子卡梨努斯也死於爭戰中，等於自行退出了政治舞臺。

戴克里先這時年紀才四十左右，就攀上了羅馬帝國的最高權位者寶座，而且這時沒有人能威脅他的地位。

照一般人的作法，羅馬帝國皇帝的權勢才剛剛到手，當然不會急著與別人共享。可是戴克里先卻這樣做了。在這一年的秋季，他任命馬克西米安為「凱撒」，展開了「雙頭政治」。

長年以來，「凱撒．奧古斯都」稱號代表皇帝，「凱撒」稱號代表皇位繼承人。不過這種情況下，雙方的年紀平均會有二十歲左右的差距。凱撒既然是繼承人，那麼也應當有這個年齡差距。不過戴克里先想要的並非繼承人，而是能夠於他在位期間輔佐自己的左右手。戴克里先把實質上等同於皇帝的權力，分給了比自己小五歲的朋友，委由馬克西米安他全權處理帝國西方的各項問題。而他本人則專注於處理東方問題。這個時期的帝國東西方之分，大體上是以希臘和義大利之間為界。因此多瑙河防線屬於戴克里先的責任範圍，馬克西米安要負責的地區包括高盧、不列顛、希斯帕尼亞以及北非。將帝國分成東西兩邊，在於戴克里先判斷自己一個人無法脫離困境。戴克里先認為，他自己沒有足夠的軍事才能，可以像奧雷利亞皇帝一樣，在短短五年內把分割為三的帝國重新統合，他對情勢的判斷之正確，值得我們稱頌讚揚。順帶一提，奧雷利亞皇帝縱橫全國四處活躍時，戴克里先正值二十五到三十歲之間。在這個年齡中什麼都不學習的人，這輩子也不會有所成就。戴克里先當時雖然沒沒無聞，看樣子觀察能力還挺不錯的。

即使有研判個人極限的能力，基於判斷訂立方針的能力，要能把握時機執行方針，還需要乾脆果決的態度。從這方面來說，戴克里先還真是個毫不戀棧的男子漢。

當戴克里先任命馬克西米安為「凱撒」，代為處理帝國西側的問題後，如果他保留觀察時期，看看「左右手」能不能有所成就，想必不會受人責備，當事人馬克西米安也不會有何怨言。因為從受託恢復帝國西側的秩序至今，才過了半年多。這段期間內，馬克西米安的軍事活動成果固然往好的方向發展，但尚未帶來值得大書特書的戰果。也就是說，當馬克西米安成為「凱撒」之後，至此只是在執行任務而已。可是戴克里先卻又更進一步地推出下一個行動。從西元二八六年四月一日起，馬克西米安又升格為「凱撒．奧古斯都」，亦即皇帝，此時從戴克里先登基稱帝的時間還不滿兩年，馬克西米安會升格為皇帝，並非經由官兵推舉，而是戴克里先皇帝一個人下的決定。這樣一來，統治體系演變成由四十一歲

象徵「雙頭政治」的紀念幣

與三十六歲的兩名皇帝，分別統領帝國的東西兩側。不過戴克里先並不打算把羅馬帝國分割為東、西兩塊。

雖然同樣讓人稱為「奧古斯都」（皇帝），戴克里先在稱號上頭又追加了「優維烏斯」(Iovius)，意為最高神朱比特。馬克西米安的稱號上頭追加的則是「赫拉克斯」(Hercules)，是半人半神的希臘神話英雄名諱。不過，在自己的稱號上追加神名與英雄名諱，並不代表要大眾把活人當成神明崇拜。為了維持帝國統一局面，戴克里先不希望大眾認為目前是由兩名皇帝並列共治國家。古代人一聽到這些名諱馬上就能理解，冠上神明與半神的名字，只是想表明兩位皇帝的高下之分。當時的羅馬人也喜好為別墅冠上神明的名諱。假使某座別墅被命名為「維納斯」，並不代表這裡是愛與美的女神維納斯的宅院。臺伯留皇帝也把自己在卡布里上的別墅命名為「優維烏斯」，然而他卻是歷任皇帝中，唯一拒絕死後神格化的人物。不過，羅馬人這種多神教民族與神明親近密切的作風，的確也讓屬於一神教的基督教徒看了不舒服。在為別墅命名時，沒有任何基督教徒會把別墅叫做宙斯、耶穌基督或瑪利亞。

言歸正傳，傳說中的赫拉克斯，是個雄偉軒昂的大力士。馬克西米安獲得這項稱號之後，也表現得非凡卓越。原本出身帝國邊境農家的他，不僅是在戰場上衝鋒陷陣、神采飛揚的人才，如今更是兩名皇帝之一。志得意滿的馬克西米安沒有花費多少時間，就完成了恢復帝國西方秩序所需的軍力重整工作。或許是「現任皇帝」的稱號要比「繼承人」來得更具刺激效力。整頓好兵力之後，馬克西米安立即率軍前往萊茵河流域。

以現代的角度來說，萊茵河發源自阿爾卑斯山脈，之後穿越瑞士、法國、德國、荷蘭，而後注入北海。自從朱利斯・凱撒征服高盧，訂定萊茵河為國界後，三百五十年來這裡一直是羅馬帝國的重要防線之一。到兩千年後的現在，這條大河沿岸的重要都市，也幾乎全數起源於羅馬時代。現在的史特拉斯堡、梅因茲、波昂、科隆，在當時都是羅馬軍團的駐軍基地。兩千年後還能容納這麼多人居住，一來在於建設城鎮時羅馬人的地勢選擇眼光專業。二來當敲定地點之後，羅馬人修建的公共建設更是大規模且徹底。即使在帝國末期與中世紀屢次遭受異族入侵破壞，使得基礎建設失去功效，這些堅固的石牆還是能提供倖存者一個遮風避雨的空間。多年演變下來，無論以往是廣場、競技場或水道，這些以石材為主的建築開始讓人細分，轉化為一般民眾的住家。這一類的聚落逐漸擴大規模，慢慢地也就改頭換面，演變成近代都市了。不過要在氣候宜人的歐洲才有辦法產生這個現象，北非的城市就沒有這般幸運了。無人居住的城鎮，代表包括其周邊在內，同樣無人整頓，唯一的下場就是等著沙漠化。不過從考古學的立場來看，歐洲都市位於現代的都市地底深處，北非的都市卻只要挖開砂礫就能重見天日，更適於調查研究。

同樣地，兩千年後的多瑙河沿岸，有維也納、布達佩斯、貝爾格萊德等東歐各國首都，這些都市也起源自羅馬軍團基地。對於羅馬人而言，萊茵河與多瑙河並非單純的河流而已，而是守護帝國的「城牆」。順帶一提，在羅馬人的語言拉丁文中，萊茵河 (Rhein) 叫做萊努斯 (Rhemus) 河，多瑙河 (Donau) 則叫做多努布 (Danubu) 河或是多努維渥 (Danuvius) 河。

在筆者上一冊《迷途帝國》中，已經談論過陷入「三世紀危機」的羅馬帝國。雖然說萊茵河防線對羅馬帝國如此重要，但當時的萊茵河防線已經殘破不堪。這種殘破不堪的局面，並非僅限於萊茵河防線的局部劣勢。就連投入十到十二個軍團的多瑙河防線，情況也沒有好到哪裡去。應該說三世紀末期的羅馬帝國國防安全局勢，已經嚴重到不是投入一名猛將就可以獲得根本解決的了。

當一個人登上負責解決問題的位置後，很自然地會先急於解消當前的恐慌，把解決問題根源的程序往後順延。東方的一號皇帝戴克里先，以及西方的二號皇帝馬克西米安，在西元二八六年到二九三年的七年間便忙於解除危機。

我們首先來看看由馬克西米安負責的帝國西側。由於他原本就是個在戰場上活躍的人物，在整個戰線推移過程中，也一直維持積極的戰鬥方針。

他打敗了渡過萊茵河向西入侵的法蘭克族，乘勝追擊渡過萊茵河向東進攻，把這個北方異族裡的有力部族根據地燒成焦土。

當他免於後顧之憂以後，才掉頭回來對付橫行高盧地區的盜匪集團。當時的盜匪集團人員結構複雜，有從羅馬軍團開除的、脫逃的士兵；脫離原屬部落的異族；因社會治安不佳無法進行農耕只好拋棄耕地的農民，帝國經濟惡化致使由公費、私費提供的大眾娛樂減少，因而失業的鬥劍士；而在地方人口散失的同時，都市人口日益密集，也使得許多都市居民失去謀生手段。這就是三世紀盜匪集團的成員結構。也因此，盜匪的組織更加綿密，襲擊的方法更為巧妙。此外，政府長期忙於應付北方異族與波斯等強敵，無力整頓國內治安，也是盜匪橫行的原因所在。

「羅馬和平」固然代表著由羅馬確立的和平。受羅馬征服的行省民會跟著支持「羅馬和平」體制，在於羅馬不但防禦外敵入侵，同時也成功地維護了國內的治安。

當年哈德良皇帝在位期間，有一大半時間用於巡視帝國各地，尤其是邊境地帶。而哈德良皇帝在巡視途中，並未率領軍團隨行。既然身為皇帝，身邊難免要帶著侍衛。不過這些侍衛的人數，沒有多到讓受訪地區窮於接待。從這件事情可以得知，到包括哈德良在內的五賢君時代為止，「羅馬和平」還能發揮完整的功能。這是因為長年以來，羅馬的統治者把治安看得與國防安全一樣重要。假使治安敗壞，有錢有勢的人還是有辦法自保。他們有足夠的財力，可以組織私人警力或者雇用保鑣，可是一般民眾沒有這種條件。因此如果放任治安敗壞，第一個造成的影響，就是生產力下降。既然生產之後會被別人搶走，當然沒有人會願意付出勞力。此外，旅途平安不保的話，也會妨礙人員物資交流。長此以往會造成經濟活動衰退，經濟活動衰退則導致失業人口增加。所以說維護治安的工作與國防安全一樣，是「公家」必須負擔的職責。哈德良皇帝在世的二世紀，與戴克里先在位的三世紀末期不同之處，在於以往懲治盜匪用不著御駕親征，如今卻有這個必要。從當時的羅馬人眼中看來，馬克西米安皇帝在把異族趕回萊茵河對岸之後，回頭準備對付盜匪，這事情一點都不奇怪。

只不過，由於盜匪的品質提升、數量增加，要消滅這些強盜，花費的期間要比把異族趕回萊茵河對岸所需的時間更久。一來高盧範圍廣闊，以現代國別來說，包括整個法國、比利時、瑞士西半邊、德國西側的四分之一，以及荷蘭南部。再者皇帝要同時派兵前往高盧北端萊茵河注入北海一帶，因為這一帶近年出現一個自稱薩克遜的部族。而不論是哪一個部族出現，羅馬都得全力預防異族與盜匪聯手勾結。

馬克西米安好不容易處理完高盧的平亂工作之後，又把戰線推移到北非地區。雖然說有部份盜匪渡過多佛海峽逃入不列顛，不過在皇帝心中，恢復北非秩序的優先程度要高於恢復不列顛的秩序。畢竟從帝國的中央來看，北非的距離要比不列顛來得近。

北非雖然是羅馬帝國的南方邊境，卻沒有任何皇帝率領軍團走過。當地民眾知道以前有個哈德良皇帝巡視過這裡；北非出身的謝維勒皇帝衣錦還鄉的模樣，至今還是民眾閒聊的話題。另外有個與北非關係深厚的人登基當過皇帝，只不過這位葛爾迪亞努士皇帝在位期間只有短短半個月。雖然北非是帝國的重要地帶，然而自從四百五十年前迦太基滅亡以來，北非民眾從未見過率領部隊行軍的皇帝。也就是說，長年以來北非只要一個軍團就能承擔國防任務，如今卻需要皇帝親自帶著部隊支援，時代真的是不一樣了。

由皇帝親自率領羅馬軍介入事態，的確造成的效果也不一樣。將沙漠遊民驅逐到沙漠另一頭所需的時間，應該比驅逐高盧盜匪的戰鬥期間短得多。負責羅馬帝國西側的馬克西米安皇帝，總算把他的初期任務都辦好了。

在這段期間內，負責東方的戴克里先皇帝同樣也是忙得分身乏術。而且他要往來氣候、地形都極端不同的各個地區，也許我們該說他比年輕五歲的同事更忙碌。在帝國東方，首要急務是擊退渡過多瑙河入侵的異族。在各項史料中，找不到戴克里先親自指揮作戰的記載。想來他是在後方坐鎮，把實際指揮的工作交給屬下將領了。話說回來，就算只是身在戰場的一角，御駕親征的消息對戰鬥中的官兵也會造成莫大的影響。多瑙河起源自阿爾卑斯山，跨越中歐、東歐注入黑海，多瑙河防線也因而綿延漫長。將越境南下、大舉入侵羅馬的異族趕回多瑙河北岸的工作，花去了戴克里先皇帝兩年時間。

解決多瑙河問題之後，戴克里先立即又往東方前進。當然地，他只留下基本的防衛兵力，其餘戰力全數帶走。因為在他的規畫中，除了直接武力衝突以外，還包括以軍事力量為壓力進行談判。無論採用哪一種手段，他的計畫是逼迫波斯王交出幼發拉底、底格里斯兩大河中間地帶的「美索不達米亞」地區北部。這並非為了擴張羅馬的國土，主要目的還是在穩固與萊茵河、多瑙河並列羅馬三大防線的幼發拉底河防線。

後來，這項外交計畫算是成功了一半。波斯王雖然沒有把美索不達米亞北部割讓給羅馬，但羅馬方面迫使波斯王默認這個地方納入羅馬帝國統治之下。此外，羅馬成功地讓親羅馬派的提里達特斯三世登上亞美尼亞王位。

早在東側的主人還是帕提亞王國時，亞美尼亞王國立場偏向東側，或是西側的羅馬帝國，就是一項重大的外交問題。如果有亞美尼亞協助，羅馬除了能從西側的幼發拉底河岸監視以外，還能從美索不達米亞北部外側的山岳地帶監視整個美索不達米亞地區。也就是說，羅馬維持足夠的能力，得以從北端派兵南下，進入過去為帕提亞，如今乃波斯首都所在的美索不達米亞地區。從戰略角度來說，這是一個相當大的優勢。順帶一提，兩千年前的亞美尼亞，相當於現代的土耳其東部。現今的美國政府同樣極力拉攏土耳其，讓他們加入北大西洋公約組織(NATO)。土耳其西側以伊斯坦堡為中心，管制銜接黑海、地中海的博斯普魯斯海峽，因而戰略地位重要，不過這應該還不是唯一的原因，這個地區在蘇聯解體前的戰略地位重要，如今地位雖然相對稍有減弱，可是土耳其東部還銜接著伊拉克。

當戴克里先成功地強化這個地區的防衛體系時，已經是西元二八八年了。首都羅馬的元老院在這年表決，決定頒贈意為「克服波斯之偉人」的"Persicus maximus"稱號給戴克里先。雖說這場軍事外交沒有經歷任何戰鬥就獲得成功，不過元老院之中還是有人理解其重要性，不過在頒贈稱號的典禮期間，戴克里先還是沒有回到首都。即位至今已經四年了，可是戴克里先完全沒有踏上羅馬的土地。在這一年，戴克里先從敘利亞的安提阿率軍西行，前往多瑙河與萊茵河上游相接近的拉耶提亞地方。他的目的在於對萊茵河上游施加壓力，保護正在高盧討伐盜匪的馬克西米安背後不受威脅。

西元二九〇年，在沒有施壓的必要之後，戴克里先又率軍往東方移動。這次往東方行軍的目的，在於討伐開始出沒敘利亞的薩拉森族強盜。當帝國滅亡後，中世紀的主角正是薩克遜、法蘭克、倫巴底、薩拉森等部族，如今這些部族的名稱已經開始出現在眾人耳裡了。

討伐薩拉森人的作戰似乎短期內就結束了。隔年西元二九一年時，戴克里先皇帝已經身在埃及。他的目的不在觀光，也不在視察，而是要率領羅馬正規軍驅逐從尼羅河上游襲擊的原住民。埃及地區是羅馬帝國的穀倉，這裡常駐有一整個軍團。而就連在埃及地區，光仰賴常駐兵力，也已經無法對抗以往視為「零星威脅」的敵人了。

在埃及的任務目標似乎也在短期內完成。到了西元二九二年時，戴克里先又回到了多瑙河防線上。這次他的目的，在於擊退渡河南下的薩爾馬提亞族。

以上的記載，就是西元二八六年起，到二九二年為止的七年間，兩名皇帝的轉戰過程。在這七年之中，兩名皇帝只與對方見過一次面。當時正值西元二八九年至二九〇年間的冬天，兩人在羅馬時代稱為梅迪歐拉姆的米蘭一起度過了好幾天。馬克西米安正準備轉戰北非地區，戴克里先也正準備前往敘利亞討伐薩拉森人。也許這可說是風雨之前的寧靜吧。

總而言之，在這七年來，若從戴克里先登基起算，則是八年以來，帝國面臨的問題算是應急處理完畢了。這足以證明將帝國分成東西兩方，各由一名皇帝負責的「雙頭政治」體系可以發揮功效。不過當時四十七歲的戴克里先，卻準備架構一個更縝密的體系。

「四頭政治」

西元二九三年五月一日，戴克里先位於他的根據地，小亞細亞西部的尼科米底亞，而馬克西米安位於北義大利的米蘭。兩個人同時發布這項宣言，展開了史上稱為"tetrarchia"，由四個人分擔統治的體系。

兩名「奧古斯都」之下，各自任命一名「凱撒」。

帝國西方的「奧古斯都」馬克西米安任命的「凱撒」，叫做君士坦提·克洛魯斯。據說兩個人年齡一樣。

帝國東方的「奧古斯都」戴克里先任命的「凱撒」，叫做伽雷留斯。據說他出生於西元二六〇年左右，因此他與戴克里先之間相差大約十五歲。

不過，君士坦提·克洛魯斯與伽雷留斯似乎皆是戴克里先挑選的，而這兩人的作用，並非是當成皇帝繼承人人選，藉此穩定政局。

首先，這四個人都是在羅馬軍團中累積經歷的「武將」，而且四個人都出身多瑙河到亞德里亞海濱之間，後世稱為巴爾幹的地區。在當時，有許多良將出身於此，而且農家生長的背景也是這四個人的共通點。

也就是說，一來四個人是同鄉較易於溝通，再者都是於戰場活躍的優秀武將，又加上他們的出身，與個人主義、消極傾向日益增強的既成富裕階層無緣。從年齡來看又屬於壯年時期，經驗與體力、氣魄正好處於均衡點。相信這會是戴克里先做人事取捨時的標準所在。

在這之前，我們可以將「奧古斯都」翻譯為「皇帝」；「凱撒」翻譯為「皇位繼承人」。當實施「四頭政治」之後，則要翻譯成「正帝」、「副帝」才較為契合實況。只不過這是我們在翻譯時的技巧問題。於當時的記錄中，原文依舊是“Augustus”、“Caesar”。戴克里先保留了舊的稱號，只是把內容更換了。皇位繼承人不能待在後方枯坐，「凱撒」與「奧古斯都」要承擔幾乎同等的職責。這個內情，從四個人的年齡上也看得出來。「四頭政治」起始於西元二九三年，在此將這一年四個人的年齡條列如下。不過由於他們生年不詳，我們得要在數字後加上「左右」兩個字。

帝國東方「正帝」戴克里先，四十八歲。

「副帝」伽雷留斯，三十三歲。

帝國西方「正帝」馬克西米安，四十三歲。

「副帝」君士坦提·克洛魯斯，四十三歲。

而且不僅「正帝」，東西兩名「副帝」也有明確的防衛區域劃分。如果對著地圖一一分辨，則由帝國西側向東依序如下：

「副帝」君士坦提負責的區域，包括不列顛、高盧、維納西斯、希斯帕尼亞，以及隔著古代稱為「赫拉克斯雙柱」的直布羅陀海峽對峙的西北非洲。首都位於萊茵河支流，摩澤爾河上游的特里爾。這個地方位於今日的德國、比利時國界附近。

「正帝」馬克西米安負責的地區，從今日德國南部的多瑙河上游起始，跨越阿爾卑斯山到達義大利本國。又渡過科西嘉、薩丁尼亞、西西里等島嶼，到包含今日阿爾及利亞、突尼西亞、利比亞的北非地區。首都為米蘭，據說選擇此地為首都，在於交通方面無論跨越阿爾卑斯山北上，或者前往帝國首都羅馬都很方便。

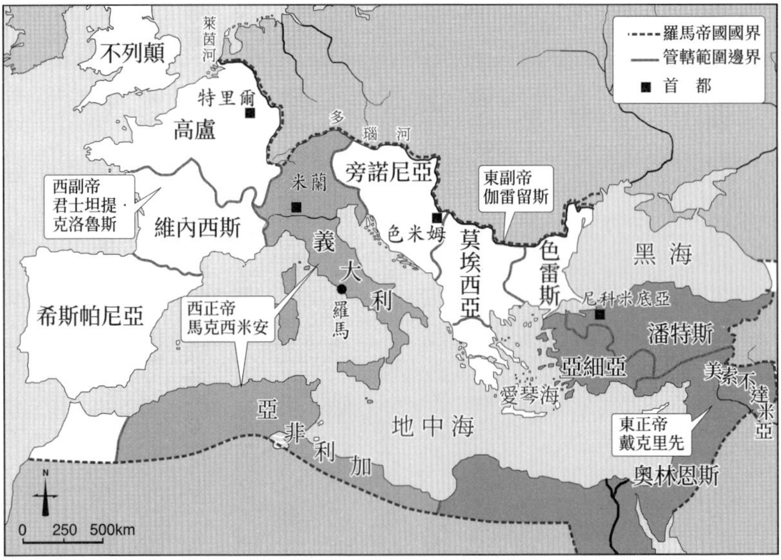

「四頭政治」時期的羅馬帝國略圖

有趣的是，對古代人來說，地中海不是交通的障礙，而只是銜接目的地的道路。在兩千年後的現代，能抱持同樣想法的，只有出身北非，把生命依託給舢舨、橡膠艇的難民。

我們再將眼光往帝國東方看過去。「副帝」伽雷留斯承擔的地區，為整個多瑙河防線南方。當時這個地區，又細分為旁諾尼亞、莫埃西亞、色雷斯等地。只不過這個地區以多瑙河為北界，南端則有亞德里亞海、伊歐尼亞海、愛琴海等海洋。我們可說他負責的區域為包含希臘在內的整個巴爾幹地區。從地圖上看來，他負擔的區域最小，可是他要負責維持人稱「羅馬帝國國防能力檢測儀器」的多瑙河防線安危。從這一點就能看得出來，為何戴克里先把四個人之中年紀最輕的伽雷留斯安排在這裡。首都為色米姆，距離多瑙河只有二十公里。亦即代表了身為總司令的人要隨時處在前線。

轉移為「四頭政治」體系之後，「大皇帝」(senior Augustus) 戴克里先的優勢依舊沒變。在「四頭政治」之中，並非將帝國分成四塊，而是由四個人分擔不同地區的防衛任務，皇帝之間的地位並不平等。四名皇帝之間的等級分得很清楚，首先由「大奧古斯都」戴克里先居上位，其下為「小奧古斯都」(junior Augustus)，接下來則是兩名「副帝」。由於在軍事方面兩名副帝具有與正帝同等的權力，如果等級區分沒劃分清楚，帝國馬上會分成四塊。

在四名皇帝中居首位的正帝戴克里先，負責的區域是以「奧林恩斯」(Oriēns) 一詞總稱的帝國東方地區。其中包括小亞細亞、敘利亞、巴勒斯坦，以及埃及，這裡要面對的最強大敵人當然是波斯。在羅馬史上，東方國防負責人通常把官邸設置於敘利亞的大城市安提阿。不過戴克里先沒有把這裡當成首都。他把首都定於小亞細亞西北部的尼科米底亞，因為從海港都市尼科米底亞出發，可以向西渡海送援軍到多瑙河防線，又能藉由海路通往東方的敘利亞、南方的埃及。

四名皇帝的首都，不是位於防線邊上，就是位在容易馳援的地方。由此可以證明「四頭政治」體系，是以帝國國防為最高目的而設計。亦即四名皇帝具有明確的責任區劃分，四個人也同時肩負羅馬帝國的國防重任。因此四個人之中戴克里先的地位，已經不是「雙頭政治」時期的「優維烏斯」，而開始稱為「大」。這並不是因為四名皇帝之中他的年紀最大。我們可以解釋為軍事由四個人平均分攤，但是治理整個帝國所需的方針，實際是由戴克里先一個人決定。

那麼，當戴克里先決心創建「四頭政治」體系時，是否已經確信帝國國防只能以這種型態維持呢？也就是說，是否短期防衛的話，「雙頭政治」有辦法應付；要長期維持國勢，還是得採用「四頭政治」？因為這項問題，又與羅馬的國防安全體制演變有深刻的關係。

其實，帝國並不等於由皇帝治理的國家。帝國一詞起源於拉丁文的“imperium”。這個名詞是從具有統治、支配、命令等意義的動詞“imperare”衍生而來的。也就是說，一個國家無論政體是共和政治或者帝政，只要是把其他國家民族納入統治的霸權國家，這個國家就是「帝國」了。古代羅馬人在西元前二世紀打敗大國迦太基，後來趁勢征服地中海周邊，因此將地中海稱為「內海」、「我們的海」。雖然羅馬的政體還是共和政治，羅馬人已經開始自稱「帝國」，

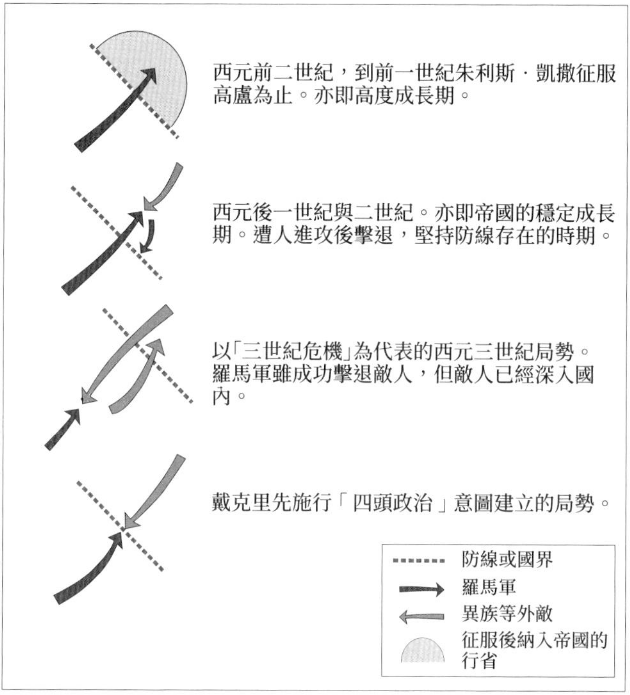
西元前二世紀，到前一世紀朱利斯·凱撒征服高盧為止。亦即高度成長期。
西元後一世紀與二世紀。亦即帝國的穩定成長期。遭人進攻後擊退，堅持防線存在的時期。
以「三世紀危機」為代表的西元三世紀局勢。羅馬軍雖成功擊退敵人，但敵人已經深入國內。
戴克里先施行「四頭政治」意圖建立的局勢。
防線或國界
羅馬軍
異族等外敵
征服後納入帝國的行省

羅馬帝國國防體系演變

並且留下書面記錄了。因為他們已經將地中海和周邊國家、民族納入霸權之下。

從西元前二世紀起，至戴克里先推行「四頭政治」的西元四世紀為止，羅馬的防衛體系演變大體上如附圖所示。

為什麼戴克里先把國防看得這樣重要？他雖然出身行省的社會低層，但當他登基之後，想法也開始與歷任羅馬皇帝一樣，認為帝國的領袖皇帝最大的職責，在於保衛帝國人民的人身安全。如果失去保障，那麼國家不再是國家，皇帝也失去身為皇帝的資格。乍看之下，這個想法太理所當然，不必特別記載。然而當人們想要度過危機時，有必要站在最根本的課題上重新制定方針。這種思考方式，有助於人們不脫離最優先的事項，是最有效的方法。雖然解決面前的急務固然重要，但是若把注意力過度集中在面前的事情，很可能迷失最重要的目標。筆者認為，「四頭政治」是根據最重要、最根本的課題構築的政治體系。

而且我們可以說，「四頭政治」也的確充分發揮解決最重要課題的功能。四頭政體的特色，在於四名皇帝把據點設置在防線附近壓制敵人，效果也是有目共睹。西元三世紀時，異族大舉入侵，攻至羅馬國內深處，使得羅馬人生活在絕望之中，如今這些悲慘的情景總算消失了。國防情勢雖然沒能恢復到西元一、二世紀，那種攻入對方防線以堅持我方防線的局面。但至少三世紀那種異族渡過萊茵河、多瑙河大舉入侵，在羅馬軍出動趕往現場反擊前的暴虐景象已經成為過去。歷史學者中有不少人認為，由於戴克里先的出現，以及其後推行「四頭政治」，使得羅馬帝國中興復甦了。

從國防方面來看，這些話的確說得沒錯。敵人並非消失不見了，只不過以往遭人壓制，如今卻轉為壓制敵人的局面。這個局面的效果，使得異族再也無法深入帝國內部，也就代表帝國內恢復了安全與和平。戴克里先登基後一個人治國的期間為一年不到，後來施行七年的「雙頭政治」，再加上「四頭政治」能正常發揮功能的十二年，一共有二十年。在這二十年中，不用擔心有強盜或異族侵入家中，院子也不會淪為羅馬軍驅逐外敵用的戰場。可想而知當時的羅馬

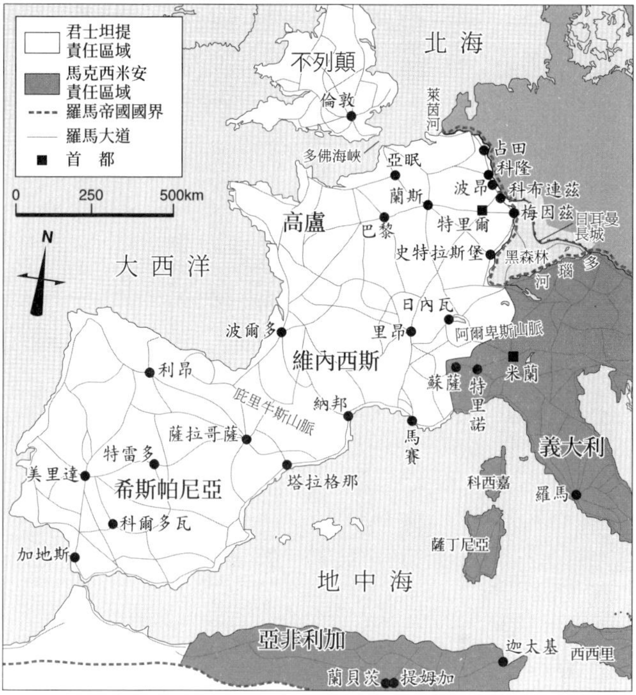

羅馬帝國西方

人有多麼的安心。和平是人世間最有價值的寶物，可是如果什麼都不做，這項寶物馬上會消失不見。

擔任不列顛、高盧、希斯帕尼亞防衛任務的副帝君士坦提，也沒有時間穩定待在首都特里爾。

從羅馬時代稱為「特列維羅姆」(Treverorum) 的特里爾，沿著「摩澤拉」(Mosella)，亦即現代的摩澤爾河而下約一百公里，可以到達萊茵河防線。摩澤爾河與萊茵河匯流的地方叫做科布連茲，這個名稱也是從羅馬時代的名稱，意為匯流處的「科布恩提斯」(Confluentes) 轉音而來。

由此北上，可以到達羅馬時代的「波昂奈」(Bonna)，亦即現代的波昂。向東可以到達羅馬時代稱為「莫根提亞奎姆」(Mogontiacum) 的梅因茲。往東南可以銜接羅馬時代稱為「阿爾根特拉屯」(Argentorate) 的史特拉斯堡。順著羅馬大道向西行，可經由蘭斯、亞眠到達多佛海峽。蘭斯和亞眠都是羅馬大道的 "Confluentes"，亦即會合點，因此在羅馬時代，其重要性高於巴黎。從現代人的眼光來看，這段路橫跨德國、比利時、法國。不過時代不同，地理感覺也會隨之變化，也就是說，這是習慣問題。想必在古羅馬人的腦海裡，會很自然地擺著一張帝國全圖。即使在有汽車可開的現代，都會覺得這麼一大段距離讓人難過，可是副帝君士坦提卻常常在這段路上來回，他甚至要渡過多佛海峽，前往不列顛，討伐當地異族與盜匪。對君士坦提而言，在副帝職位上的十二年，只怕就是往東、北、西到處奔波的日子吧，不過也是因為這麼一番折騰，高盧與希斯帕尼亞才能享有和平的日子。

由於有副帝君士坦提活躍於戰場，進入「四頭政治」時期後的十二年中，西正帝馬克西米安的日子算是比以前平穩了。

羅馬時期的「梅迪歐拉姆」(Mediolanum)，就是後世的米蘭。這裡既不是羅馬軍團的基地，也不是退伍軍人的殖民城市。西正帝會選擇以此地為根據地，也顯示出羅馬帝國後期軍事局勢的變化。這裡有羅馬大道通過，容易派兵穿越阿爾卑斯山，前往萊茵河上游及多瑙河上游地區。

假設守護有如側腹要害的這一帶的「日耳曼長城」沒有棄守，還能發揮功效；又或者三世紀後半沒發生過異族入侵義大利本國深處的苦痛經驗，米蘭也不會成為身兼總司令的皇帝根據地。時代的變遷，也連帶使中心地帶跟著變遷。

北非地區在五百年後，將會納入伊斯蘭文明圈之中。而義大利半島，到現代已經是基督教的大本營。其實在這兩個地區信仰兩大一神教之前，互相之間有著密切的關係。當阿爾卑斯以北的危機程度下降之後，身在米蘭的馬克西米安皇帝注意力很自然地轉移到北非上。他在任期之中也的確花足力氣重整責任區內的北非防衛體制。我們甚至可以說，北非地區的民眾支持，全部集中在他一個人身上。不過帝國首都羅馬同樣在他管轄之下，馬克西米安卻沒有留下任何滯留首都的紀錄。馬克西米安曾讓人質疑是否因虛榮心作祟，才跑到北非去讓有錢的農莊主人奉承。可是他對於年長的好友戴克里先卻保持應有的禮貌，可說是個守規矩的男子。如果沒有戴克里先在場，他的腳步絕對不會踏入帝國首都羅馬。也因此，儘管米蘭與羅馬僅有咫尺之遙，羅馬的居民卻長年過著看不到皇帝的日子。

帝國東方副帝伽雷留斯是四名皇帝中年紀最輕的，也因此責任區域被劃分到可說是帝國命脈，難度也最高的多瑙河防線。他在就職副帝之後，花了兩年整治防衛任務。光看防線的長度，便有西副帝君士坦提一再往返的萊茵河、多佛海峽、不列顛之間距離的兩倍長。而且多瑙河防線以北的異族數量之多，個性之剽悍，也是其他防線不能比較的。在短短兩年內，伽雷留斯能成功阻止異族入侵漫長難以防禦的多瑙河，可見其頗富軍事才華。他甚至進入馬克西米安的責

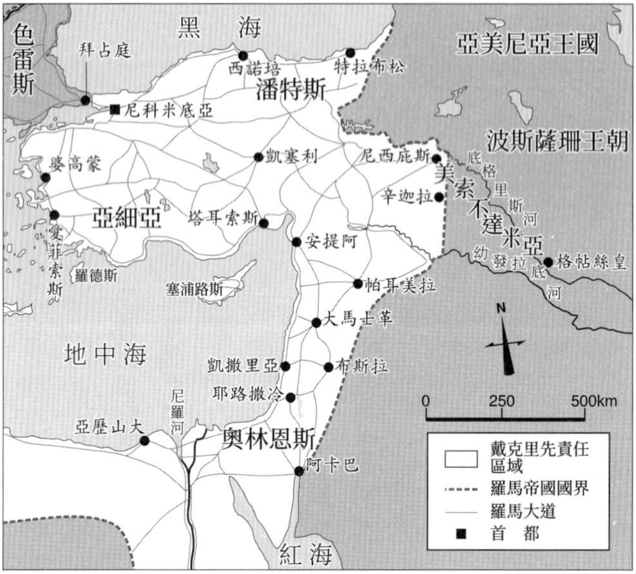

羅馬帝國東方

任區，成功阻止多瑙河上游地區的異族入侵，幫正帝馬克西米安減輕不少工作負擔。連同正帝戴克里先原本待在尼科米底亞，隨時準備派兵支援，伽雷留斯也同樣減少了戴克里先的負擔。也表示戴克里先雖然軍事才華不足，但用人上卻是非常成功。

話說回來，正帝戴克里先可沒有因為副帝的活躍，藉機躲在尼科米底亞的皇宮裡享樂。他不但前往敘利亞與埃及執行任務，更重要的是，戴克里先也趁機推動了帝國結構改革工作。至於改革詳情，請容筆者後述。也正因此，戴克里先才會想要盡早減少必須擔憂的事項，因為新的煩惱不知何時又會冒出來。而實際上，一切也如同他的預測發展。

三年前，波斯王國剛換過國王。在君主專制國家中，權力完全集中於國王手中。因此當國王換人時，即使過程平穩，也必定會產生反對派系。新任國王為了抑制國內反對勢力，只有對外展現強硬手段。自古以來，對外作戰一直都是統合國內局勢的特效藥。而即使幼發拉底河對岸的主人從帕提亞換成波斯，施展強硬手段的對象依舊還是羅馬。再加上這個時期的波斯，正背負著八年前受戴克里先兵力脅迫，心有不甘地默認美索不達米亞北部納入羅馬統治的舊恨。美索不達米亞北部是對波斯戰略上的重要地區，羅馬取得這個地區的控制權，就代表波斯方面失手陷入不利狀況。古今中外有許多兵家必爭之地存在，對波斯與羅馬之間來說，必爭之地就是美索不達米亞北部，以及其北方的亞美尼亞王國。

西元二九六年，波斯國王親自率領大軍北上美索不達米亞，攻進屬於羅馬的美索不達米亞北部，而且還順勢把親羅馬派的亞美尼亞國王轟下王位。

帝國東方，如今稱為中東地區，是由正帝戴克里先直接負責防衛的區域。如果這塊地區受人侵襲，派兵迎擊的人選該是戴克里先本人，可是戴克里先只把作戰本部遷移到安提阿，軍隊指揮權，則交給從多瑙河防線調來的副帝伽雷留斯。

伽雷留斯這年才三十六歲。不過從軍這些年來，他熟悉的地方除了既是故鄉，同時也是副帝職責下的多瑙河南岸巴爾幹地區之外，就是「雙頭政治」時期伴隨戴克里先南征北討的中東地區了。戴克里先會委託伽雷留斯擊退入侵的波斯軍，除了看中他兩年內平撫多瑙河防線的戰績之外，同時也希望借重伽雷留斯在東方累積的經驗。若說要選擇能與波斯作戰的武將，伽雷留斯可說是最佳人選。

偏偏就在這時候，伽雷留斯三十出頭的年輕氣勢卻讓他惹了禍。軍情固然危急萬分，卻不代表大膽行事就是好事。伽雷留斯趕往安提阿與戴克里先會合之後，沒有做什麼準備，帶著當地駐軍就往外移動，渡過幼發拉底河之後行軍速度也絲毫不減，直朝遭受波斯軍侵襲的美索不達米亞北部前進，但也在這裡，遇上了由波斯國王率領的軍隊。

副帝伽雷留斯事前曾與剛剛從亞美尼亞流亡出來的提里達特斯國王會合，代表他沒忘記羅馬傳統的多國籍軍隊組織型態。可是他在選擇戰場時，似乎沒有花太多心思。他竟然選擇在幼發拉底河東邊的沙漠地帶與波斯王作戰。這可以說，局勢對習於在沙漠地區作戰的波斯軍有利。

在第一場、第二場作戰中，至少還能維持勝負未決的局面。不過若要歸功於羅馬軍勇猛善戰，不如說是因為隨國王一同參戰的亞美尼亞士兵習於在豔陽下的平坦荒地作戰。問題是，當初國王是從國內匆忙逃亡而來，身邊的部隊人數實在不多。到了第三場戰鬥之後，伽雷留斯率領的羅馬軍也就一敗塗地了。

唯一幸運的是，戰場距離幼發拉底河不遠。亞美尼亞王提里達特斯遭到波斯騎兵包圍，與部屬沖散了，還好他連人帶馬立刻跳到河裡，爬上對岸後一路策馬奔回安提阿才撿回性命。伽雷留斯的遭遇沒有這般驚險，但同樣是個敗軍之將。身在安提阿等候的戴克里先，對於同盟國的亞美尼亞王十分熱絡，但對於伽雷留斯卻很冷淡。原本正帝乘轎移動的話，副帝應該騎馬跟在身旁，可是伽雷留斯只能徒步跟隨。也就是說，他在眾目睽睽的情況下，徹底地接受敗軍之將該有的懲罰。五十一歲的正帝後來還是給三十六歲的副帝一個扳回顏面的機會。這個雪恥的機會，出現在隔年西元二九七年的春季。

這一次，伽雷留斯很小心行事了。首先他從多瑙河防線上調來三個受過他指揮的軍團。同時，也調派了敗戰後被收編的哥德族騎兵團。雖說敵人從北方異族換成了東方的波斯軍，不過這兩萬五千名以戰鬥為主的精銳部隊，仍成為雪恥戰的主要戰力。

此外，戰略上也有所改變。前一年是渡過幼發拉底河向東直行，在沙漠上進行會戰。這一次則是從幼發拉底河上游渡河，沿著山岳地區慢慢逼近敵人。因為如果地勢複雜的話，這些從多瑙河流域調來的士兵才能發揮全部的實力，唯一的問題在於如何誘使波斯軍隊前來此地。波斯國王在前一年與羅馬大軍作戰獲勝，這時正志得意滿，因此在羅馬騎兵前來挑釁時沒有看穿他們背後的打算。西元二九七年，波斯、羅馬雙方的戰鬥，雖然同樣在美索不達米亞北部，但前一年戰場接近幼發拉底河，這一年卻在底格里斯河附近。

在這同時，伽雷留斯還打算兼用新的作戰方式。他規畫於日落後夜襲沒有夜間戰鬥經驗的波斯軍。另一方面，羅馬軍隊已經熟於夜襲。雖說直到不久前，羅馬軍還常常半夜遭人偷襲，但如今這群夜襲好手哥德騎兵已搜羅在羅馬軍陣營裡頭。

只不過，利用夜間襲擊敵人的策略，還要有足夠的賭性才能致勝。因為一旦開始執行，途中是不能改變作戰計畫的。伽雷留斯的強悍性格，在這次反而成了正面因素。

波斯陣營先是受到哥德騎兵奇襲，之後又立即遭到羅馬精銳部隊攻擊，因而陷入了一片混亂，根本無力還擊。士兵忙於自保，國王的衛隊也只能艱難地將負傷的國王帶離戰場。在東方國度的習慣中，國王率軍出征時，國王的妻妾子女都會同行。在國王營帳和附近的華麗帳篷裡，這些慘遭遺棄的人員因恐懼而直發抖。

在燃燒的火把之下，面對這些被士兵拉出來的婦孺時，不知道伽雷留斯是不是想起了六百年前戰勝波斯王的亞歷山大大帝。他當眾宣布，以王妃為首的女子，以及諸位王子公主雖然是俘虜，但人身安全能受到保障，也可獲得符合身份的待遇。隨後他也確實做到了這一點。

當然，在獲勝之後，伽雷留斯立即派遣快馬趕往安提阿，向戴克里先上報獲勝的消息。同時，由於局勢演變成需要正帝親自出面，在捷報中也請求正帝移駕尼西庇斯 (Nisibis)。尼西庇斯位於今日的土耳其東部，接鄰敘利亞國界，現代名叫奴塞平 (Nusaybin)。這個地方，是亞歷山大大帝東征波斯時，由希臘人建立的都市。六百多年下來，儘管統治者從帕提亞人換成了波斯人，這個城鎮依舊維持著東西貿易集散地的角色。在東方地區有不少擁有相同歷史的希臘裔城鎮存在，尼西庇斯也不例外。基於防衛上的需求，羅馬人在取得美索不達米亞北部之後，在此地陸續修築軍事基地、要塞設施，但是當地民眾對此一點都不反感。可能是因為當地居民屬希臘後裔，覺得與其讓東方君主使喚，還不如待在羅馬旗下。既然尼西庇斯的條件如此，安全方面也就無須顧慮，相當適合作為羅馬帝國東正帝、副帝會面的地方。而且這裡位於美索不達米亞北部，若用於接見波斯王的特使，不論時間上、距離上都適合。

伽雷留斯身在底格里斯河附近的戰場，只要南下一小段路就能到達尼西庇斯。戴克里先要從安提阿出發，途中須取道東向、跨越幼發拉底河，還要橫越大半個美索不達米亞北部。因此，伽雷留斯勢必比戴克里先早到達。而在戴克里先趕到會面地點之前，波斯王也已經派遣特使來到尼西庇斯。想必是波斯王擔心受俘虜的后妃、兒女。此外，如果妻小遭人俘虜又無法奪回，對東方男子來說是一大恥辱。可是波斯軍已經瀕臨崩潰，短期之內無法實行軍事行動。特使前來尼西庇斯，目的在於代替波斯王向羅馬皇帝提出議和要求。

由於戴克里先尚未趕到，伽雷留斯只好一個人接見波斯王特使。特使首先代表國王，向羅馬方面感謝對王妃等王室成員、子弟的優厚待遇。問題是特使接下來說的話，證明了他不過是個內廷官僚：

「羅馬與波斯兩帝國，有若世界的兩隻眼睛。如果欠缺了其中一方，世界便殘廢了，成了不完美的模樣。」

伽雷留斯聽到這段話之後立時火冒三丈。他這時才三十七歲，在前一年戰敗時損失了許多部下，也難怪他毫不留情面的回應說：

「我們還輪不到波斯人來教導什麼是寬容的美德。你們對於不幸的瓦雷力亞努斯皇帝的態度，真不知道要如何評價。羅馬皇帝並非經由戰鬥，而是在欺瞞之下淪為俘虜，你們還給予他與身份地位不符合的待遇。在這段期間內，波斯王完全忽視周遭各國君主勸告釋放的聲音。當瓦雷力亞努斯皇帝不堪羞辱逝世之後，又是誰把他的遺體公開棄置讓民眾嘲諷？」

副帝伽雷留斯接下來又說：

「羅馬人絕對不會對戰敗者落井下石。這並非我們顧慮到戰敗者的心情，而是因為這違反了羅馬人的自尊心。

等皇帝駕到之後，我會與他商討要有什麼條件，才能維持兩國間的長久和平。等到條件底定之後才會告訴你們。」

這天波斯王特使只好空手而回。而在短短幾天之後，戴克里先也到達了尼西庇斯。戴克里先和伽雷留斯一樣，不喜歡浪費時間。他們決定提出下列議和條件。

當然，條件中少不了有一項是准許先前遭波斯王驅逐的亞美尼亞國王獲得復辟，但最重要的還是下面兩項。

一、以尼西庇斯及其南方的辛迦拉為前線，由此線延伸至幼發拉底河為界。波斯正式將界線以西的美索不達米亞北部割讓給羅馬。

九年前戴克里先曾在不動刀槍的情況下，亦即以兵力為談判底牌，讓波斯「默認」羅馬領有美索不達米亞北部，但並非「割讓」。「默認」的效益有如設置緩衝地帶，因此羅馬無法在此建立連綿的防衛措施使其「防線化」，但如果這裡正式成為羅馬領地，就可以實現「防線化」的目標。

二、將底格里斯河以東的五個地區統治權，轉讓給羅馬。

如此一來，流入美索不達米亞地區的底格里斯、幼發拉底兩大河上游已經全數落入羅馬手中。以現在的地圖來看，就有如約旦、敘利亞、土耳其三個國家，從西、北兩方監視伊拉克。從防衛戰略上來看，羅馬帝國享有史上空前的有利局勢。

波斯王無奈之下只好接受這些條件，而遭到俘虜的后妃、子女，也在財物、人身毫髮無傷的狀況下回到了波斯。

兩大國於西元二九七年和議時締結的和平，直到四十年後君士坦丁在位末期才遭到破壞。一來羅馬在防衛上占盡優勢，二來戴克里先不會為了勝利而志得意滿，他沒忘記要加強新領土的防衛設施。

如果連幼發拉底河一起估算進去，美索不達米亞北部已經有四道防線。首先是由辛迦拉到幼發拉底河的防線。其次是沿著經尼西庇斯，流入幼發拉底河的支流防線。第三道防線同樣沿著幼發拉底河的支流，起點為敘利亞的羅馬軍團基地薩莫沙塔，途經艾德薩、加列，最後到幼發拉底河。第四條則要沿著源於陶盧斯山脈，朝東南奔流的幼發拉底河主流。在地圖上可見到以翟威科馬為首的諸多都市，而這些都市幾乎全是希臘人後裔建立的。將這些都市連成一線之後，便形成了第四道防線。如果外敵想要攻打帝國東方關鍵都市安提阿，首先必須突破這四道防線。

此外，戴克里先實施的帝國東方國

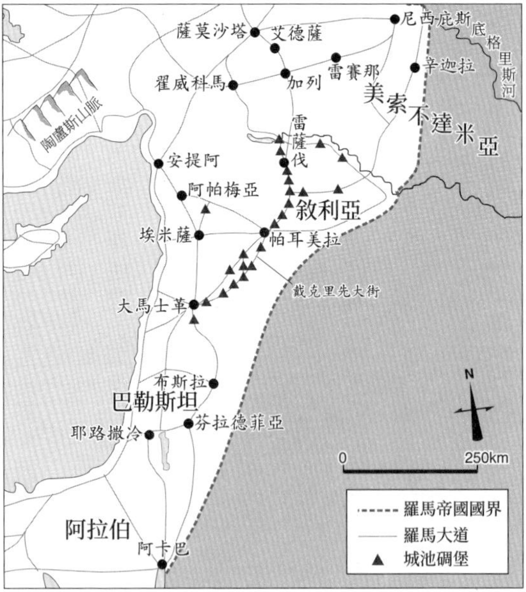

戴克里先皇帝時代的帝國東方街道網路

防體系重整工作，還不限於美索不達米亞北部而已。

現在的敘利亞與約旦地方，在古代一直是羅馬帝國的領土，這裡鋪設有羅馬式的街道網路。這個網路的東側，亦即朝東往波斯前行的道路全部轉換成了防線。都市的城牆改建得更加堅固，都市間的道路上，也建築了無數監視塔與碉堡。

不過，羅馬人不能修築連綿的石牆來隔斷波斯、羅馬國界。因為羅馬帝國東方的居民以及波斯人，同樣是仰賴東西貿易維生。碉堡和監視塔的作用，並非用於阻擋敵人前進，只是在允許商人往來的同時，設法盡早察覺敵軍來襲，通知後方的軍團基地罷了。

以往，拉丁文有個詞叫做"via"，意為街道或道路。從大馬士革起始，跨越敘利亞沙漠到達帕耳美拉，其後往幼發拉底河岸延伸的道路，以往叫做"Via Hadriana"（哈德良大道）。從這時期之後，讓人改稱為"Strata Diocletiana"（戴克里先大街）。拉丁文的"strata"，是義大利文"strada"，以及英文"street"的語源。研究人員認為，這個詞出自羅馬帝國後期的拉丁文。筆者認為，可能傳統的四層結構石板道路，還是照舊稱為"via"。而同樣的道路結構，但在沿線按一定距離設置軍事設施的，才另外稱為"Strata"。因為從大馬士革起始，前往羅馬軍團基地所在的布斯拉，隨後經由羅馬時代的芬拉德菲亞（今日的約旦首都安曼）前往紅海口城鎮阿卡巴的大道，是由圖拉真皇帝鋪設的。這條大道名叫"Via Trajana Nova"（新圖拉真大道），但在典籍上並未留下改稱"Strata"的記錄。這條大道沿線也有軍事設施，可是數量沒有大馬士革以北來得多。戴克里先在重整帝國東方防衛體制時，可能是以大馬士革以北為主吧。因為帝國防線幼發拉底河在此向西迂迴。亦即如果在此渡過幼發拉底河，離羅馬帝國東方第一大城市安提阿也只剩下一百五十公里遠了。

五賢君時代的帝國東方防線，號稱是「從黑海到紅海」。我們也可以說，在一百五十年後的戴克里先時代，羅馬人還是能夠維持住這道防線，至少做過維持防線的努力。此外，羅馬人觀念中的「防線」(limes)，是在成為主軸的防線外側，連綿修築用於監視的石造碉堡，為了能以狼煙、火把聯絡，這些碉堡必須在某個距離之內。因此在羅馬帝國東方，現在的敘利亞和約旦境內，這些碉堡也就連貫出現在一望無際的沙漠中。如果乘坐直升機順著防線飛過，我們就能看見一個又一個，埋沒在沙堆中的城牆殘骸。只要看過這個景象的人，恐怕都會感嘆道要維持帝國竟然是這般困難，要付出這麼多努力。

話說回來，羅馬帝國境內深處，再也不用擔心遭受波斯人、異族侵略了。皇帝一再喪命而引發的政治動盪，也成為過去的事情。就算寫史書的人不是愛德華·吉朋，恐怕也會發出如此感想：

「要從無能領袖與異族侵略帶來的困境中拯救帝國，是一件莫大的難事，可是伊利利亞地區出身的農民卻辦到了！」

只不過，由人類決議並實施的各項事物（在筆者看來就連天神決定的事物都一樣）有利必有弊。到此為止筆者敘述的是有利的地方，之後要來談談又形成什麼弊害。

兵力倍增

在戴克里先創設的「四頭政治」(tetrarchia)之中，「正帝」與「副帝」名稱不同。實際上，尤其在軍事方面，由於四名皇帝有明確的責任區分隔，因此這是一個共同防衛帝國的體系。以往皇帝只有一個人，如今卻成了四個。而按照過去的制度，羅馬最高司令是皇帝，其下為行省總督。鄰接國界的行省總督一般會指揮兩個軍團擔任防線任務。兩個軍團的兵力，包括以羅馬公民權所有人為應徵條件的正規兵，亦即軍團兵，數量為一萬兩千人。此外再包含數量同等或略少，行省民能夠應徵的輔助兵。兩個軍團整體兵力大約兩萬人。在過去的時代，御駕親征時往往會率領五個以上的軍團，可是這並非常態。一般軍事活動中，通常以別名「戰略軍團」的單位，亦即以兩個軍團進行活動。

依照這項體系，羅馬在西元一至二世紀的兩百年中，實現了由羅馬主導的和平，但到了「危機世紀」西元三世紀時，這項體系已經失去功用了。「四頭政治」可說是為了克服上述危機而構思、推動的制度。

可是這項新制度，讓皇帝名額變成四個人。既然是皇帝在率軍，當然不可能像是行省總督一樣只帶著兩個軍團。尤其在歷經三世紀的淒慘過程後，新兵老手混編的兩萬兵力，連擊退一個日耳曼部族都成問題。雖然沒有正確史料可供參考，不過當時四名皇帝的手上，每個人應該都把持著八萬左右的兵力。因為研究人員表示，自從推動四頭政治後，羅馬帝國的兵力從以往的三十萬人倍增至六十萬人。軍團兵與輔助兵混編的三十萬人，依舊緊盯著防線。沒有任何史料記載說，帝國國界上的防線是由投入兵力而增強的。那麼，將六十萬減去三十萬，剩下的三十萬就是四名皇帝直屬的部隊了。

西方副帝君士坦提的根據地在特里爾；正帝馬克西米安的皇宮位於米蘭。東方副帝伽雷留斯的根據地在色米姆，正帝戴克里先的皇宮則位於尼科米底亞。這四個皇帝的根據地，顯然又是由戴克里先一個人選定的。四個地方都位於相當於前線基地的位置，因此就算屯聚七、八萬名士兵，也還說得過去。因為以往的緊急狀態，已經變成如今的常態了。羅馬帝國的軍事力量復甦，使得北方異族不再大舉入侵，還能壓制東方大國波斯，首要原因可能就在於兵力增強上。

可是在這裡，筆者心中有了個疑問。到底是兵力倍增才使得「四頭政治」能發揮作用，還是四個人分擔帝國國防任務之後，造成兵力倍增？從戴克里先對國家經濟的關心（詳見後述）來推測，筆者認為應該是後者。

分擔任務時，有些事情不是把現有的資源照樣分配就可以解決得了。由於分擔任務會將個別成員的責任歸屬劃分得很清楚，從人性觀點來看，成員間也必會產生競爭態勢。四名皇帝都想要提升責任區的治理績效，以這四人來說，績效全看軍事戰果而定。那麼他們當然會盡力增強旗下部隊，尤其是直屬兵力的質與量。從「三世紀危機」帶來的經驗證明，主要戰力已經從羅馬軍團傳統的重步兵，轉移為在羅馬軍歷史上長年為特殊兵種的騎兵。

那麼，優秀的騎兵要從哪裡徵調？在這個時代，還沒有發明馬鐙。由於在古代，沒有任何設備可以支撐垂在馬鞍兩側的雙腳，只有習於騎無鞍馬的人員才能成為騎兵。這麼一來，騎兵成員僅限於生於上流階層，從小習於騎馬的人，以及一出生就與馬共存的人。也因此，產良馬的地區也就同時會是出現優秀騎兵的地區。

羅馬軍主要戰力從步兵轉移成騎兵的最大原因，在於要以較強的機動能力來對抗大舉入侵的異族騎兵團。即使步兵利用全線鋪設石板，相當於今日高速公路的羅馬大道，騎兵與步兵的機動能力比例也在五比一左右。一個指揮官如果熱心於提升部隊戰力，打算把不久前進攻羅馬失敗，因而投降的異族騎兵納入旗下，自然是毫不猶豫。如此一來，羅馬軍的主要戰力異族化更是明顯，已經沒有後退的餘地。

不過，真正的問題，不在於異族是否成為羅馬軍主要戰力。當我們回顧羅馬歷史可以發現，以結合戰敗者為目的，引進異質份子，是個長年實施的策略。

當朱利斯．凱撒在執行高盧戰役時，他不僅收容戰敗後的高盧騎兵進入羅馬旗下，就連戰敗後依舊不肯合併的日耳曼人，也同樣出現在凱撒軍中，強化了騎兵戰力。

進入帝政時期後，「引進異質份子」成為帝國的基本國策。這已經不像共和時期那般，必須仰賴凱撒之類的領導者依據個人性向發揮驚人彈性，而是歷任皇帝都必須遵行的既定國策。當然，這是因為凱撒的繼承人奧古斯都，認為義父的行事方針有助於羅馬的國家發展。

奧古斯都確立了輔助兵制度。這項制度的最大特色在於行省民，亦即遭羅馬征服的人民可以志願從軍，而且服役滿二十五年退伍就能取得羅馬公民權。只要想想不久前羅馬人還稱呼這些人叫做「蠻族」，就可得知羅馬人作風有多開放，適應環境的能力有多強。這種情況下取得的羅馬公民權為世襲權利，因此輔助兵的下一代自一出生就是「羅馬公民」(Civis Romanus)。他們可以抬頭挺胸地去應徵正規軍團兵，在軍中的升遷全憑個人才幹決定。此外，出身行省而才華出眾的人，不必等待二十五年退伍，就能享有與祖先代代皆為羅馬公民的人同樣條件。只要在行省兵的部隊中升上輔助大隊隊長，就能獲得羅馬公民權，並且有列席作戰會議的資格。雖說贈與羅馬公民權的理由，是因為總司令召開的會議上不能老是出現沒有羅馬公民權的人物。

當然，既然作風如此開放，總會帶來一些風險。在歷史上，曾有過行省出身，熟悉羅馬軍戰略、戰術的輔助大隊隊長起兵作亂，使得羅馬方面苦於難以鎮壓的例子。可是綜觀羅馬全史，這種具有新聞價值，在現代會讓媒體搶著報導，在古代會讓編年史作者急著追蹤調查的案例，一共只有兩件。三百年之中，竟然只有兩件案例。想必是確信這項政策的效益，在歷經條頓布魯格森林之變後，羅馬依舊沒有變更政策路線。在這場事變中，進行埋伏的是曾經當上羅馬將軍的阿爾密尼斯（日耳曼名字叫賀爾曼）。使得羅馬方面失去三個軍團、三個騎兵隊，以及六個輔助兵大隊，共計三萬五千人。這場事變中的死傷慘重，對羅馬帝國來說是一大打擊。

而且這場事變發生於西元九年。從西元前三〇年起始的帝政，好不容易才剛剛上了軌道開始前進。開國皇帝奧古斯都的重大政策之一，就是在軍中引進異質份子。在推行政策的途中發生如此變故，恐怕身兼最高司令的奧古斯都皇帝，會有很多個晚上睡不安穩。可是當時七十一歲的奧古斯都卻沒有改變政策走向。如果在事變之後感到憤恨厭惡，變更了羅馬軍引進戰敗者的策略，以後的羅馬帝國大概就不會往全面開放路線的特質發展。因為接下來三百年的羅馬帝國，承繼了大部份由開國皇帝制定的政策。

既然對羅馬帝國這個霸權國家來說，保障霸權下人民安全為其首務，那麼羅馬軍會是國家的一大支柱。也就是說，從羅馬軍的設置及需求出發，將影響社會其他各個層面的可能性也極高。好比說，為了方便軍團迅速移動而鋪設的軍用道路，形成了羅馬街道網路，同時也方便了民間的人員物資交流。羅馬軍引進異質份子的政策，又衍生出異族移居羅馬境內，或者依照居住地區為單位，將整個民族編入羅馬帝國的政策。

在開放路線方面，創始者是朱利斯・凱撒。他發現萊茵河東岸的日耳曼人中，有個叫做烏比的部族對羅馬人沒有敵意。因此將烏比族遷移到剛征服的萊茵河西岸。今天德國的主要都市之一科隆，就是從遷居後的烏比族根據地發源而來。在這之後，科隆一直是羅馬帝國萊茵河防線上的重要都市，卻從未發生居民起兵叛離羅馬的事件。

義大利北部地區，則是將異族居住的地區整個納入本國的案例。盧比孔河與阿爾卑斯山脈間的這個地帶，原本是高盧人的地盤。當時住在盧比孔河以南的羅馬人，把這個地區稱做「阿爾卑斯的這一邊」(Cisalpina)。米蘭和特里諾，也起源自高盧人的村落。羅馬人在這些地方附近鋪設道路，興建了庇亞伽札、克雷摩納等殖民都市，但這裡屬於北義大利行省，地位與「阿爾卑斯的那一邊」(Transalpina)的南法行省一樣。凱撒在進行高盧戰役時，身為北義大利行省總督，為了感謝北義大利行省居民在高盧戰役期間提供後援，戰後凱撒將此地納入義大利本國中。

如果沒有這項政策，恐怕曼托瓦出身的維吉爾，還有科摩出身的卡特魯斯，也就不會在拉丁文學史上綻放光彩了。凱撒的開放政策囊括許多領域，錄用行省民當祕書算是家常便飯，投降的高盧有力部族族長不僅能獲得羅馬公民權，還能獲得元老院席位。凱撒的作風遭到布魯圖斯等人不滿，因而遭人暗殺。不過即使凱撒的肉身被抹煞，他的精神還是由後人繼承。在凱撒身故百年之後，元老院議員出身地已經遍布整個帝國。任何事起頭便是關鍵，羅馬的工程師在鋪設道路時，之所以敢誇口百年不需挖除改建，正因為他們一開始選擇鋪設的就是四層結構的羅馬大道。

簡單來說，異質份子也好，異族也好，引進羅馬的政策本身不是問題，問題在於被吸納的人有沒有與羅馬同化的意願。

西元二六〇年代，羅馬正處於所謂的「三世紀危機」之中。當時的皇帝迦利艾努斯試著將一再突破「日耳曼長城」入侵的亞列門諾族移居「長城」內側，藉此將他們納入羅馬之下。如果羅馬還是西元二世紀時的羅馬，想必原本屬於日耳曼民族的亞列門諾族會樂於成為羅馬的盾牌，戮力防守接近萊茵河、多瑙河上游而成為帝國國防要害的「日耳曼長城」地帶，因為他們相信，這樣做是成為「羅馬公民」的最快捷徑。但是在西元三世紀，這個現象卻沒有發生。亞列門諾族遷移到這個地方之後，當羅馬方面兵力增強時，便投靠羅馬；當羅馬勢力衰弱，便立刻與其他日耳曼部族一樣開始搜刮搶奪。投靠羅馬有利的地方在於能受到羅馬的軍事力量保護，如果羅馬的軍事力量不足以信任，也就難怪他們要背棄羅馬了。可是自從這場遷徙之後，羅馬帝國北端防線最重要的地帶實質上已經棄守。官方文書上再也看不到“Limes Germanicus”（日耳曼長城）這個專有名詞，對於帝國北端的防衛工作造成的損害實在無法估計。

而異族出身的官兵日益滲透羅馬軍內部的現象，恐怕也是同樣的事情。

自從卡拉卡拉皇帝頒布敕令，使得羅馬公民權變成「既得權」之後，羅馬公民權也就喪失了以往採用「取得權」的魅力與優點了。

從前行省民視為最高榮譽的元老院席位，不但不再是憧憬的對象，反而會是今後職業生涯的絆腳石。這是因為迦利艾努斯皇帝制定法律，規定元老院議員不得就任軍事司令官。過了三十年之後，戴克里先又實施改革，使得文官跟武將的職業生涯完全分離。直到西元二世紀為止，軍團出身的人，可以在皇帝推薦之下成為元老院議員獲得政治歷練，之後再以軍團長職位回到軍中發展。這種軍務政務交叉體驗，培育通才的羅馬菁英培育體系，就和羅馬社會的其他事情一樣，已經成為歷史再不復返了。

以上敘述的各項背景，從戴克里先重整軍事體系的主題看來，似乎話題繞了一大圈。不過，如果要弄清楚為什麼人們稱呼這時期以後的羅馬帝國為「後期」，那麼上述事項是無法忽略的必須知識。大多數的研究人員，以「羅馬軍異族化」、「羅馬帝國異族化」等評語來表示這段時期以後的羅馬帝國。如果我們光憑這幾個字，就認為了解了當時的狀況，那就可能會看不到真正的內情。羅馬軍以騎兵為主要戰力，的確是異族化了；羅馬帝國把文官武將的職業生涯岔開，也的確是異族化了。然而真正的問題在於異族也已經不想羅馬化；而羅馬帝國本身，也一天比一天不像羅馬。以往由於穩健地實施同化戰敗者的政策，使得羅馬走上興隆的道路。這個政策方針在經歷三百年後的三世紀末期，卻逐漸變成羅馬衰退的主要原因之一。以往戰敗者會喜孜孜地融入羅馬，如今卻提不起這個意願。這真讓人感嘆世事無常啊。

我們在此將話題轉回到戴克里先重整羅馬軍上頭。不管單兵的戰鬥能力再怎麼高，只有騎兵還是無法成立軍事組織的，或者可以把騎兵當成現代的空軍看待。成功擊垮敵人之後，占領工作——對這時代的羅馬而言則是恢復遭侵略的國土——還是需要派遣地面部隊執行。羅馬帝國滅亡之後，中世紀歐洲主要戰力可說幾乎完全轉移為騎兵。這是因為戰爭的規模，已經淪為隔著山谷對峙、根據地設置在山丘上的封建領主相互衝突。因此軍隊純為了戰鬥獲勝而設立，如果想要統管廣大的土地，只有盡可能聚集大量的領主。歐洲在中世紀推動的十字軍運動失敗的主要原因之一，就是因為他們把歐洲的戰鬥方式直接搬到敘利亞、巴勒斯坦應用。就連在羅馬帝國後期，騎兵搶回土地之後，還是必須依賴步兵維持領土。

那麼，優秀的步兵又要從哪裡徵調？其實來源已經固定了。除了歷任皇帝苦心積慮維護品質的「防線」周邊軍團基地以外，羅馬人也別無選擇。

在「四頭政治」體系下的四名皇帝，每個人的責任區之中都包含了重要的「防線」在內。君士坦提有萊茵河；馬克西米安則有萊茵河、多瑙河上游；伽雷留斯是多瑙河；戴克里先本人則是幼發拉底河。皇帝要從軍團基地抽調精銳部隊，自然不需要任何人批准。這樣一來，羅馬時代史學家已經發現的「防線戰力高齡化暨衰弱化」現象，更是雪上加霜。羅馬軍團兵是以十七歲到四十五歲為現役，會被抽調走的，想必都是三十出頭的青壯年士兵，而且素質高出平均水準。羅馬軍的總數，從三十萬擴增到六十萬人，然而這是一種以國界防線戰力衰竭為代價的增強策略。

戰力衰竭的情況又因為另一個因素而更趨於惡化，也就是因競爭關係而造成各皇帝之間的地盤意識。戴克里先調派伽雷留斯進行波斯戰役，可說是一個例外。在「四頭政治」發揮作用的十二年中，除了波斯戰役以外，沒有皇帝並肩作戰的例子。像皇帝只有一個人的時代那樣，從多瑙河防線抽調部隊前往不列顛、北非支援作戰的現象也已經消失了。彷彿形成了一道不成文法，就是皇帝不希望別人來干涉他的地盤，相對地也不去介入其他皇帝的管轄區域。

以往的羅馬帝國，由於各地間的兵力可以彈性抽調，才能以這麼少的兵力防衛如此綿長的國界防線，以及廣大無邊的領土。羅馬人鋪設了不分本國、行省，縱橫交錯在帝國各處的羅馬街道網路。其存在的首要理由，就是為了便於各防線上的軍團能夠依需要迅速移動。「四頭政治」造成的結果之一，就是彷彿築牆阻斷了軍隊的流通性。既然軍事體系不再能彈性變通，各個皇帝也就只剩下增強手頭兵力一條路可走。羅馬的總兵力三百年來幾乎沒有變化，卻在十年間擴充了一倍，主要原因恐怕就在於責任劃分引起的現象。如果以現代用語形容這個現象，則是「官僚體系化」。

軍事擴充勢必也會連帶造成軍事費用膨脹，然後衍生出增稅問題。關於這方面的情況，請容許筆者後述。在這裡只提供各位讀者一個例子，用來理解安全保障與稅金的關係、安全保障與土地大小的關係。

在羅馬帝國中，向國家租借土地耕作的農民，依法每年要將收入的一成上繳給國家作為地租。而且在朱利斯・凱撒成立「農地法」之後，租借權實質上已經無期限，佃農其實有如自耕農。

到了中世紀之後，農民上繳佃租給領主時，如果只需上繳五成已經算是活在天堂了。佃租為七成、八成的比比皆是，這是因為除了佃租之外，還包括安全保障費用在內。因為地方領主認為，既然他們保護農民不受敵人暴力威脅，那麼也就有權向農民徵收相關費用。

羅馬皇帝曾經向行省民徵收占收入百分之十的行省稅。照西塞羅的說法，這是一種「安全保障費」，而當時的行省民也認同。因為有羅馬軍團保護國界，農民才能安心下田耕作。而且「安全保障費」能維持只占一成的水準，是因為羅馬帝國國土廣大，以及隨需求調派部隊的體系發揮作用，因而得以減少軍事經費支出。國土寬廣，每個人的負擔就低；國土狹小，國民的平均負擔就重。中世紀的封建領主能維持的戰力，想必十分有限，但如果不保有戰力，也就無法繼續擔任領主，因此必須花錢養著一批軍隊。筆者認為，即使時代變遷，產生這種現象的主要因素還是不會變的。這些因素也連帶使得在國防方面劃分區域，由四名皇帝各自負責的「四頭政治」體系下軍費暴增。在這裡要重新強調，分擔責任不是把現有事物平均分配就算了的。

戴克里先向來視野寬廣，個性冷靜務實，難道他看不出來會產生這種現象嗎？也許他看得出來，但仍認為這是羅馬帝國唯一的一條路，而且無論付出多少代價，都必須守住帝國國界，因為戴克里先是四名皇帝中唯一有政治實權，但他仍立法將會造成人員增加的分隔政策定為國策，這可說是自從開國皇帝奧古斯都以來，未曾發生過的全國性大幅度改革。

改造帝國

以第一任皇帝奧古斯都為首的羅馬帝政時期，在史上稱為「元首政治」，戴克里先之後則稱為「絕對君主政治」。我們翻譯時，雖然譯為元首，其實在拉丁文中叫做"Princeps"，意思是「第一公民」，羅馬公民中的領袖」，並不代表羅馬的主權者。羅馬人常常以縮寫的"S.P.Q.R."來自稱他們的國家，而這是「羅馬元老院暨羅馬公民」的意思，只有這兩種人才是羅馬的主權者。由於羅馬是從城邦國家發展起步的，這種主權在民的思想，在當時是種社會常識。打從建國以來，政治體系從王政、共和、帝政一路轉變，然而國王、執政官、皇帝都是受類似近代國會的「羅馬元老院」(Senatus Romanus)，以及地位有如近代國民的「羅馬公民權所有人」(Civis Romanus) 這兩大主權者委託治國。

確實共和時期的執政官和帝政時期的皇帝，名義上同樣受到有權者委託治國，其他方面卻有不少差異。執政官要經由選舉產生，皇帝卻是由上一任指定。差異最大的還在於執政官任期只有一年，皇帝卻是終身制。不過筆者認為，這是因為領土日益擴增，「羅馬公民」也漸漸往四處發展之後，受時代演進影響，不得已之下產生的適應政策。在共和時期末期，羅馬公民權所有人，亦即有權者，數量已經逼近五百萬。要如何才能讓這五百萬人每年聚集在首都投一次票？如果依照舊制，在首都舉行公民大會投票，那根本無法反映民意。頂多只是首都地區三萬公民的想法而已。而且直到一千九百年之後，才由英國發展出代議制度。直接民主政體能否發揮作用，勢必會受到有權者數量，以及他們居住的土地大小影響。

「第一公民」與「皇帝」後來成了同一個人。這是因為他身兼羅馬軍最高司令的緣故。其實「皇帝」(Imperator) 是軍方的稱呼。這個名詞，起源於打勝仗之後，士兵對司令歡呼的讚辭。「凱旋將軍」在進入帝政時期後，也就演變成身兼政治最高負責人的「皇帝」了。

無論原文是「第一公民」也好，「大將軍」或「奧古斯都」也好。在西元一世紀、二世紀時，譯詞可以統一為「皇帝」。因為在當時的羅馬帝國，皇帝依舊是受元老院與公民託付治理國家。

要登基成為皇帝，第一件事情就是要取得元老院承認，以及公民的同意。新任皇帝必須在羅馬廣場向元老院發表就職演說，之後站上元老院議場附近，通稱 rôstrum 的講臺，向群眾做就職聲明。順利結束這兩個行程後，還要從羅馬廣場爬上坡道前往卡匹杜里諾丘，參拜神殿祈求諸神庇佑。以上就是羅馬皇帝就職的整套程序。在這段期間內，新任皇帝與其他元老院議員一樣，穿著綴紅邊的白色托加袍，目的在強調自己身為「第一公民」。

請各位讀者注意，在羅馬皇帝就職儀式之中，沒有中世以後的皇帝、國王即位時必有的加冕儀式。因為這種差異更能顯露出此時期羅馬皇帝的特質。

加冕儀式不存在，是因為羅馬沒有皇冠，也沒有對象可幫皇帝加冕。硬幣上的羅馬皇帝肖像，固然會戴著東西。但硬幣上通常刻著的，多半會是軍團兵戰後致贈給拯救友軍有功人員的「公民冠」。無論是紀念戰勝時製作的，或者奧林匹亞運動會獻給冠軍的，公民冠都同樣由橡樹葉、月桂葉編製而成。而即使桂冠的材料從綠葉變成金銀，代表的意義還是一樣。由於公民冠維持花冠的外形，在後方還能見到用於綁樹葉用的緞帶打結處。偶爾我們可以看到仿陽光光線的黃金皇冠，不過這只是特殊例子。當皇帝名義上還是「第一公民」，亦即在元首政體時期的羅馬帝國中，沒有我們現代人印象中裝飾大量珠寶的“diadēma”皇冠。

沒有人能在皇帝頭上加冕的原因，在於羅馬帝國是由人類來決定、承認皇帝人選，並非由神明裁斷。羅馬諸神是從旁協助人類求生的神明，而不是高高在上命令人類做事的神。也就是說，諸神不會插手凡間的人事問題，不過世間的皇帝決意奉獻心力，那麼諸神也會不吝協助。

在羅馬帝國中，主權屬於元老院及羅馬公民，而諸神又是

刻有兩種皇冠的硬幣（左：陽光冠、右：公民冠）

屬於上述的類型。以伺候諸神為職務的祭司也並非專業人員，而是由公民輪值、選舉產生。神職人員的最高階為「最高神祇官」。自從朱利斯．凱撒上任之後，這項官職向來由皇帝兼任，也許唯一能幫皇帝舉辦加冕儀式的人選，就是皇帝本人了。以上就是羅馬皇帝登基即位時的背景。羅馬帝國與人類史上的其他帝國有諸多差異，沒有加冕儀式就是其中之一。正因為如此，羅馬帝國中才發生過這樣一段故事：

某天哈德良皇帝正趕往神殿準備舉行祭典，但途中有位女性將他攔了下來。這位女性為了向皇帝請願，因此等在通往神殿的路上。哈德良皇帝表示他正在趕路便打算離去，而這位女性則對著皇帝的背影喊說「你沒有權利統治國家」。這句話逼得皇帝走回來聽這位女性請願。

在哈德良皇帝謝世一百五十年之後，到了西元四世紀，羅馬帝國的皇帝形象又讓戴克里先做了改變。羅馬依舊沒有加冕儀式，可是過去讓羅馬人輕視，認為是東方專制君主特色，綴滿珠寶的“diadēma”皇冠，也開始出現在羅馬皇帝頭上。據說第一個把這種皇冠往頭上戴的，就是戴克里先皇帝。當然這不代表他拋棄了歷任皇帝戴的，在後腦勺打結編成的桂冠。無論是用於雕像或貨幣，大多數的皇冠形象依舊維持既有形式。這個時期之後的皇冠變化，在於以往的皇冠只是用金銀打造桂冠的外形，之後的皇冠又加上了許多珠寶綴飾，顯得更加金碧輝煌。

戴克里先不認為自己是「第一公民」。又或許說，他確認不當第一公民反而有助於政局穩定。

當戴克里先在羅馬軍中度過青年時期時，正值行伍出身的軍人皇帝陸續登基的時代。其中奧雷利亞、普羅布斯兩位皇帝採行積極作戰，使得帝國免於崩潰。這兩名皇帝不僅受軍人支持，也受到一般人民愛戴。然而奧雷利亞在位只有五年，普羅布斯在位也只有六年，兩名皇帝都為了很無聊的原因遭到部屬刺殺。這兩名皇帝的地位使得他們無須擔憂臣子的陰謀，卻又喪命於親信之手，而且下手的人在事後同樣感到悔恨不已。在三十到三十七歲這段期間，戴克里先兩度目睹帝國的事變，也就難怪他在三十九歲登基之後，一直無法忘懷這段歷史。

也因此，羅馬帝國踏上了從「元首政治」走向「絕對君主政治」的第一步，皇帝的形象也從「第一公民」轉為「遠離公民的支配者」。不過，這並非戴克里先為了保住個人性命而施行的政策。只因戴克里先生於西元三世紀後半，他深知若要維持帝國存續，穩定的政治是不可或缺的條件。而羅馬帝國的政治穩定，也就等於皇帝的地位穩定。戴克里先打算換掉身居公民之中的皇帝，改以遠離公民的皇帝來實現這項目標。這是為了讓官兵不再認為皇帝與自己同樣是公民，轉而認為皇帝是公民高攀不上的存在。這項政策以保持距離為基本方針，其理由也在此。

不過，戴克里先並未像厭惡群眾的臺伯留皇帝、晚年的哈德良皇帝一樣維持水平線上的距離，而是維持垂直的距離，使得皇帝成為一般人仰頭遙望的對象。對於元首政治時代的臺伯留皇帝而言，只有家中的僕人才會稱呼他「主人」(dominus)。到了戴克里先的時代，這個名詞成為國民稱呼皇帝的用語。「第一公民」(princeps)成為「支配者」(dominus)之後，「公民」(civis)

也就變成了「臣民」(servus)。

既然皇冠變得華麗無比，服裝自然也要跟著搭配。除了祭典以外，皇帝再也不穿全體公民都能穿的白色托加袍了。在古代，染色成本最低的藍色、褐色布料已是高價商品。如果使用布料多的話，皇帝所用的紅色、紫色服裝價碼更是天文數字。更別提整面的金銀絲刺繡，以及點綴用的珍珠、寶石了，連靴子也開始繡上絲綢、珠寶。一路講究下來，就像是好萊塢電影裡描繪的羅馬皇帝。在元首政體時期，只有卡利古拉、尼祿這種誤以為奇裝異服等於自我主張的年輕皇帝才會訂製的服裝，如今卻成為四名壯年皇帝的平日打扮。與其說他們講究華麗，不如說是戴克里先打算拉開君臣距離的想法，也受到其他三名皇帝認同。

羅馬人向來日出而作，對他們來說「清晨請安」(salutatio matutina)是一種生活習慣。在稍具規模的家庭中，一定會有一塊可以譯為客廳的"Tabularium"區域。每天清晨就從訪客"Clientes"(client 的語源)造訪主人"patronus"(patron 的語源)起始。羅馬人向來注重人際關係。在元首政治時期，有許多出身與皇室無關的人日後登上皇位。然而他們在元老院議員時期接見的訪客，往往在即位之後依舊會維持天天請安的習慣。

由於戴克里先以保持距離為基本政策，因此廢除了這項習慣。即使難得批准一回，也已經不是「請安問好」而是「晉見」；"dominus"(支配者)僅批准部份"servus"(臣民)見面了。

當皇帝坐在寶座上接見時，面前的臣子不論是年高德劭，或者久病初癒，也絕對不准坐下。進退應對的言行態度也自然要跟著起變化了。以往只要到場就能見到皇帝，如今卻必須透過皇宮裡複雜的官僚體系申請。換句話說，與皇帝見面說話的行為本身，也轉為一種特權。

戴克里先在位時間至此一共十九年，但這段期間內他卻未曾進入首都羅馬。的確，一來因為他轉戰各地無暇造訪。可是他到過米蘭，卻沒有順路經由艾米里亞大道、轉行弗拉米尼亞大道，造訪近在咫尺的羅馬。筆者認為這不表示他討厭羅馬和羅馬居民。儘管如今已經名不副實，傳統的羅馬主權者元老院與羅馬公民，依舊同時存在於羅馬市。

元老院議員應該會稱呼皇帝為「主人」吧，只是不知心中作何感想。

而當戴克里先出現在圓形競技場的貴賓席上，羅馬居民應該會拍手喝采迎接戴克里先。不過與其說是迎接公民領袖，不如說是出自於對皇帝的好奇心。

在八百年的歷史中，元老院一直是提供國家棟梁人才的機構；羅馬居民也以在圓形競技場、大競技場拍手或喝倒采來發揮輿論調查的功能。雖說皇帝與公民的關係已經今非昔比，這種長年的往來模式也不是一時能夠改變的。戴克里先可能打算延後訪問首都的時期，直到元老院與公民都不得不對他拍手喝采的時機來臨。所謂歡迎皇帝的時機，就是向元老院做戰勝報告、與公民一同慶祝、向諸神表達感謝的凱旋儀式。

西元三〇三年十一月二十日，戴克里先與馬克西米安兩名正帝在羅馬舉行華麗的凱旋儀式。不過並非羅馬又獲得了新的征服地。這場凱旋儀式名目為慶祝防衛北非、不列顛、萊茵河、多瑙河、幼發拉底河、尼羅河等地的防線成功，這也是最後一次以羅馬為舞臺舉辦的凱旋儀式，之後的羅馬皇帝與勝利兩字漸漸無緣。似乎與這個命運相對應地，羅馬也不再是帝國首都了，羅馬的地位淪落到與敘利亞的安提阿、埃及的亞歷山大同等級，帝國的根據地義大利也開始與其他行省平起平坐。這也是戴克里先施行的帝國改造，亦即「最後一搏」的一部份。

附圖的兩張地圖，應該是最能說明情勢變化的文件了。在元首政治時代，儘管施行寡頭政治，統治者還是「第一公民」，而在「四頭政治」時代，羅馬帝國卻走上「絕對君主政治」的道路。

只不過，這還需要稍作說明。

一、雖說譯名為「四頭政治」，其中涵義是由四個人負擔防衛方面的責任，但帝國的整體政治還是四巨頭之首戴克里先的責任，決定權也掌握在他手上。"tetrarchia" 之中的 "tetra"，在希臘文之中除了有「四」的涵義之外，還具有「軍事指揮官」的意思。因此若照字面來看，「四頭政治」應該翻譯成「四名防衛指揮官」，更何況戴克里先一點都不想把羅馬帝國分成四塊。

二、在西元二世紀初期的圖拉真皇帝時代，亦即在元首政治時代，羅馬帝國中有行省與本國之分。到了西元四世紀初期的戴克里先時代，卻取消了這項劃分。

不過這是政治上必然的歸結。西元三世紀初期，「卡拉卡拉敕令」把羅馬公民權賜給了全體行省民之後，廢除了「羅馬公民」與「行省民」之間的差異。原本義大利本國並未禁止行省民居住，行省居民也並非全數為行省民。實際上兩種階層人民處於混居狀況，只是義大利的居民中羅馬公民比例較高，行省居民中行省民比例較高而已。由於兩者的差異消失，這項統計也失去意義。戴克里先只是通過立法，把既成事實轉為官方見解而已。

三、「皇帝行省」與「元老院行省」的差異，也是另一項就此消失的分類。前者是瀕臨帝國國界「防線」的行省，總督係由皇帝親自任命。這些總督除了是行省統治工作的負責人之外，同時也是防衛工作的負責人，所以總督經常要擔任率領軍團作戰的司令官，因此被視為身兼羅馬軍最高司令的皇帝之直屬部下。

相對地，「元老院行省」定義為成為行省的歷史較久，或者未鄰接防線，因此沒必要設置軍團的行省。這種行省的總督任命權屬於元老院。元老院議員若要擔任這項職位，必須當選過執政官，擁有「前執政官」頭銜。「皇帝行省」總督與「元老院行省」總督一樣，任職條件是必須擁有元老院席位。這項制度也體現出羅馬長年以培育菁英人員文武雙向經歷的政策方針。因此「皇帝行省」、「元老院行省」總督並非兩種不同路線的政治生涯。有許多總督是在青壯時期受命為「皇帝行省」總督承擔邊境重任；到老年時期則轉任沒有異族入侵隱憂，生活環境

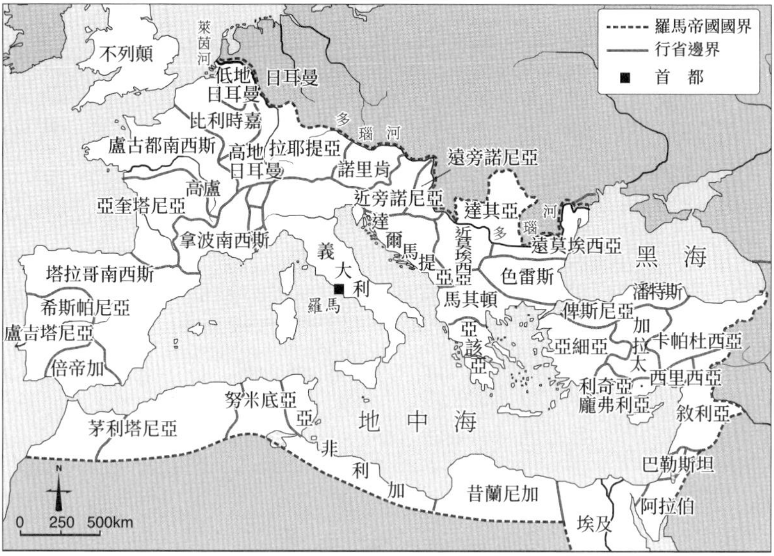

圖拉真皇帝時代的羅馬帝國

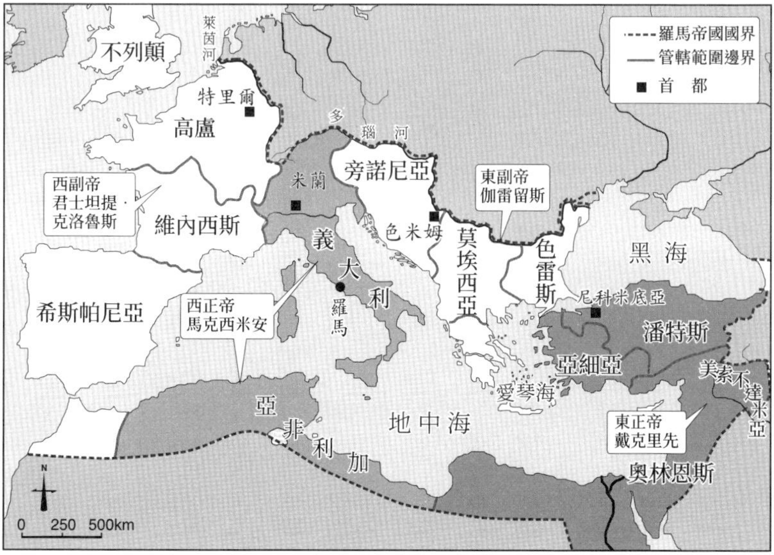

戴克里先皇帝時代的羅馬帝國

倍加優渥舒適的「元老院行省」總督，為公職生涯漂亮收尾。當然，在擔任「皇帝行省」總督的時期中，也有可能因對外作戰殉國。

在羅馬的「元首政治」時代中，文官武將的職業生涯是可以彈性流通的。只是到了西元三世紀末期，這項特色也成了過去。因為當時的迦利艾努斯皇帝立法禁止元老院議員就任軍團指揮官。亦即把鎮守「防線」的「皇帝行省」總督資格，調降為只要是軍事專才即可。這是由於異族一再入侵，為了因應而使出的苦肉計。只是這項政策的結果，使得元老院喪失了儲備國家要職人才的功能。而且這項政策，使得元老院議員自此與羅馬帝國首要政務「國防安全」絕緣，連帶使得議員漸漸喪失治國者不可或缺的公共問題意識。權力固然會令人腐化，但沒有權力同樣也會令人腐化。

更糟糕的是，在西元三世紀後半，羅馬經常體驗到防線遭異族突破，敵人入侵到帝國深處的苦楚。這證明了在「元首政治」時代視為安全舒適地區的「元老院行省」已經不安全。也就是說，就連「元老院行省」也需要軍事專才擔綱防衛。亦即歷經了危機重重的西元三世紀之後，羅馬已經培養起戴克里先體系的基礎了。

官僚大國

「四頭政治」並不代表將帝國分成四塊，因此四名皇帝之間也有位階高低之分。如果繪製示意圖的話，就像這個樣子：

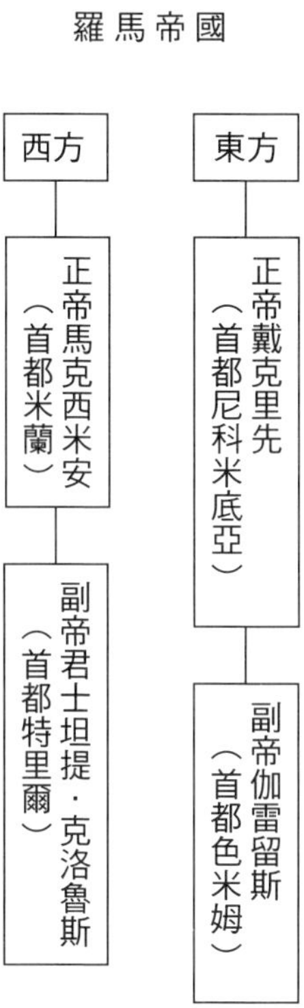

從每個皇帝定為根據地的首都位置便可得知，「四頭政治」的首要目的還是以帝國國防為先。這四個首都都位於可以立即馳援帝國「防線」的地點。包括總理政務的戴克里先在內，四名皇帝都與"Imperator"的稱號名實相副，以率領軍隊作戰為主要任務。

如此一來，帝國便產生專門負責行政的人員需求。因此戴克里先把各名皇帝的管轄區域又細分為"diocesi"，把每個「轄區」重組為由意為皇帝代理人的"vicarius"統治。不過各位從附圖可以得知，儘管一千七百年前的人口比現在少了許多，每個皇帝代理人要負責的區域還是太廣大了，所以在「轄區」之下又細分為"provincia"。

"provincia"一詞，字面與「元首政治」時代無異，但是再也無法翻譯為「行省」。拉丁文中的"provincia"後來直接成為義大利文。從現代義大利的制度看來，這個名詞應該相當於現代日本的「縣」。而這項行政細分背後的真正目的，在於方便徵收稅金。

如果將「元首政治」時代的羅馬帝國與「四頭政治」時代的羅馬帝國政府組織製表比較，則有如下所示。

乍看之下，與奧古斯都創始的「元首政治」羅馬帝國比起來，由戴克里先重組的後期羅馬帝國組織要更為完善，因此也更為合理。那麼，在政府功能方面也應該有所進步才是。可是實際上，反而是西元一、二世紀那個混雜了各種差異性人民團體的帝國結構，更能保障羅馬人的安全，「羅馬和平」就是那時的產物。在「羅馬和平」之下，羅馬的經濟不分上下階層都享受到繁榮的成果。這是為什麼？

西元四世紀之後的羅馬帝國，有著戴克里先創始的完善政府組織，可是為什麼無法挽回一百五十年後將滅亡的命運？

若將巨大的組織重整細分，的確會使得功能進步。然而人世間的事物有利必有弊。因此又產生一項新的問題：如果說分割重整提升功能是利益，那麼這項政策的弊害又在哪裡？

第一項弊害，在於細分組織之後，使得各個領域的從業人員數量，以及所需的經費隨之膨脹。

筆者之前已經說明過，「四頭政治」把帝國國防工作分給四名皇帝承擔，連帶造成從事國防工作的官兵人數倍增，從三十萬膨脹到六十萬人。因為除了既有的「防線」國防兵力之外，

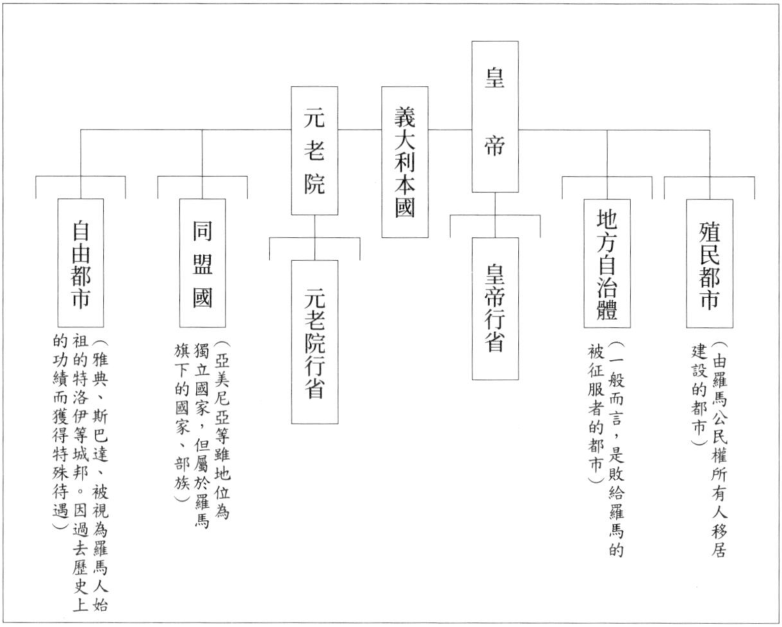

羅馬帝國前期、中期（西元一、二世紀）

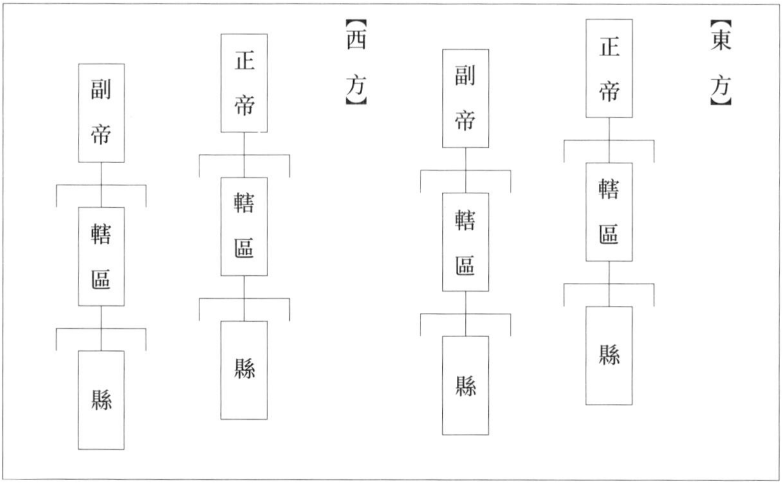

羅馬帝國後期「四頭政治」（西元四世紀之後）

又多了由皇帝直接率領的部隊存在，因此增加到六十萬人並不稀奇。順便一提，從這個時期以後，負責駐守帝國國界「防線」周圍基地的官兵，開始被稱為"limitanei"。這名詞的涵義，可能是駐守「防線」的官兵，或可能是任務限定為死守「防線」的官兵。在「元首政治」時代中，身為羅馬軍主要戰力的軍團兵，到了四世紀也已經淪落至此。

相對地，由皇帝親自率領，任務是伴隨皇帝馳援遭外敵入侵地區的官兵，則被稱為"palatini"。由於這些官兵隨時緊跟在皇帝身邊，因此這個名詞的涵義應當是「皇宮兵」吧。在「元首政治」時代中，這本來是「禁衛軍團兵」的工作，然而整個禁衛軍團加起來也只有一萬多人。到了「四頭政治」時代，每個皇帝下都有七萬多人，四名皇帝加起來就有四倍人數，共計三十萬名。

此外，由於四名皇帝各有根據地，因此被稱為「首都」的地方也變成四個。特里爾、米蘭、色米姆、尼科米底亞，以往也是帝國的重要都市，因此不僅有大道、市區及郊外道路和上下水道，羅馬人認為城市必須有的公共廣場、公會堂、競技場、圓形競技場、半圓形劇場、公共浴場等諸般設備也少不了。唯一欠缺的設備只有皇宮而已。

可是四名皇帝之中，沒有人純粹蓋一座公私兩用的皇宮就了事。各位讀者請不要忘記，這四名人物都出身社會底層。可能正因為如此，使得他們想以有形的方式誇示自己已經稱帝的想法特別明顯吧。特里爾、米蘭、色米姆、尼科米底亞的城鎮景觀經過大幅改建，足以讓人忘記這些地方原本是前線基地。不但加蓋了以往缺乏的設施，已有的設施也經過大幅改建。當然，

代表四名皇帝的「四巨頭像」——西元 1204 年第四次十字軍運動時，威尼斯軍方從君士坦丁堡搶回來的戰利品之一。後來長期置於聖馬可廣場的元首官邸 (Palazzo Ducale) 入口處至今。
應注意之處——皇冠、佩劍的設計，已經偏離古羅馬，較接近歐洲中世紀的風格。

一切都是為了向帝國首都羅馬看齊。

只不過，首都不是那麼容易建設的都市。並非只要把硬體設備整頓完畢，就可以獲得完善的首都。米蘭如今已經是大都市，在其中自然找不到一千七百年前的首都痕跡。可是摩澤爾河上游的特里爾、多瑙河附近的色米姆、小亞細亞西北部的尼科米底亞之中，羅馬時代的痕跡，亦即古代遺蹟之少，和當時的主要都市比較起來，還是令人印象深刻。比方說副帝君士坦提的首都特里爾好了。都市化程度依舊比不上受他管轄的都市里昂、亞眠、納邦、波爾多。畢竟都市，尤其是首都，必須歷經歲月洗禮，由住在都市裡的眾人建構。

也就是說，在西元二九三年到三〇五年這段「四頭政治」能完全發揮功效的期間裡，四名皇帝苦心積慮把根據地首都化所需的費用，恐怕還沒有昂貴到讓帝國財政吃緊的地步。真正的問題在於，雖然城市的「外殼」費用不高，裡面的人事費用可就驚人了。

相當於中央政府的皇宮之中，當然會需要有人值勤。以現代的角度來看，這些人有如總統、首相官邸的成員。國家轉換成「四頭政治」之後，人數當然也會擴增為四倍。皇帝的任務除了要保障責任區的國防安全以外，還包括其內政，而實際上皇帝身在前線的日子卻比較多。因此戴克里先才組織了相對於中央政府，地位類似地方政府的“diocesi”體系。命「皇帝代理人」擔任行政工作。而且在「轄區」之下又細分為許多“provincia”（縣）。在這項體系之下，行政機構的全體官員任命權，又全數握在皇帝手上。歷史研究人員把戴克里先開啟的羅馬帝國後期評為「絕對君主政治」或者「專制君主政治」，原因也在這裡。

還有一項不能忽略的項目是，戴克里先也是把文官、武將的職業生涯從上至下完全隔離的皇帝。四十年前迦利艾努斯皇帝立法，只是禁止元老院議員轉任軍事指揮官，然而當時只禁止上層人員的流通。也許四十年的歲月足以讓全體國民麻痹，對於軍事、行政人員從上至下完全分離的政策無動於衷。在當時的史學家筆下，找不到反對戴克里先政策的言論。

這項改革之下，使得羅馬出現了一個與軍事機構同樣巨大的官僚機構。由於文武分離的政策影響，使得兩個機構之間的人事無法互通。「元首政治」時代那種歷經文武官職逐漸成長茁壯，進而領導國家的社會菁英，也同樣成為歷史了。

戴克里先可能是認為專職能培育責任感和完成任務的能力，才設計這套充滿羅馬帝國後期特色文武分離的制度。問題是人們習於歸屬某個組織、肩負責任之後，會產生不希望遭其他領域人員干涉的心態。不希望遭人干涉的心態，也就產生不去管其他領域事務的作風，亦即所謂「各人自掃門前雪，莫管他人瓦上霜」的觀念。這種觀念，必然衍生出讓所屬組織膨脹的作法。為了不受干涉、不必向外求援，即使目前沒有存在必要的單位，也會配屬人員、維持單位存續。戴克里先構思建立的羅馬帝國後期官僚機構，比他評估中還要龐大許多，原因可能就在於這種組織隱含的性質上。若從效率層面來看，「專責」似是合理的體系，然而背後卻有看不到的缺陷存在。

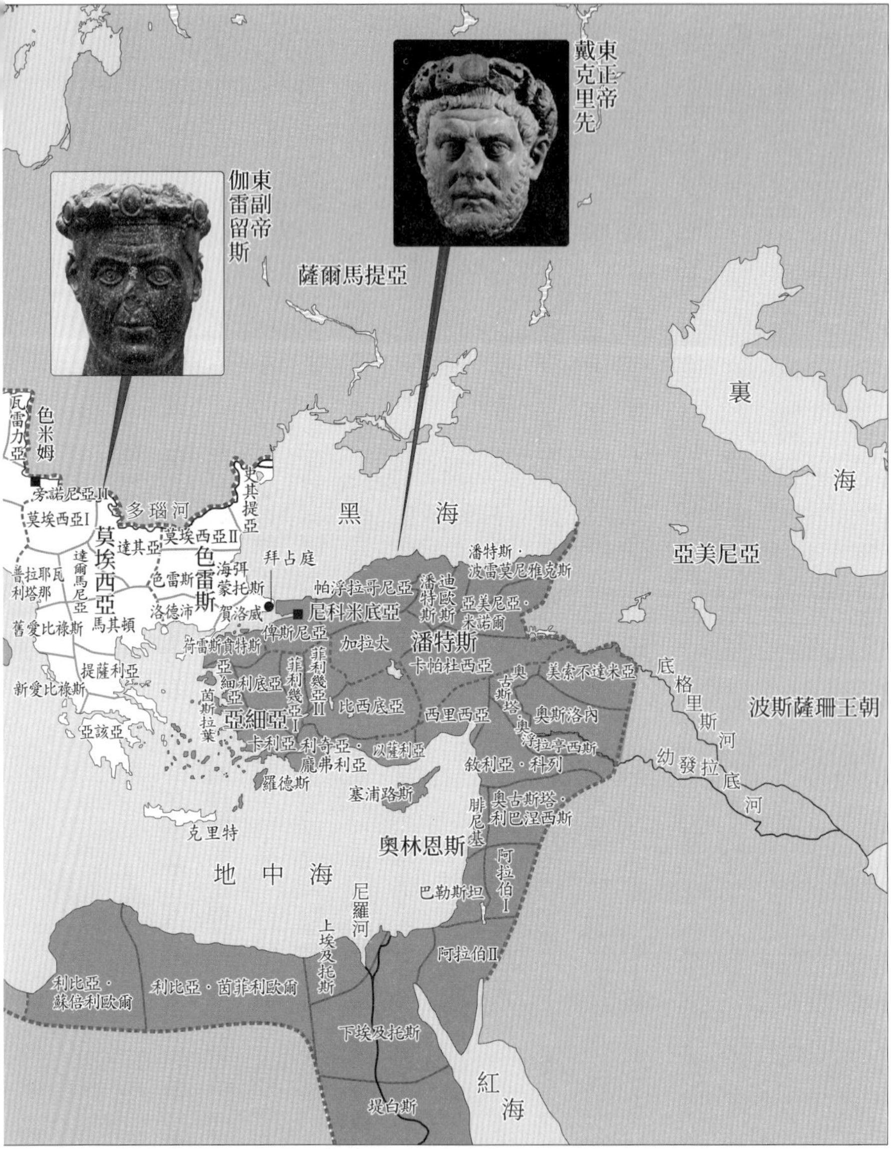
東正帝
戴克里先
東副帝
伽雷留斯
薩爾馬提亞
裏海
亞美尼亞
黑海
多瑙河
瓦雷力亞
色米姆
旁諾尼亞II
莫埃西亞I
莫埃西亞
達其亞
莫埃西亞II
史其提亞
色雷斯
色雷斯
海弭蒙托斯
洛德沛
賀洛威
拜占庭
尼科米底亞
普拉耶瓦利塔那
達爾馬尼亞
馬其頓
舊愛比祿斯
提薩利亞
新愛比祿斯
亞該亞
荷雷斯貢特斯
俾斯尼亞
帕浮拉哥尼亞
迪歐斯潘特斯
潘特斯·波雷莫尼雅克斯
亞美尼亞·米諾爾
潘特斯
加拉太
卡帕杜西亞
亞細亞
利底亞
菲利幾亞I
菲利幾亞II
茵斯拉葉
亞細亞
比西底亞
西里西亞
奧古斯塔·奧浮拉亭西斯
美索不達米亞
奧斯洛內
底格里斯河
波斯薩珊王朝
幼發拉底河
卡利亞
利奇亞·龐弗利亞
以薩利亞
敘利亞·科列
羅德斯
塞浦路斯
奧古斯塔·利巴涅西斯
腓尼基
克里特
奧林恩斯
阿拉伯I
地中海
尼羅河
巴勒斯坦
上埃及托斯
阿拉伯II
利比亞·蘇倍利歐爾
利比亞·茵菲利歐爾
下埃及托斯
紅海
提白斯

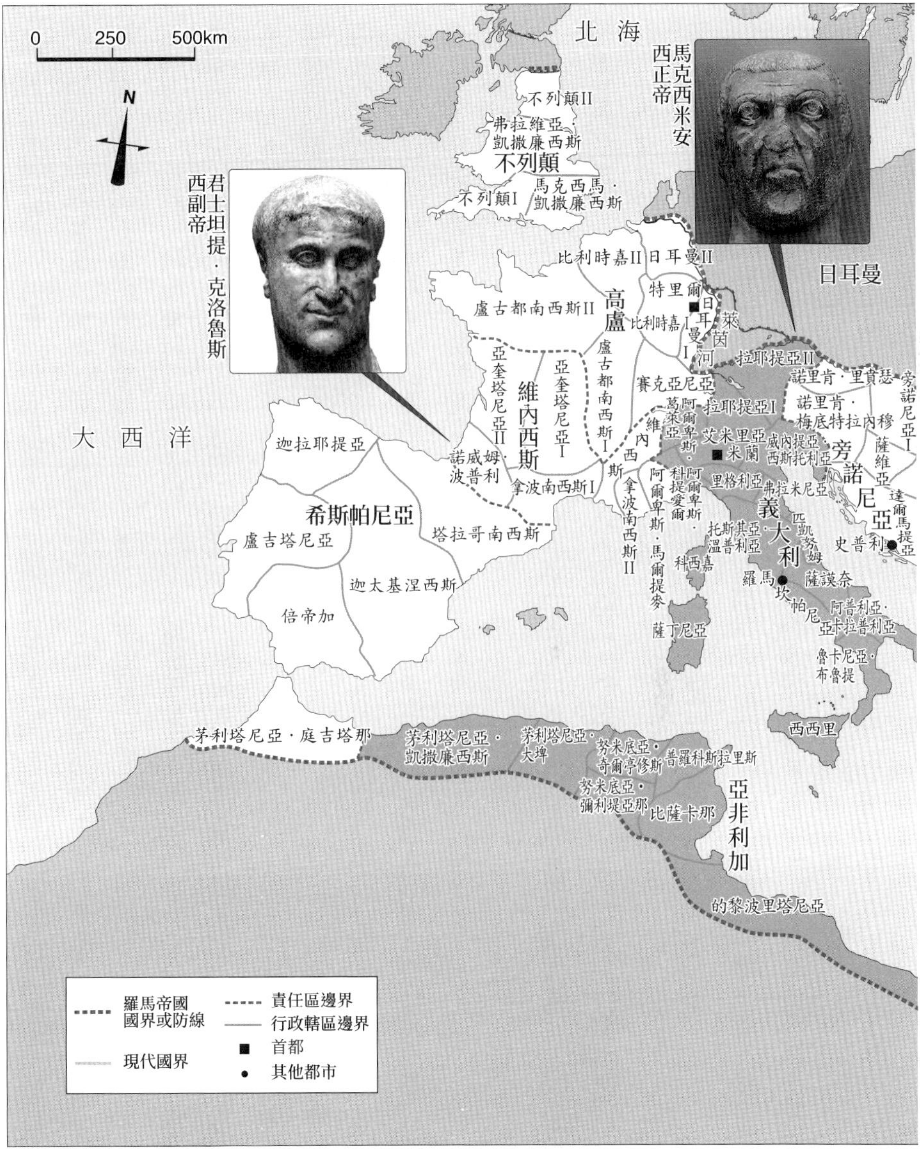

戴克里先建構的「四頭政治」時代羅馬帝國

在「元首政治」時代，政府組織沒有像這樣細分重整，也沒有縱向統合的觀念。當時留下的大道水道等建築維修情況，如今又變得如何了？比方說大道好了。假使有以河流為界的兩個縣，河流這端的大道由這個縣負責，另一邊的大道由另一個縣負責，橋梁則以正中間為界。那麼需要統一材料、技術進行的維修工程，豈不是無法推動了？在史料之中，沒有提到硬體維護方面的狀況如何。不過史料告訴我們，西元三世紀時羅馬一再遭受外敵入侵，無餘力從事維修工作。可是在西元四世紀，羅馬帝國也沒有推動過像樣的維修工程。戴克里先本人似乎關切基礎建設的整頓工作，不過範圍僅限於防線附近，在「元首政治」時代定位為純軍事建設的部份。阿庇亞大道的石板面曾經緊密結合，連風沙都吹不進去，如今石板稜角已經磨損，成為一段圓石面的道路了。這還不只因為羅馬帝國滅亡之後，一千五百年來無人問津。這是從距離亡國尚有近三百年的西元三世紀開始起算，整整一千八百年來無人過問的結果。

研究人員熱衷於研究羅馬帝國知名的軍事力量，以及帝國後期暴增的軍人數量，因此不同學派提出的數字也不一樣，筆者只能取其有力說法，亦即六十萬人。不知道為什麼，研究人員對於行政官僚數量暴增的現象，就沒有對軍人數量那樣熱衷。所以筆者在此連個推測數值都提不出來。不過筆者猜測，行政官僚恐怕不是像軍人一樣倍增而已。

在「元首政治」時代，羅馬社會縱向橫向都具有流動性。政治體系能發揮作用，有才華的人可以無分軍事民事，充分一展長才。這使得社會資源能有效運用，也符合奧古斯都巧妙搭配中央集權與地方分權的政治哲學。「元首政治」時代的羅馬帝國，若要以近來的名詞形容則是「小而美政府」。一個百分之百的霸權國家，也因此發展成龐大帝國的羅馬帝國竟然會是「小而美政府」，聽來簡直像是笑話。可是筆者認為，正因有個「小而美政府」，羅馬帝國才有辦法高唱「羅馬和平」。然而羅馬帝國到了後期，也轉變成為「長毛象政府」了。其主要原因，只怕就在軍事行政兩大機構的膨脹。

筆者的這段假設，係根據四世紀羅馬人留下的這句話：

「比起納稅的人數，如今收稅金的人數還比較多。」

由一名變成四名的皇帝、倍增的兵力，以及巨幅膨脹的官僚機構，同樣要由國家財政來維持存續。可是戴克里先推動帝國改造政策的時期，正值西元三、四世紀之交未滿十年的期間。羅馬帝國這時才剛剛脫離以「三世紀危機」為代稱，充滿各種空前危機的迷途世紀。帝國的軸心貨幣狄納利斯銀幣含銀比例，在西元三世紀初期卡拉卡拉皇帝時，還勉強維持百分之五十，過了半個世紀卻暴跌至百分之五。這時羅馬帝國正值絕望性經濟的疲憊狀態之下，重整政府帶來的大量支出，自然不可能仰賴日益稀疏的收入維持。因此戴克里先推動的帝國改造政策之中，也就不能缺少一套與之前基礎完全不同的稅制改革。這樣一來，在西元三、四世紀交接之際，羅馬帝國對稅賦的觀念，亦即所謂稅賦哲學也跟著改變了。

萬稅大國

如果我們濃縮由開國皇帝奧古斯都所建立，其後三百年由歷任皇帝繼承的「元首政治」時代稅賦哲學。再來與戴克里先推動，規範西元四世紀之後羅馬帝國後期的稅賦哲學做比較，則大體上如下：

奧古斯都稅制——先有納稅人才有國家。國家只著手稅收可以承擔的事務。

戴克里先稅制——先有國家才有國民。國家所需的各項經費，要由納稅人繳稅承擔。

對於稅賦的想法可說有了一百八十度的轉變。

其實在第VI冊《羅馬和平》之中，筆者已經詳細敘述過了。由奧古斯都所創始的「元首政治」時代稅制，可以整理如下。

古今中外，沒有任何民眾會樂意繳稅。不僅如此，如果遭受重稅壓迫，甚至可能引發暴動或叛亂。

可是一個國家又不能沒有稅金。個人無法承擔的事務，比方說國防、治安、基礎建設、社會福利等，必須由身兼居民共同體的國家來推動。如果怠忽這些事務，有能力有資產自給自足的人和其他人會開始分離，形成社會不安的源頭。

那麼，政府要如何擬定讓民眾雖不滿意但可以接受的稅率，就是一項重大的問題了。當羅馬尚處於共和時期，正在朝能將地中海納為「內海」的霸權國家發展時，他們有三個前例可以參考。

東方君主國——稅率不一定，因此難以判定是輕或重。不過這種稅制使民眾經常要多負擔被徵召服勞役、戰爭的風險。

迦太基——最高稅率百分之二十五的重稅國家。不過據說迦太基對其下的所有領地提供農業技術指導以提振產業。

敘拉古——這個地方屬於僭主專制政體，社會卻安定得讓柏拉圖造訪此地時感到驚異。而這個國家的稅率一直維持在百分之十。

羅馬人與希臘人不同，不會把原理原則當成必須死守的金科玉律。朱利斯·凱撒曾說，即便是敵人的制度，只要是好的就不會遲疑立即引進。羅馬也遵從這條政策路線而壯大。當羅馬成為霸權國家、轉移為帝政體系，稅制也必須跟著轉變時，同樣遵循著這個想法。因此上述的這三個例子，視時空環境，有時可能是仿傚的對象，有時可能是前車之鑑。順帶一提，創設新稅制的奧古斯都，正是朱利斯·凱撒指定的繼承人。

開國皇帝創設的羅馬帝國稅制，是以極為簡單明確的基本方針為基礎。

稅率要盡可能低廉，但是盡可能讓更多人繳納，而且稅率要維持不變一直延續下去。現代的稅制專家聽到這句話，只怕會笑掉大牙。然而羅馬帝國的稅制就是從這個外行但合乎常識的想法起始。後世的史學家在評斷羅馬帝國稅制時是這樣說的：

「元首政治時代的羅馬帝國，把廣徵輕傜薄賦的想法化為現實。」

在討論奧古斯都創始的羅馬帝國稅制細目之前，必須先提醒各位古代是個什麼樣的社會。在古代社會中，勝利者與戰敗者之間的區隔是非常明確的。在當時只有戰敗者必須納稅。此外，羅馬起源自城邦國家，因此以公民為國家之主。公民享有參與國政的權利，義務則是持武器保衛國家，所以兵役又被古人稱為「血稅」。也因此只要不淪為戰敗者，在古代是不用納直接稅的。也就是說，古代屬於實質上的間接稅社會。要在這個社會中推行「廣徵薄賦」，就有必要建構一套體系，把勝利者羅馬人也收為納稅人。在當時能辦到這一點，可見奧古斯都創設的稅制可說是古代社會中的一大創舉。筆者向來認為，當時能建立「羅馬和平」並長年維繫，除了強盛且高機動力的羅馬國防力量之外，稅制的功勞也不可抹滅。

接下來要討論奧古斯都所整理的羅馬帝國稅金分類。帝國的稅制不但基本方針簡明，連稅賦的項目也相當簡單扼要，使得筆者在撰寫第VI冊《羅馬和平》內文時，一直深深覺得羅馬不需要什麼稅務署人員。

遭羅馬征服的行省民，亦即戰敗者須繳納的稅賦如下。

行省稅——收入的百分之十，因此在帝國向來以「十分之一」(decina) 通稱。行省民沒有服兵役的義務，所以西塞羅說這是行省民支付給肩負防衛義務的羅馬帝國的安全保障稅。既然這項稅賦有上述思想背景，一旦行省民志願到羅馬軍團擔任輔助兵，自然也就得以免除這項稅賦義務。

征服者，亦即戰勝者羅馬公民權所有人需繳納的稅賦如下。

古代社會中首創的遺產稅——以六親等之外的人物繼承遺產時為限，稅率百分之五。

羅馬人有致贈部份遺產給非親非故，但前途光明青年的習慣。第二種遺產饋贈對象，則是有事時能為自己出力的律師。羅馬人是創立法律體系的民族，有凡事遇上爭執便對簿公堂的習性。能交到一個在法庭上能說會辯的終生朋友，對自己也挺有利。第三種對象，則是平日尊敬的人物，希望遺產能讓這些人好好運用。總之羅馬人把饋贈遺產當成教育基金，或表達感謝、敬意的方法。西塞羅出身地方，而在中央的法庭出人頭地。他會成為富翁的原因，不在於因政策因素設置上限的律師費用，而多半在於委託人的遺產饋贈。「羅馬法」中長年重視饋贈私有遺產的權利，彷彿要擁有這種權利才能稱得上是合格的公民。在改善官兵待遇時，頭一條就會提到這項權利。而終生未婚的女性則以失去饋贈遺產權利的方式，接受未對國家提出貢獻的懲罰。因為羅馬社會有上述的風氣，所以「遺產饋贈二十分之一稅」才能成為稅收的一大支柱。

奴隸解放稅——遺產稅是由奧古斯都創設的，可是奴隸解放稅卻早在共和時期便已經存在。這項稅賦能成為稅收的支柱，在於羅馬人有為表達感謝奴隸長年奉獻，以解除奴隸地位當成退休金的風氣。古歐洲各國都是奴隸社會，只有羅馬無論共和、帝政時期，於公民和奴隸之間都有「解放奴隸」階級存在。話說回來，奴隸也就等於勞力，羅馬社會必須依靠奴隸作為勞力才能維持運作。從政治的角度來看，政府不能強制禁止民眾表達溫情，只好為維繫社會存續提供一點阻力。這項稅賦的稅率，是獲得自由的奴隸市場價格的百分之五，這項稅賦也就被稱為「奴隸解放二十分之一稅」。

不論勝利者羅馬人或者戰敗者行省民，生活於羅馬帝國境內的人民一律要繳納的稅賦，亦即間接稅如下。

關稅——原文叫做"portorium"，因此直譯的話就成了「港灣稅」。這是於海岸河口設置稅關，對通過稅關的物產課徵的稅金。關稅的稅率從百分之一．五至五不等。至於由東方進口的珍珠、絲綢等奢侈品，稅率則為百分之二十五。稅率並非全國一致，是因為顧及各地經濟力量差異。經濟力量強大的義大利身為帝國基礎，稅率卻是最高的百分之五。邊境行省或瀕臨萊茵河、多瑙河的地區稅率則是百分之一．五。這些低稅率地區受到稅率減免的好處，經濟力量提升之後，慢慢地課稅的比例也會漸次接近先進地區。

營業稅——對於所有流通物產課徵的稅賦，相當於現代日本的消費稅。無論帝國何處，稅率都固定為百分之一。在羅馬帝國中，如果沒有任何追加說明僅說收稅「百分之一」的話，就代表營業稅。

值得我們矚目的不只是這些稅賦的低廉而已，兩百年下來能維持這麼低廉的稅率，也是值得我們關心的事項。在推動上述新制度同時，羅馬還同時執行了大規模的裁軍。這不禁令人佩服開國皇帝奧古斯都對政治的感覺能如此敏銳，能將這套體系化為國策，代表了他對於人性的理解深厚。

西元前三〇年，奧古斯都打敗了政敵安東尼和埃及女王克麗奧佩脫拉聯軍。戰勝者奧古斯都成了包括投降的敵軍在內，麾下擁有五十萬大軍的大元帥。為了不刺激反對派系，奧古斯都照自己擅長的方式，利用長時間逐步削減，最後把軍隊裁撤到只剩下十六萬八千人。

十六萬八千名正規的軍團兵，分配之後組成了二十八個軍團。想必奧古斯都判斷這些人加上輔助兵之後兵力可達三十萬，已經足夠為漫長的帝國邊境擔任防衛任務。到了奧古斯都晚年，西元九年時發生了條頓布魯格森林之變。羅馬一夕之間折損了三個軍團，連輔助兵在內總損傷人數有三萬五千名。二十八個軍團從此變成二十五個，然而奧古斯都卻沒有設法補充軍團數量。某些研究人員認為這是因為奧古斯都年老力衰加上精神打擊，因此沒有精力補充損失。不過若國家有補充兵員的必要，而奧古斯都怠忽職守的話，五年後即位的臺伯留皇帝應該會立即補充才對。因為當時的羅馬帝國人員財力都很充足。可是在西元一世紀的百年之中，羅馬軍主要戰力軍團數量一直維持在二十五個，軍團兵人數也維持在十五萬人左右。進入西元二世紀才擴增為二十八個軍團。而在馬庫斯．奧理略皇帝時代則擴增到三十個。令人驚異的是，兩百年下來擴增的部隊，僅有五個軍團的三萬人馬。這是因為兩百多年的歲月中，羅馬帝國沒有必要派兵鎮壓行省叛亂，羅馬的部隊只需專心對付外敵。這代表奧古斯都重整稅制之後，使得羅馬帝國的軍事力量，不會膨脹到超乎國家經濟力量可負擔的程度。由於奧古斯都向來以社會常識作為判斷政策的基準，因此他的稅制可能是基於下列想法：

重稅容易成為叛亂的起火點。如果國內發生叛亂，就必須派遣軍隊前往鎮壓。既然對外防衛的兵力不能減少，當國家必須隨時準備部隊用於壓制國內勢力時，唯一的一條路就是擴增整體兵力。擴軍會衍生加稅問題，接而衍生叛亂。如果要阻止國家落入上述惡性循環，唯一的辦法就是採行「廣徵薄賦」為基本方針的稅制。筆者向來認為，由奧古斯都建立的「羅馬和平」，就是因為有軍制、稅制兩大支柱才能穩定持續下來的。也因此軍務、稅務都是國政，對於稅金的看法，也就是國政的基礎。

說明至此，想必任何人都會開始感到疑問。「廣徵薄賦」固然不錯，可是這種程度的財政真的能營運大帝國嗎？「小而美政府」的想法固然不錯，如果政府只承擔稅收可以維持的事業，那怎麼有可能滿足多民族國家羅馬帝國的民眾需求？

在稅收之中，每年能預期徵收的直接稅只有行省稅一項。對羅馬公民權所有人課徵的直接稅，不論是遺產稅或奴隸解放稅，都並非能每年進帳的稅收。能預期固定進帳的間接稅，有關稅與營業稅兩項。可是從「二十分之一」與「百分之一」能成為稅賦代名詞就可得知，這兩百年來稅率毫無變動而且低廉。雖說低廉稅制可以使地方不發生叛變，然而羅馬帝國無論規模大小，一直都是個居民共同體。這麼低廉的稅收能讓帝國推動國家該推行的建設嗎？

答案也很簡單，辦不到。可是只有東方的專制君主國家，才能夠以一句辦不到打發。羅馬帝國是個標準的西方國家，政府在很多方面不得不遷就有權者的公民意願，更何況羅馬是從城邦國家發展出來的。那麼羅馬帝國是以什麼樣的方法解決這項難題的呢？

開國皇帝奧古斯都不像他的義父凱撒那樣充滿創意天份。不過在尋求符合常識、眾人不覺得突兀的癥結點，使民眾在不知不覺中造成既成事實的能力上，那可說是天資過人。在國家財政方面，他決定以羅馬人從共和時期起便熟悉的兩項事物來解決。這兩項事物以現代的方式來形容的話，就是「地方分權」與「利益回饋社會」。

筆者譯為「地方自治體」的“mucicipia”，起源於由羅馬征服的戰敗者都市、部族根據地。因此無論義大利本國或行省之中都有這種地方政體存在。勝利者羅馬人將征服得來的都市分類為地方自治體或自由都市，賦予對內的完全自治權。西元前一世紀，義大利境內的地方自治體獲得了羅馬公民權，而義大利以外的「地方自治體」居民則主要以行省民構成。

相對地，譯為「殖民都市」的"colonia"起源，在於由民間募集而來的軍團兵為了退伍時有地方落腳，於服役期間修築而成，因此居民主要是羅馬公民權所有人。可能也因為如此，自一開始這種都市就享有整套的自治權。

雖說僅限於共同體內部，若要施展自治權，政府便需要財政上的基礎。筆者曾試圖調查「地方自治體」、「殖民都市」、「自由都市」的財政基礎，但是一無所獲。可能是因為相關史料已經煙消雲散，學者無從研究起，不過我們可以從某件事情來進行推測。

由圖拉真皇帝確立的育才資金制度，亦即對清寒家庭子弟的資金援助體系，其財源來自繳納給地方自治體的國有土地佃租。

早在共和時期，羅馬政府便已經在各地擁有「國有土地」(ager publicus)。原本是在戰爭獲勝後，戰敗者割讓部份土地給羅馬代替賠款，後來又由羅馬政府將國有土地租賃給農民使用。西元前一世紀朱利斯·凱撒成立「農地法」之後，確立了包括轉讓權在內的租地權。佃農在耕作收成之後，將收益的百分之十上繳給政府，實質上等於永久租借。筆者認為，這是朱利斯·凱撒眼見當時的社會局勢，覺得如果放任不理，會因為生產效率因素而逐漸走向大型農莊化，因而立法提出的「中小企業合作方案」。因為在古代，農業是基礎產業。

雖說沒有研究結果足以證明，因此只是筆者的推測，不過國有土地的佃租可能就是地方自治體的財政基礎，或者至少會是財政基礎的一部份。因為地方與中央政府一樣，具有羅馬人傳統的旺盛公德心。

無論在共和時期，或者轉移到帝政之後，羅馬的公共建築絕大多數是以個人的家門名為名稱。羅馬人並不會像甘迺迪機場、戴高樂機場那樣，以為了紀念特定人物為由來給建築物命名。唯一的例外，該是由朱利斯·凱撒開工，在凱撒遭刺殺後，最後於奧古斯都時代完工的馬爾凱爾斯劇場。這是奧古斯都為了紀念有意提為繼承人，但卻英年早逝的姪子。其他的公共建築物，都是以建設者的家門名來稱呼。比方說「艾密尼斯公會堂」、「朱利斯公會堂」、「龐培劇場」等。以俗稱"Colosseum"聞名於世的羅馬圓形競技場，官方名稱其實是「弗拉維斯圓形競技場」。這是因為開工修築的維斯帕先皇帝屬於弗拉維斯家門。

這種風俗幾乎只有羅馬人有，筆者認為這可說是一種利益回饋社會的行為。因為上述的艾密尼斯、凱撒、龐培等人，都是由公民選出經元老院承認，才取得以「前執政官」頭銜為資格的軍團指揮權。作戰獲勝確實是他們的才能，但是機會卻是公民賜予的。當時社會認為投入私人財產修建公共建築，並捐贈給居民共同體，是社會菁英該負擔的責任。受贈人給予贈與者的權利，就是讓他們有權以家門名為建築命名。所以在羅馬時代，人們住在其他國家沒有的，街頭公共建築冠滿人名的都市中。即使到了帝政時期，羅馬的這項風俗依舊沒有衰退。不僅如此，還應該說是由開國皇帝奧古斯都親自示範，並獎勵大眾跟進，因此更加盛行了才對。對於「政治人物」奧古斯都而言，這也是一種政治行為。

綜觀圓形競技場、俗稱"thermae"的公共浴場、碼頭的倉庫群等，可以看到歷任皇帝的家門名稱。這是因為在「元首政治」時代，皇帝還是由公民與元老院委託權利治國的存在，因此將利益回饋有權者也是當然的舉措。"thermae"中充滿了傑出的雕刻、壁畫，因此百姓們稱呼這是「平民的宮殿」。順帶一提，兩千年前陳列在公共浴場，讓民眾能一邊洗澡一邊觀看，以雕像為首的造型美術品，如今讓人必恭必敬的擺設在博物館裡面。

可是，為何歷任皇帝有辦法做到這個程度，把這麼大的金額回饋給社會呢？

這是因為皇帝已經比共和時期的任何富豪都要有錢。不是皇帝把國家稅收當成私房錢花用，而是因為皇帝成為巨大耕地的持有人。

西元前三〇年克麗奧佩脫拉女王自裁之後，為歷時三百年的埃及托勒密王朝劃下句點。率領軍隊達成這項任務的奧古斯都，並未依照古代社會慣例，把戰敗者的一切化為勝利者所有。羅馬軍所征服的任何地方，在官方見解上依舊屬於國家兩大主權者羅馬公民及羅馬元老院所有，應納為帝國行省。只有埃及不是帝國行省，而是奧古斯都的「私人領地」。

因為到克麗奧佩脫拉女王為止，埃及一直處於由「神子」統治的特殊風氣下。征服新土地之後，統治工作也就接踵而來。統治的成敗，就看要如何減少被征服者的排斥感。羅馬人向來擅長彈性應變，他們判斷對埃及居民來說，與其以「羅馬元老院暨羅馬公民」，還不如以「神子」統治來得好。凱撒遭到布魯圖斯等人暗殺之後獲得神格化，因此是個「神」。那麼凱撒收養的奧古斯都就是「神子」了。在奧古斯都之後的歷任皇帝，也同樣以「神子」的身份君臨埃及地方。所以說羅馬的各個地方都由行省總督統治，唯有埃及例外，是由皇帝代理人(vicarius)

統治。

對埃及人而言，只是統治者由希臘裔的「神子」換成了拉丁裔的「神子」而已。對羅馬皇帝來說，卻是獲得了巨大的收入來源。因為在那個時代，光是埃及產的主食小麥便占有義大利市場需求的三分之一。

能夠善用巨款也是一種天分。奧古斯都把到手的巨款投入於軟體、硬體兩方面的社會基礎建設。關於詳細內容還得請各位回頭看看第VI冊。筆者把書名定為「羅馬和平」，是想告訴各位讀者，「羅馬主導下的和平」並非純依靠武力建設的，第VI冊的主角奧古斯都，可是個把五十萬大軍裁撤到十六萬八千人的領袖。

而且當時的奧古斯都，也是帝國唯一的最高權位者。領袖中的領袖熱衷於「利益回饋社會」，使這股風氣橫向傳播到各個行省，縱向影響元老院議員，甚至影響擴及在羅馬社會出人頭地的解放奴隸。到了帝政時代，這種羅馬式的貴族義務觀念比以往更加盛行。好比說皇帝新建了一座公共圖書館，那麼就會有元老院議員捐贈不動產作為教育基金財源；某個公民在修復大道時負擔某個段落的所需費用；事業有成經濟富裕的解放奴隸，則為故鄉的神殿修繕費出資。羅馬人並未讓這些「回饋社會」的義舉成為不欲人知的善行，反而認可在事成後於建築物冠上當事人姓名，或者在大道修繕後，准許部份負擔者於路旁樹立記載事蹟的石碑。羅馬人的墓碑背面，往往有如當事人的履歷表。除了刻有死者在世時擔任過的文武官職之外，還記載了他們配合身份與財力為公共付出的事蹟，令人看了感動。可是到了西元三世紀之後，這種事蹟也就消失了。

筆者認為，廣大的羅馬帝國，是由國家、地方、個人三根支柱構成，以一個基本信念統合，因此才有辦法發揮功能、維持營運。從最能代表羅馬的羅馬街道網路，就可以清楚地看出這方面的內情。

幹線道路——總計八萬公里，由國家負責鋪設與維修，全線四層結構、石板面。

支線道路——總長度七萬公里，由地方自治體或殖民都市握有決策權與維修責任，大多數為石礫面。

私人道路——總長度十五萬公里，由私人鋪設、負責維修。雖然為私人道路，但並未禁止外人進入，允許任何人自由通行。因此在羅馬帝國中，私人道路地位等同公有道路。

研究人員表示，這「三大支柱」總長度三十萬公里。如果把國家比喻成人體的話，這三十萬公里的道路就像大小各種血管一樣，把新血送到帝國的每個角落。如果所有道路工程全都要由國家負擔，那麼除非大幅調升稅率，否則辦不到。羅馬帝國能長年維持低稅率，在於採用了三大支柱並行的體系。尤其以成功地讓富裕階層參與公共事業這點最為重要。

各位讀者要知道，當時社會處於間接稅的時代。一來不可能發展出累進稅制，再者間接稅的稅率也不高。如果放任這個局面不管，富裕的人會更富裕，貧困的人將會更貧困。如果要避免造成社會不安來源的貧富差距擴大，唯一的辦法就是要富裕階層把錢吐出來。不過，財富稅之類的點子就不用考慮了，羅馬社會的富裕階層與勝利者階層重疊，如果想要推動這種稅制，即使奧古斯都的用意在創設適於帝政的新稅制，也會受到既得權階層反彈而失勢，凡事謹慎的開國皇帝並不會追逐這種危險又不符現實的夢想。

首先，他以身作則，並動員他的忠實助手阿古力巴與馬西納斯進行「利益回饋社會」。成果使得他可以略帶誇大地說「我繼承了磚瓦做的羅馬，留下大理石做的羅馬」。而阿古力巴、馬西納斯在協助奧古斯都鼓勵回饋社會的同時，也成為在埃及擁有大片耕地的地主。

再者，除了訴諸富裕階層的公德心以外，奧古斯都也沒忘記刺激富人的虛榮心。修繕公共建築之後可以立下石碑記載事蹟，成立財團用於資助貧困女子有嫁妝可用時，也能在財團上冠上個人的姓名。如果能留下有形的事蹟，人們勢必會更加奮力。

羅馬的國家財政與地方財政沒有像現代國家一樣留下詳細的數字記載，因此後人只能進行推測。不過筆者認為在「元首政治」時代，羅馬帝國的社會相當仰賴個人積極參與社會建設。眾人公認是羅馬人最佳紀念碑的羅馬街道網路，也能顯現出這一點。因為儘管意義有如微血管，三十萬公里的羅馬大道有一半是由私人道路構成的。由奧古斯都創始，其後持續兩百年的「元首政治」時代稅制，正因為建立於對人心的巧妙觀察，才有辦法成為「羅馬和平」的成因之一。真可說暴政與仁政的分歧點，就在於對稅制的建立法上。

這項可稱為奧古斯都稅制的制度，卻在西元三世紀時崩盤。引發稅制崩潰的，是在西元二一二年公布施行的「安東尼奧敕令」(Constitutio Antoniniana)。由於提案暨施行的皇帝外號叫做卡拉卡拉，因此一般通稱這道法令為「卡拉卡拉敕令」。當這道法令公布後，居住於羅馬帝國境內，除奴隸以外的自由民，一律都能擁有羅馬公民權。「羅馬公民」(romanus)與「行省民」(provincialis)之間的差異就此完全廢除。只要是住在羅馬地境內的居民，無論其人種、民族、宗教信仰與文化差異，一律平等地成為「羅馬公民」。從人道立場來看，這的確是一道無可批評的法令。

可是這道法令卻使得奧古斯都稅制走上絕路。因為既然行省民的身份消失，繳納行省稅的義務也就跟著消失。卡拉卡拉皇帝似乎認為，將原本針對羅馬公民權所有人課徵的遺產稅與奴隸解放稅從百分之五調高至百分之十，就足以彌補行省稅消失所造成的財政漏洞。如果他真的認為行省民成為羅馬公民後，全國百姓都會開始繳納這兩項稅金的話，那真的只能說是年輕不懂事。畢竟這兩種稅的性質不一樣。

第一點，遺產稅與奴隸解放稅並非每年持續繳納的稅金。

第二點，留下遺產給血親以外的對象，或者給予奴隸自由當作退休金，是羅馬人特有的感情。不能期待行省民有同樣的心態。

第三點，這項敕令引起既有的羅馬公民不滿。這也難怪，他們不但失去所有特權，連要繳納的稅金都加倍了。

上述兩種稅金的稅率，在卡拉卡拉遭刺殺後，由繼位的馬克利努斯調回原有稅率，但是撤除羅馬公民與行省民差異的法令並沒有廢止。其後的羅馬帝國陷入了沒有行省稅收入的狀態，如果不尋求其他稅收代替行省稅，國家財政會因此崩潰。不得已之下，國家只好開始徵收與奧古斯都稅制思想相反的臨時稅與特別稅，而且變成一種常態。

整個西元三世紀，人們聽不到象徵稅率穩固的「二十分之一稅」、「百分之一稅」等名詞，在史學家的記述中也找不到了。西元三世紀的羅馬帝國局勢紊亂，國家前途迷茫，可以用「三世紀危機」一詞做代表。當時異族大舉入侵，皇帝一天到晚換人，政策失去連貫性，就連稅制也陷入無政府狀態。三世紀末期登基的戴克里先皇帝也當然會想要解決這種無政府(anarchy)的狀態，只不過他構思推動的稅制，與元首政治時代完全相左。筆者已經在第VI冊之中詳細討論過奧古斯都稅制，方才卻又重新提出來論述，就是因為只要知道帝國後期的稅制與奧古斯都稅制完全相反，就能夠輕易的理解其內涵。稅制上的變化，也是學者把西元一、二世紀的羅馬帝國分類為「元首政治」，四世紀之後稱為「絕對君主政治」的原因之一。

戴克里先皇帝推行的新稅制，有下列幾樣特點。

一、皇帝決定每一年國家所需的金額，無論該年度收入如何，納稅人都得照樣繳納。

二、所有稅務一律統合，納入中央政府管理下。

這使得地方分權也成為歷史，因為沒有獨自的財源，自治也就無法成立，如今「地方自治體」已經名存實亡。

三、稅賦分成以生產基礎「耕地」為課徵根據的「佃租」(iugatio)，以及以生產手段「人口」為課稅根據的「人頭稅」(capitatio) 兩種。每五年審查一次決定金額。

羅馬帝國的稅制從此轉為以直接稅為主。此外，對於稅金審查結果若有異議，只能向皇帝申訴。

也就是說，稅務官員審查得出的稅金金額，民眾只能乖乖繳納到下次審查為止。

如此一來，長年維持羅馬國家體制的「中央政府」、「地方自治體」、「個人回饋社會」三大支柱體系就此崩潰。除了地方自治體失去自立能力以外，以直接稅為主的稅制帶來重稅，使得個人失去把利益回饋社會的意願。「三大支柱」成了「一柱擎天」，光從稅制上就看得出來，羅馬已經從「元首政治」走上了「絕對君主政治」的路線。

從之前敘述過的「四頭政治」，到接下來要討論的物價管制等，戴克里先處事喜歡徹底系統化，而且本人又有這種能力。這使得政治制度具有過度規範的缺陷。一旦遇上意料外的局面，立即顯得無法動彈。羅馬帝國疆域廣闊，羅馬人又喜好泡溫泉，可見地震、火山爆發等意外並不少見，而且氣候也不是能照人類意願改變的。偏偏戴克里先把稅制規定得精密細緻，負責推行的稅務官員又一板一眼地依法行事。

在此舉個稅務「審查」的案例。下列的各項佃租對象，在法令中視為具有同等價值。

五公頃的豐饒耕地。

十公頃的二級耕地。

十五公頃的三級耕地。

一・二五公頃的葡萄園。

高度超過三公尺，期待收穫量高的橄欖樹兩百二十棵。

每年可期待收成，但種植於坡地上的橄欖樹四百五十棵。

至於被視為生產手段課徵的勞力稅賦，則是以十四歲到六十五歲的國民為對象。在那個時代，到六十五歲為止，意思也差不多直到逝世為止了。女性也同樣被列為課稅對象，只不過不知為什麼各地區之間有差異。敘利亞女性被視為與男性同等，埃及女性則得以免稅，小亞細亞女性的稅金為男性的二分之一。還有，一旦被審定為具生產力，無論是生病或死亡，都得乖乖納稅到下次審查為止（君士坦丁時代把審查改為十五年一次）。奴隸也被當成與自由民同等的勞力計算。

以上提的是農村的部份，那麼都市地區又如何呢？新稅制的思想基礎，是要以稅收滿足國家所需的金額。那麼向容易徵收的對象抽稅，也是自然的發展了。在戴克里先稅制改革下，最受打擊的無疑是農村居民，惟都市居民也同樣躲不了重稅。

雖說都市居民沒有佃租可收，但是店面、工廠等生產基礎一樣可做徵稅對象。至於實際的審查辦法，由於沒有任何史料留下，因此無法得知其中詳情。可以肯定的是，以生產力為名課徵的人頭稅是絕對跑不了的。儘管情況如此，戴克里先新稅制對於農村的打擊還是比較嚴重。地方人口流失、都市人口遽增的局勢依舊沒有改善，就是最好的佐證。羅馬帝國向來以農業為基礎產業，因此受到的打擊，也會遠比以工業為基礎產業的現代先進國家來得沉重。

西元三世紀後半的羅馬帝國農民，為了躲避如同浪濤一般接連不斷的異族入侵而拋棄耕地，也為了尋求人身安全與新的謀生手段躲進了都市之中。可是西元四世紀之後的羅馬帝國農民，則是為了逃避重稅而拋棄耕地，流入都市。

戴克里先皇帝藉由擴增兵力，成功地阻止了外敵入侵。可是同一時代的人表示，隨著兵力倍增，收稅的人變得要比納稅的人還來得多。由此可見在官僚體制的擴增上他也「成功」了。這表示軍人、官僚等仰賴國庫給付薪資的人變多了。結果使得國家需要的經費，少說變成兩倍，嚴重的話說不定擴大到四倍之多。戴克里先上臺之後農民不必逃避外敵入侵，卻多了逃稅的必要。

雖說手工業者與商人的情況沒有農民嚴重，不過同樣也受到新稅制的沉重打擊。這些人沒辦法逃離自己所居住的城市，只不過兒女開始不願意繼承父親的職業了。此外，新創業的人員數量也大幅下跌。「元首政治」時代的金融年利率約為百分之十二，如今降低到百分之四。在貨幣價值不斷暴跌的情況下，金融市場的利息卻一再滑落，唯一的解釋就是利息反映出市場投資意願低落的現象。而與稅制改革幾乎同時期，戴克里先又推動了貨幣改革。

戴克里先推動的貨幣改革內容，簡單來說，是為三百年來身為羅馬帝國基準貨幣的狄納利斯銀幣，進行最後一場保衛戰。

當時銀幣的素材價值，已經跌落到含銀率僅有百分之五。戴克里先打算把貨幣價值恢復到當年尼祿皇帝為適應流通量擴大，推行貨幣改革之後的樣子。當時，每一利普（三百二十七公克）純銀可鑄造九十六枚狄納利斯銀幣，而西元四世紀初期的狄納利斯銀幣，則是一利普純銀可鑄造六千枚的劣幣。

劣幣的定義，是面額價值與素材價值不一致的貨幣。這兩種價值的差距愈大，代表貨幣愈是劣質。在沒有紙幣的時代裡，面額價值與素材價值一致與否，是貨幣唯一的信用基準。順帶一提，現代國家發行的紙幣，素材價值只不過是一張紙，要靠發行紙幣的國家保證其價值與面額價值一致。如果無法維持這項保證，貨幣價值就會開始下跌。在古代由於貨幣以金、銀、銅鑄造，國家保證貨幣價值的唯一方法，就是維持上述金屬的含量，使其素材價值不至於下挫。

也正因為如此，戴克里先皇帝當然會認為要讓羅馬帝國的基準貨幣狄納利斯銀幣恢復價值，就必須要滿足下列兩個條件。

第一點，把每一枚狄納利斯銀幣的重量，恢復到尼祿皇帝改革後，一百五十年內沒變更的三·四公克。

第二點，含銀率不變回尼祿皇帝改革後的百分之九十二，而是改回奧古斯都皇帝發行時的百分之百。亦即重新發行純銀的狄納利斯銀幣。

從奧古斯都至戴克里先為止的狄納利斯銀幣含銀率變化，即如附表所示。

戴克里先構思的貨幣改革案不但內容大膽，而且真的付諸實行。新發行的銀幣質、量兼具，被命名為「亞爾堅突斯」(Argenteus)。戴克里先皇帝認為：只要這種面額價值與素材價值一致的銀幣開始在市場上流通，羅馬帝國的基準貨幣銀幣的信用也就會跟著恢復，貨幣信用不足造成的通貨膨脹現象將漸漸緩和了。含銀率掉到百分之五的狄納利斯銀幣就此廢止，改為含銀率同樣百分之五，但重量將近三倍的「伏利斯」(Follis)銅幣。

理論上來說，事情應該照戴克里先的預想發展。可是實際上，新發行的銀幣很快地從市場上消失，留下來的舊銀幣與新銅幣，沒有辦法抑制價值下挫的現象。這是因為拿到新銀幣的人不願意脫手，持有舊銀幣的人又想盡早換成新銀幣，使得舊銀幣的價值繼續往下探底。在亞爾堅突斯銀幣發行後，大多數的貨物價格依舊以舊狄納利斯銀幣為準，也足以證明上述論點。這代表著發行純銀良幣無法抑制通貨膨脹。

順帶一提，名為奧流斯的金幣價格沒有變動的原因，在於羅馬帝國雖然以貨幣的形式發行金幣，但嚴格來說這並不是貨幣。奧流斯金幣的地位，有如現代的金磚、Krugerrand 金幣（由

狄納利斯銀幣含銀率變化

奧古斯都皇帝改革（西元前 23 年）	3.9 公克	銀 100%
尼祿皇帝改革（西元 64 年）	3.4 公克	銀 92%
卡拉卡拉皇帝改革（西元 215 年）	3 公克	銀 50%
三世紀後半（西元 260 年～ 300 年）	3 公克	銀 5%
戴克里先皇帝改革（西元 295 年）	3.4 公克	銀 100%

南非發行）。由於屬於純金打造，因此主要持有目的為資產保值，而羅馬帝國以銀幣為基準貨幣的理由也在此。正由於金幣的地位有如金磚，所以才能長年維持含金率百分之百。

經濟管制國家

不知道戴克里先皇帝是否對於無法消弭通貨膨脹感到絕望，在貨幣改革六年後，西元三〇一年時，皇帝發起了人類史上第一次的物價管制政策。他把在羅馬帝國境內流通的所有物產與服務全部訂定了價格上限，並規定如果有人打算以高過上限的價格交易，就要面臨國法制裁。當然，所有價格都是以舊狄納利斯銀幣標示的。小麥、葡萄酒等物產有高低級之分；可是教師、律師的酬勞就沒有區別了。能力差異與報酬不相干，也是管制經濟的一項特色。

「市場與日常交易所見之價格無限攀升，即便在農產豐收年份亦無法穩定下來的原因，在於對錢財貪婪的人們。」

戴克里先皇帝的敕令由上述內容為起始，之後列舉了龐大的職業分類與規定價格。這些資料到現代，大多數的內容都還能調查得到。這是因為敕令頒布到整個帝國之中，只要將羅馬帝國境內挖掘出來的大理石碑、銅牌拼湊起來，要掌握整個政策的內容並不困難。

這道敕令會被視為重要史料的理由如下：

一、這是史上第一個管制經濟的實例。

二、這項史料龐大有系統，是最適於了解羅馬時代職業分類的資料。

換句話說，如果站在平民百姓生活立場來看歷史，這會是難得的珍貴史料。而從懷疑經濟管制效果的立場來看，首先會對其分類之細密感到訝異，之後會對政策完全無法達到效果的事實感到黯然。無論任何時代，這種嚴密強硬的經濟管制最終都會落得失敗的下場。至於箇中緣由就要留待專家解說了。戴克里先頒布敕令之後，對羅馬社會造成的影響如下：

一、經濟活動地下化。

二、以物易物的經濟型態事隔五百年後再度復甦。

三、所有領域的勞動水準下滑。

這道敕令的最大目的在於消弭通貨膨脹，其結果自然是一敗塗地。

戴克里先皇帝還有一個不能再拖延的問題要解決。那就是農民脫離農業使得耕地荒蕪，以及青年脫離商店、工廠的現狀。如果放置這項問題不解決，自耕農、商人、手工業者等羅馬社會中堅階層將逐漸蕭條。戴克里先不僅以強硬手段面對通貨膨脹，在解決這項問題時也採取強

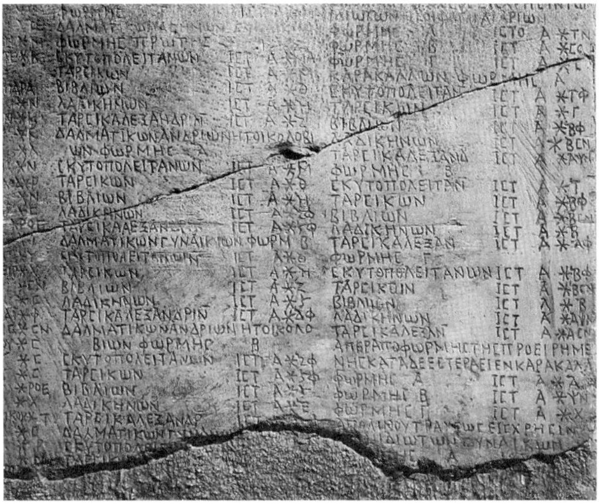

刻有戴克里先皇帝價格管制敕令的石板（部份）

硬手段。

絕大多數的職業開始轉為世襲制度。無論任何職業，依法規定必須父業子承，而且兒子必須住在父親執業的地區。

在當時「防線」勤務士兵以一邊屯田一邊擔任國界警備為常態。這些士兵的兒子從此之後，也只能選擇與父親相同的職業。「元首政治」時代的士兵在役滿退伍時，可以支領少量現金或者相當面積的土地作為退休俸。到了戴克里先時代，退休俸大幅縮水，變成當事人家中身為農作勞力的妻小可以免徵人頭稅。一來整個帝國都變得吝嗇小氣，再者當時官兵第二代也漸漸不願意繼承父業，防線也面臨人口流失問題。這使得軍人成為人員／土地／職業綁標政策的對象。當然，各個皇帝直屬的部隊成員同樣在繼承父業政策的範圍下。整套法令推動之下，持續四百年的羅馬軍團募兵制，轉為實質上的徵兵制了。

至於商人、手工業者的第二代，當然也無法例外。皇帝獎勵這些人組成名叫"collegium"的職業公會，名目上是為了有益於會員間互助扶持，實際上是為了穩固世襲制度。這也是中古時期的公會 (guild) 制度之濫觴。

在「元首政治」時代，羅馬社會分成皇帝、元老院議員、騎士階級（官僚或商業）、平民、解放奴隸、奴隸，屬於階級社會。儘管如此，全體民眾的職業選擇與遷徙自由能獲得國家保障。正因為如此，階級之間才能產生流動性，為成熟社會容易產生的僵化作用提供預防效果。其最大的功效，在於為社會發掘人才，提供「新血液」。

可是這種效益，首先由軍民完全分離的政策破壞殆盡。再者，國民又失去了選擇職業與遷徙的自由。有位研究人員表示，如果以現代國家打比方的話，當時的羅馬簡直是社會主義國家。

戴克里先與基督教

既然羅馬的政治體系變成將權力集中於中央政府，尤其是權力頂點的皇帝，那麼皇帝的權威也會跟著改變。要行使絕對的權力，就有必要讓大眾認同其絕對的權威。「元首政治」時代那種由元老院和羅馬公民權所有人委託皇帝行使權力的權威形式，已經顯得不夠充分了。

既然人類賦予的權威不夠充分，接下來只能向神明求取了。戴克里先推動絕對君主體制後，將自己逼進脫離非羅羃傳統的立場，陷入只有神明背書才能授與權威的局面。戴克里先皇帝大力提倡恢復對羅馬諸神信仰的政策背後，還有這樣的苦衷存在。而且不是任何羅馬神明都可以成為後盾。既然是要增強絕對權力者皇帝的權威，那唯一的選擇就是三十萬諸神裡的領袖——最高神朱比特。早在「四頭政治」前的「雙頭政治」時期，戴克里先就把意為朱比特的優維烏斯當成稱號，把西帝馬克西米安別號改為半神半人的赫拉克斯。可能即位不到兩年，他就發現皇帝的權威必須加強。

問題是，希臘文稱為宙斯、拉丁文稱為朱比特的最高神，還是難以成為行使絕對權力時的後盾。在第XII冊《迷途帝國》的最後一章「羅馬帝國與基督教」中筆者已經提過，希臘羅馬諸神的特性，與猶太教、基督教神明不同。

希臘羅馬諸神是協助人類面臨困境的神明，而猶太教與基督教的神明，則是對人類下命令的神。希臘羅馬諸神想都沒想過要管理人類，而猶太教與基督教的神明，名義上是指引人類走上真實信仰的道路，實質上則是管理人類生活方式的神明。

希臘羅馬宗教中的神明數量眾多，起因於每個人希望得到協助的領域都不一樣。猶太教、基督教會成為一神教，也是因為既然要把人類納入管理之下，那麼神明需要絕對的權威。當神明只有一位時，才有可能成為絕對的權威。無論權力也好、權威也罷，在分散給許多人員、神明的狀況下，是不可能具有絕對性的。

簡單來說，即使是希臘羅馬諸神裡的最高神，也無法成為能夠賦予絕對權力正統性的絕對權威。

可是，戴克里先似乎認為即使是希臘羅馬諸神，也可能成為絕對權威。條件是先把成為障礙的對象驅逐乾淨。所謂的障礙，自然就是寧死不肯承認羅馬諸神的基督教徒了。

以上就是羅馬史上首次持續、堅決、有組織地鎮壓基督教徒政策的起始。對於基督教徒來說，這是在四十年平穩日子之後，突然再度遭遇到的晴天霹靂。

西元三〇三年二月，戴克里先發布了一道敕令，被視為鎮壓政策的起始。此年是戴克里先即位的第十九年，在這段期間，戴克里先歷經「雙頭政治」、「四頭政治」，一直都是唯一的最高權位者。如果他想要鎮壓基督教，隨時都有充分的地位與權力可進行此事，但他卻要到了在位的最後這段時期才開始實施。

有許多研究人員對這個問題同樣感到疑惑。當事人戴克里先不但沒有留下答案，連能讓人猜測答案的言行都沒有留下蛛絲馬跡。教會提出的史料也只能寫著老皇帝脾氣發作了，或是受到邪惡的副帝伽雷留斯慫恿。

戴克里先是個城府深沉，不對任何人透露心事的人，就連行動上，也不會暴露出他內心的想法。由於他精神強韌，擅長自我控制，是最不可能因一時憤怒推動重大政策，或者輕易受他人慫恿的政治人物。儘管如此，他卻推動了鎮壓基督教的政策。那麼會不會對他來說，在位時期的最優先課題是重建帝國，諸般重建政策中又是以鎮壓基督教收尾呢？在第XII冊中筆者也表示過，在三世紀裡上臺又下臺的列位皇帝之中，愈是熱心於重建帝國的人，也就愈強烈要鎮壓基督教徒。也許是因為皇帝們具有危機意識，認為傳統的羅馬諸神不受人民信仰，也就代表羅馬帝國不受人民信任。也許戴克里先在長年擔任皇帝之後，這種危機意識也漸漸深厚。畢竟距離上次鎮壓事隔四十年，除非有相當的覺悟，否則當權者應該是無須推動鎮壓政策的。

有部史書原名叫做 *Acta Martyrum*，譯名應該稱作《殉教者行傳》，專門記載殉教的基督教徒事蹟。在這本書中，從圖拉真皇帝時代的西元一一五年起，到西元三二〇年為止的兩百年間，只列舉了十二個殉教事例。即使書中只記載著名殉教事例，但兩百年只有十二個例子也未免太少。在這其中，筆者想介紹發生於戴克里先時代，但尚未發動鎮壓政策時的「殉教」事例。西元二九五年是戴克里先治國的第十一年，距離大鎮壓還有八年。事情爆發於北非努米底亞行省的主要都市之一堤威蘇特。

主角馬克西密里亞努斯當時二十二歲。他的父親已經是國家級的稅務官員，但可能年輕時曾隸屬軍中，因此馬克西密里亞努斯只好受命前往兼做考場的軍營報到。畢竟在當時，軍人已經成為世襲職業，兵役制度成為實質上的徵兵制。主考官是狄奧總督，似乎身兼軍團長。以下引介這兩人對答的全文，因為從這段記載中，可以具體得知當時羅馬軍方與基督教的關係，以及羅馬人、基督教徒的想法。

主考官：「你叫什麼名字？」
年輕人：「為什麼你要知道我的名字？我不能服兵役。因為我是基督教徒。」
主考官不理會，接著說：「脫掉衣服接受體檢。」
年輕人一邊脫衣一邊重複：「我不能服兵役。我不能做傷害人的事情。我是基督教徒。」
主考官不理會，繼續說：「幫他量身高。」
軍官：「五佩迪斯又十溫奇亞。」（約一公尺五十公分）
主考官狄奧向別的軍官下令：「合格了。給他證明羅馬軍士兵身份的銅牌。」
年輕人拒絕接受。
「我不能接受這種東西。因為我不能服兵役。」
主考官到這時才看著一再抗議的馬克西密里亞努斯的臉說：
「乖乖入伍，如果你不想死的話。」
年輕人：「辦不到。想斬首就斬首吧。我不屬於這個世界的軍隊，而是隸屬神的軍隊。」
主考官狄奧問年輕人：「是誰這樣告訴你，讓你有這種想法的？」
年輕人：「是我的靈魂，還有召喚我的那位尊者。」

狄奧向列席的父親說：「你能不能勸勸你的兒子？」
父親：「看樣子沒用了。他似乎已經認命了。」
狄奧再次面對年輕人說：「加入軍隊，領取士兵銅牌。」
年輕人：「我不能收，我已經領有基督士兵的銅牌。」
狄奧：「如果你一再抗拒，我只有送你去見那個基督。」
年輕人：「要送的話，就請快點。愈快對我來說就愈榮譽。」
狄奧向軍官下令：「架著他把銅牌套上去。」
年輕人：「不管你們做什麼我都不會接受銅牌。你們強制我的話，我只好把銅牌砸爛。我是基督教徒。身受耶穌基督救贖的我，不能在脖子下吊著銅片走路。你所不知的神子，天神為救濟世人脫罪而派來地上的耶穌基督。只有順從引領人生的這位尊者，才是我的工作。」
狄奧：「我不管你說什麼，給我收下銅牌開始服役。如果你還一再拒絕，就只有死刑等著你。」
年輕人：「就算肉體死了，我的靈魂依舊不滅。既然身為我主軍中的一員，我就不能成為其他軍隊的士兵。」
狄奧：「想想你還多年輕吧。別這麼頑固，現在趕緊服兵役。這是身為帝國一員的青年對國家應盡的義務。在戴克里先、馬克西米安、君士坦提、伽雷留斯等皇帝直屬的軍中同樣有基督教徒士兵。可是他們可沒有輕忽當兵服務國家的義務。」
年輕人：「他們想必有他們的理由吧。可是我身為基督教徒，不能染上惡行。」
狄奧：「服兵役保衛國家，難道是惡行嗎？」
年輕人：「您應該知道士兵的實際工作內容是什麼吧。」
狄奧：「乖乖入伍。如果你再拒絕下去，我只有將其視為不屑為共同體服務的證據判處你死罪。」
年輕人：「我是不會死的。即使我失去了在現世的生命，我也會與吾主基督同在。」
主考官狄奧總督寫下判決書，並當眾宣讀：「馬克西密里亞努斯，因缺乏令人信服之理由，單為拒絕兵役之罪名，以及考量對其他方面諸般影響之下，將受適切之處分。」
總督判處馬克西密里亞努斯服叛國者應受的斬首刑。這名青年聽到判決後高興的大喊「哦，神啊，我打從心中感謝您！」

直到西元三〇三年開始大幅鎮壓基督教徒為止，於戴克里先在位的十九年裡，留下記錄的殉教事蹟只有這麼一件。在《殉教者行傳》中，這件事蹟的上一位殉教者，也是筆者在第XII冊最後引用的信件作者，是迦太基主教基普利亞努斯。這個人殉教的時間為西元二五八年。也就是說，就連出自基督教徒筆下的《殉教者行傳》在論述殉教者時，談完西元二五八年之後，就接著來到西元二九五年。對基督教來說，能提出的殉教者自是愈多愈好。可是就連他們留下的史料，也只有基普利亞努斯殉教三十七年後，這名年輕人拒絕兵役的事例。若將時限移至戴克里先開始鎮壓基督教為止，則期間長達四十五年。

而且狄奧總督在判決時，是以拒絕兵役為由，而不是以基督教徒為判刑依據。這是當然的，總督表示過基督教徒也是有人在服兵役。不久之前，採行徵兵制的現代國家義大利，才接受因宗教理由迴避兵役的人，條件是這些人必須依法擔任社會福利工作，服務期間要比兵役時間長，而在羅馬帝國中沒有這種制度。各位讀者不要忘記，要到了二十世紀，社會才公認這種別稱「良心地拒絕兵役」的理由存在。

話說回來，就算一千七百年前存在這種制度，也難以保證這名除了基督教之外不接受任何指示的年輕人，會不會願意順從國家制定的社會福利體系。恐怕這種對未知的恐懼，才是狄奧總督這嚴厲判決的真正起因，因為在判決文中有「以及考量對其他方面諸般影響之下」這麼一句話。

實際上，在那個時代所有職業都已經改為世襲制。服過兵役的人，子嗣也只有服役的路可以選擇。然而人的本質向來厭惡強制。而在當時處於兵力倍增的時代，補充兵力所需的新兵募集網路，也當然會比以前密集。

主考官狄奧提出的合格基準低落，也就證明了這一點。在體檢時無論體格與視力，只要身高一公尺五十公分，就足以通過新兵測驗，拿到士兵的銅牌。

同樣在羅馬帝國，一個世紀前的新兵測驗可就沒有這麼容易了。當時兵役還是募兵制，士兵人數也只有一半，因此能顧慮到維持士兵的品質，嚴守哈德良皇帝訂下的新兵基準。

當時規定，身高必須有一公尺六十五公分以上，體格勻稱視力良好，並有最基礎的讀寫計算能力。羅馬帝國向來於全國維持希臘文、拉丁文雙語政策，唯有軍中以羅馬人的母語拉丁文作為官方語言。所以條件中的「讀寫」，無論是在不列顛、敘利亞，都代表拉丁文的讀寫能力。而且通過這些測驗還不等於馬上可以入伍，一般而言會有為期四個月的「測試期間」(probatio)。在這段期間內測驗當事人是否適應軍中生活，設計的活動包括持武器參加演習。只有通過測試的人，才能得到入伍許可。脖子上掛著刻有所屬軍團、個人姓名的銅質識別牌(signaculum)，向身兼最高司令的皇帝宣示效忠，之後才正式成為羅馬軍的士兵。

相隔百年之後，入伍測驗的差異讓人印象深刻。只要身高一公尺五十公分就能合格。其他測驗一律簡化取消，測試期間也沒有了。雖說羅馬帝國歷經了國難連連的西元三世紀，百年下來國民身高也不可能會縮減十五公分。新兵測驗的簡化，以及合格基準的低落，應該視為羅馬帝國三十萬兵力膨脹到六十萬帶來的影響。就在這個設法確保兵力的期間，儘管有人因宗教理由迴避兵役，恐怕政府也只有「考量對其他方面諸般影響之下」，對其判處重刑了。

這名基督教青年拒絕兵役的消息，不知道後來有沒有傳入戴克里先皇帝耳中。不過身為主考官的狄奧既然讓人稱為總督，那自然屬於羅馬軍的指揮階層。軍官應該不會做出違逆上司意願的行為才是。尤其這個時期的羅馬帝國，已經在戴克里先領導下逐漸充滿專制君主色彩。假使這件事情傳入了戴克里先耳中，恐怕他也會擔憂「對其他方面的影響」吧。因為讓羅馬兵力倍增的，就是戴克里先本人。

不過這件事「對其他方面的影響」似乎不嚴重。而且這件事情發生於帝國南端，事發地點又是新兵測驗考場，屬於帝國機構的最下層。偏偏在這件事情發生的三年後，在戴克里先眼前又出現一樁與基督教徒有關的事情。

就在皇帝列席的祭典之中，出席的皇宮官員裡有人在面前劃十字。既然這是皇帝列席的祭典，那自然是獻給羅馬諸神的傳統儀禮。在儀禮中劃十字，想必是祈禱藉由劃十字，消除參加異教儀式所造成的罪孽。基督教為一神教，向來不認同其他神明的存在，因此對信仰多神教的羅馬人來說，一神教是一種反社會的行為。這就好像開工破土，拈香祈禱時，列席的基督教徒突然劃起十字；伊斯蘭教徒開始向阿拉祈求原諒一樣。簡單來說，這是一種失禮的行為。據說當天戴克里先發現有人劃十字之後大為震怒，但沒有處罰相關人員。在向羅馬諸神祈禱的場合劃十字的人，似乎也認為皇帝只是一時發火，沒有人為了可能發生的事態未雨綢繆。可是，戴克里先並未遺忘。

這件事情發生後又經過了五年，西元三〇三年戴克里先皇帝開始鎮壓基督教徒。而西元三〇三年這一年，對戴克里先來說應該也是意義深重的一年。這一年秋天，是戴克里先皇帝即位後首度回到羅馬的日子。他與同事馬克西米安一起為這十九年的歲月做總結，舉辦了盛大的凱旋儀式。也許戴克里先鎮壓基督教徒的政策，也是他在位期間諸般努力的總結。而他在位期間的諸般措施，包括對外作戰獲勝，保衛國界平安在內。亦即這並非一時興起的措施，是十九年來逐步醞釀的決斷。

可是對於基督教徒來說，新的政策簡直是晴天霹靂。畢竟在這場災難之前，他們過了四十幾年的平穩日子。在這四十年之中，還曾經發生過教會內部無法處理羅馬主教與安提阿主教的權位之爭，特別延請羅馬皇帝奧雷利亞為其裁決。尤其帝國東方的基督教勢力更是擴張迅速，尼科米底亞主教官邸竟還隔著廣場建在戴克里先皇宮的對面。這就好像連日萬里無雲之後，突然雷電交加、狂風暴雨。

由戴克里先推動，日後基督教徒口中稱為「大」鎮壓的政策，第一道敕令是在西元三〇三年二月二十四日頒布於全國各地。這道敕令的原文，無論銅版或書信都沒有留下。研究人員蒐集基督教徒留下的記載，就好像考古學家拿著古代陶瓷碎片拼湊復原的精神一樣，才一點一滴地將其重新建構恢復。根據研究結果可以得知，基督教鎮壓政策也如同戴克里先的其他改革政策一樣，不但有系統而且徹底。

一、所有基督教教堂，皆從地基起徹底破壞。即使教堂使用的是私人住宅的一部份，也不得例外。

二、無論任何理由，嚴禁基督教徒集會。彌撒、洗禮、婚禮、葬禮等皆適用本禁令。

三、《聖經》及一切類似書籍、彌撒所用的器具、十字架、基督像等，皆於沒收後銷毀。

四、基督教徒中屬於上層社會者，以往於詢問時享有免於拷問等諸般特權，如今依令剝奪其全數特權。

五、承認身為基督教徒者，將喪失於法庭上自保之權利等由「羅馬法」保障的權利。

六、由信徒捐贈累積的教會資產將沒收付諸競拍會。拍賣所得分配給教會資產所在地的地方自治體，或與基督教徒無關之職業公會。

七、所有承認身為基督教徒的人，一律逐出公職之外。

這已經等於戴克里先皇帝向基督教發出了宣戰通告。而上述規定，也在戴克里先派出的軍隊監督下嚴格執行。

我們無法得知帝國其他地方是如何看待這道敕令。不過在戴克里先直接管理的帝國東方，基督教徒倒是做出激烈的抵抗。畢竟帝國東方的基督教普及率要比帝國西方高。在戴克里先定為首都的尼科米底亞，有一名基督教徒撕毀敕令，一邊繞著廣場跑步一邊大喊基督將會獲勝。這名男子立即遭到逮捕，並處以死刑，成為敕令頒布後的第一個殉教者。

這件事情發生不久後，尼科米底亞皇宮內發生了火災，而且是在短期間內發生兩次。第

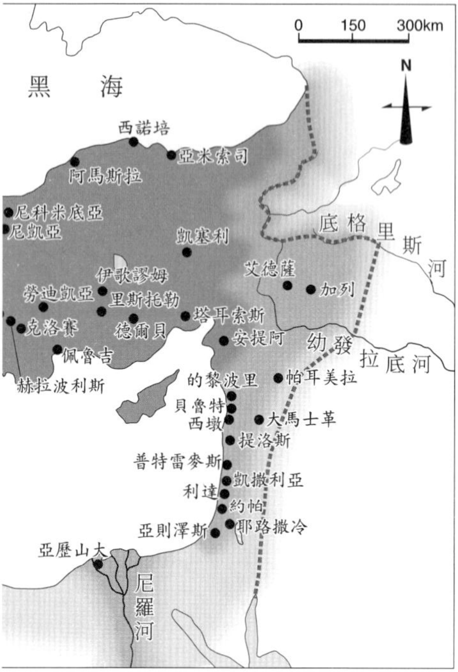

羅馬帝國基督教徒分布推測圖
（西元三世紀末期）

二次火災的起火點，就在皇帝寢室的附近。不用說，皇宮內上上下下的職員都受到嚴密的詢問。至於起火原因是意外還是惡意縱火，如今已不得而知。不過在這場詢問調查之下發現皇宮內有許多基督教徒存在。低階的傭人只是讓人逐出皇宮而已，高階人員則被處以死刑。可見戴克里先沒忘記五年前在典禮中劃十字的人員。

根據書面記錄，基督教徒為反抗這道敕令掀起了暴動，除了小亞細亞以外，範圍還擴及敘利亞。不過戴克里先毫不猶豫派遣軍隊前往鎮壓，使得暴動在進一步擴散前就消弭了。軍方則完全站在戴克里先的這一邊。戴克里先一旦開始行事，

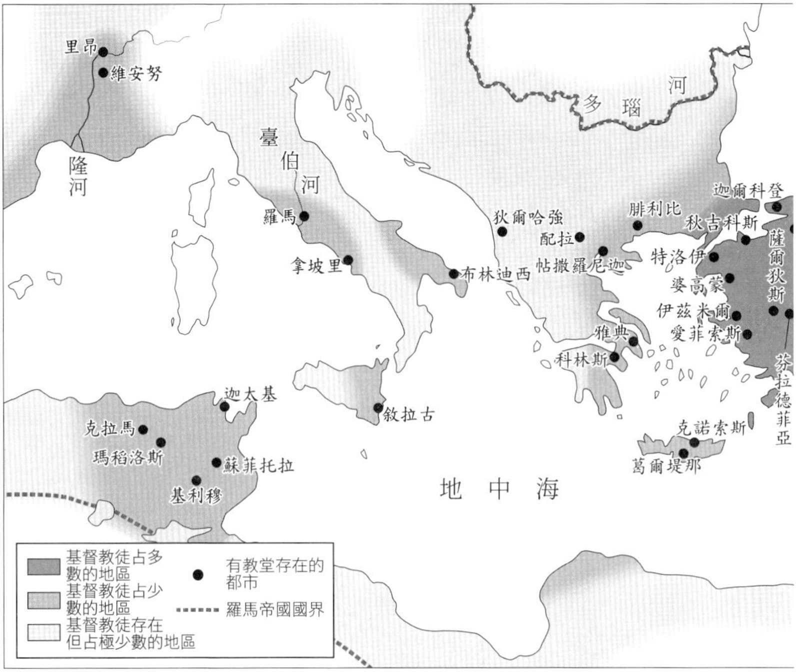

便毫不猶豫，不久之後又公布了第二道敕令。第一道敕令的對象是全體公民，第二道敕令則是給各「縣」長官的指令。

第二道敕令的掃蕩對象，則針對形成教會組織中樞的主教、司鐸、執事等神職人員。各「縣」長官受命，必須把這些人逮捕入獄。

不久之後，戴克里先乘勝追擊地發布第三道敕令。這道敕令同樣以各「縣」長官為受文人。其中規定強迫關在牢裡的神職人員舉行給羅馬諸神的祭獻儀式，接受這項規定的立即釋放，不接受的馬上處死。

施行這道敕令的結果，只有四人遭到處死。不過這個數字不知是否包含整個羅馬帝國。

根據研究人員表示，戴克里先在回到尼科米底亞之後，亦即要到西元三〇三年底的時候，才頒布第四道，也是最後一道敕令。這道敕令同樣是給各「縣」長官的命令。在四道敕令之中，這道敕令的內容也是最無情、最違反羅馬人性情的。

往昔圖拉真皇帝訂定的基督教政策，認為未經控訴不予受理，而且不接受無名密告黑函。如今這個傳統政策也走進了歷史。即使無人控訴，只要傳聞某人是基督教徒，當事人就會遭政府追緝到案，刑求逼供。這些教徒無論男女老少，都被迫行獻給羅馬諸神的祭獻儀式。拒絕行禮的人依令要處死刑或強制勞動。

不過，比起基督教徒來說，第四道敕令對於信仰傳統羅馬諸神的人，亦即基督教徒口中的「異教徒」(paganus) 造成的影響反而更重大。可能是因為神職人員以傳教為業，因此另當別論。然而一般信徒只是信仰基督教，並未對羅馬社會造成實際損害，光是因為信仰基督教就要處死或強制勞動，讓其他認可宗教自由的多神教徒看在眼裡，覺得實在說不過去。有許多「異教徒」寧願冒著違逆皇帝與「縣」長官意願的風險，開始協助基督教徒藏身，不過，此情形的擴散程度不得而知，因為這種善行往往是私底下，而且是個人進行的活動，外人無從掌握正確的全貌。

不管怎麼說，至少在西元三〇三年和三〇四兩年之中，在帝國內的許多地方，尤其帝國東方，刮起迫害基督教的風暴。其後雖然風頭略微鬆懈，但是直到西元三〇九年為止，壓迫基督教徒的敕令一直有效。不過有許多研究人員表示，雖說這叫做「大迫害」，判處死刑的人卻並不多。而基督教教會留下文字記載，當西元三〇九年解除禁令時的社會情勢如下：

一、大批的基督教徒脫離牢獄與強制勞動生活回到家中。

二、神職人員遭到釋放，回到以往的職場（重建的教堂，或以教堂為中心建設的基督教徒社區）。

三、棄教者痛改前非，祈求重新被社區接納。

如果這些記載屬實，那麼戴克里先皇帝的「大迫害」實況恐怕如下：

第一，處死的人占總體的少數，其他大多數人，包括神職人員在內，被送往牢獄，或者在礦山、建築工地強制勞動。

第二，有許多改宗棄教的人存在。

在日本迫害基督教的時期，有個特有名詞叫做「摔倒」，後來成為日本文學中深刻的主題。有趣的是，正宗本源的古代基督教社會反倒從人性的角度務實地看待這個問題。基督教徒也是人，自然也會屈倒臣服，真正該思考的是當叛教的教徒申請回歸時應該如何處理的問題。

實際上，西元三世紀後半的羅馬政府推動過零星的基督教鎮壓政策。當時教會已經把允許棄教者回歸的程序製成既定程序，其中包括在冬季穿著粗陋短衣，跪在教會入口苦苦哀求等，有一連串艱辛嚴苛的課題必須一一克服，但至少地區教會允許教徒回到社區之中。筆者不是基督教徒，但是相當佩服古代基督教教會的應變方式，允許棄教者回歸即是一例。不過，也有許多人覺得不該原諒曾經拋棄宗教的人。允許棄教者回歸與否，成了基督教教會內部鷹派鴿派對立的主要原因。

戴克里先浴場

現代的羅馬，有許多讓人短期間內無法全數參觀的美術館與博物館。直到不久之前，羅馬中央車站(Termini)附近的國立特爾梅博物館之希臘、羅馬方面展示品的質、量均超越梵諦岡博物館。據筆者了解，前些年他們將館藏分成四份，分移到馬席莫宮(Massimo)、歐坦普斯宮(Altemps)、八角廳(Aula Ottagona)、特爾梅博物館展示。這真讓人懷疑，他們將館藏分成四份，是不是打算藉此賺取四倍的門票收入。因為國立特爾梅博物館面積寬闊，空間足以展示龐大的歷史遺物與美術品。當年戴克里先皇帝為紀念在位二十年與凱旋儀式，致贈了一座大型浴場給羅馬公民，而後世的義大利人則將其遺蹟轉用為博物館。這座浴場剛完工時叫做「戴克里先浴場」(Thermae Diocletianae)。是依照羅馬風俗，以建設者的名號為公共建築命名。修建這座建築的動機也是依照羅馬傳統，是為了感謝社會給予自己發揮長才的機會，因此特別將利益回饋社會。不用說，義大利文的特爾梅(terme)，也是從拉丁文的浴場(thermae)衍生而來。(編按：所以特爾梅博物館意譯為浴場博物館)

這座「戴克里先浴場」於西元二九五年開工，完工於西元三〇五年。以羅馬時代的公共建築而言，一座建築要花上十年，算是相當罕見的例子，可能和建築雄偉有關。在戴克里先動工之前，最大的浴場為卡拉卡拉浴場，可容納一千六百人同時入場，戴克里先浴場的容量則為三千人。當然，這項數據並不只享受熱水浴室（calidarium）、溫水浴室（tepidarium）、冷水浴室（frigidarium）等三溫暖的使用者。羅馬式的浴場，尤其皇帝捐贈的浴場必定會配屬體育場、圖書館、畫廊、音樂會場、散步迴廊等各種設施。此外，冷水浴也代表使用者可在中央的寬闊泳池裡自由泅水。在羅馬式的浴場中，冷水浴池周邊必定會配有各式各樣的大理石立姿像供人欣賞。而在羅馬時代，人們往往稱呼浴場為「平民的宮殿」。如果在不滿百年後發生的迫害異教風暴中，羅馬的浴場沒有遭到破壞，光是一座浴場就足以成為一座博物館了。

到了一千八百年後的現在，卡拉卡拉浴場由於長年成為建材採掘場，雕像、大理石板等遭人洗劫一空，成了一片廢墟，但是遺址的規模仍在。這是因為羅馬的市中心隨時代變遷向北偏移，卡拉卡拉浴場位處的南區脫離了時代潮流的緣故。戴克里先浴場所在地，到了引進鐵路的二十世紀之後成為羅馬市中心。現代的浴場周邊，三面受到中央車站、財務部，以及羅馬最高級的一座飯店包夾。因此戴克里先浴場沒有像卡拉卡拉浴場一樣留下完整的遺址供後人憑弔。後人轉用為博物館的，只是浴場的一個區塊而已。不過若我們能發揮想像力，還是可以感受到故往的規模與壯麗。

現今的特爾梅博物館展示僅原館藏四分之一的美術品以及諸多歷史遺物，其正門面朝中央車站的方向。當我們購票進入之後，在館內環繞一圈，會覺得步行距離相當長，其實這只是古代大浴場的一個區而已。

逛完一圈之後離開博物館，沿著遺蹟步行片刻之後，會到達名叫「共和廣場」的地方。當地人習慣稱為“Piazza Esedra”（半圓形廣場）。廣場中央的噴泉叫做「娜雅蒂仙女噴泉」。

在廣場的一角有座教堂。一般教堂的正面是平面，然而這座教堂正面卻是凹弧的。因為這座教堂的牆面直接沿用戴克里先浴場的「熱水浴室」與「溫水浴室」隔間牆，所以有這麼樣奇特的外型。

一進入教堂內部，馬上就是原先的「溫水浴室」。往裡面走去，會看到一片寬闊的空間。教堂的深處，可說占據了整個昔日的「冷水浴室」。也因為沿用既有建築，使得其他的教堂平面往往呈現縱向的十字，只有這座教堂橫向比較寬闊。內部的八根圓柱，從完工至今也歷經了一千七百年的光陰。這座教堂外形如此奇特的原因，在於當初米開朗基羅受教宗委任修築教堂時，打算盡可能保留既有建築的原樣。而教宗會想在此地修築教堂的原因，是因為傳說中在修築戴克里先浴場時，曾驅使了四萬名基督教徒。這座浴場開工於西元二九五年，而針對基督教徒的敕令卻是在西元三〇三年頒布，可見整座巨大的浴場並非完全由基督教徒所興建。不過在施工的十年之中，最後兩年的確遇上了強制基督教徒勞動的時期。也因此新教堂的名稱定為「聖母瑪利亞與天使及殉教者教堂」（安傑利聖母堂，Santa Maria degli Angeli）。不過當時

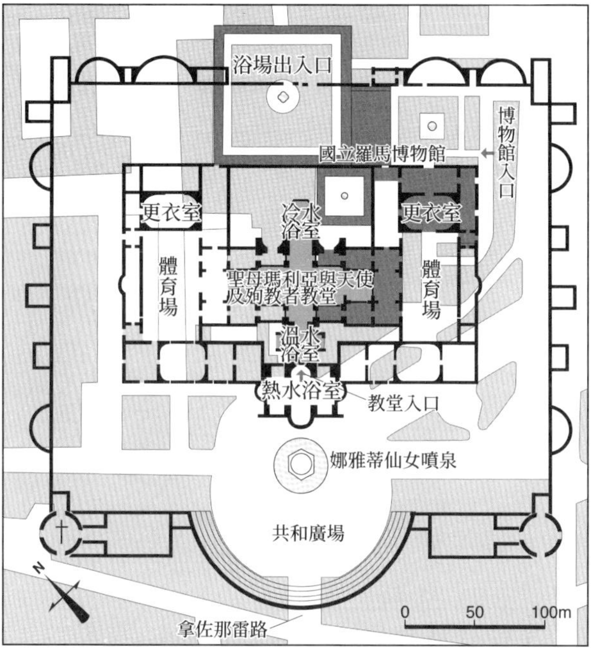

戴克里先浴場平面圖

「聖母瑪利亞與天使及殉教者教堂」入口

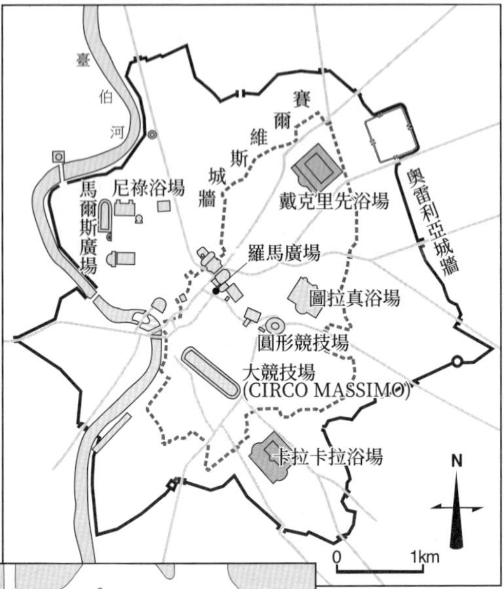

當時的羅馬市街略圖

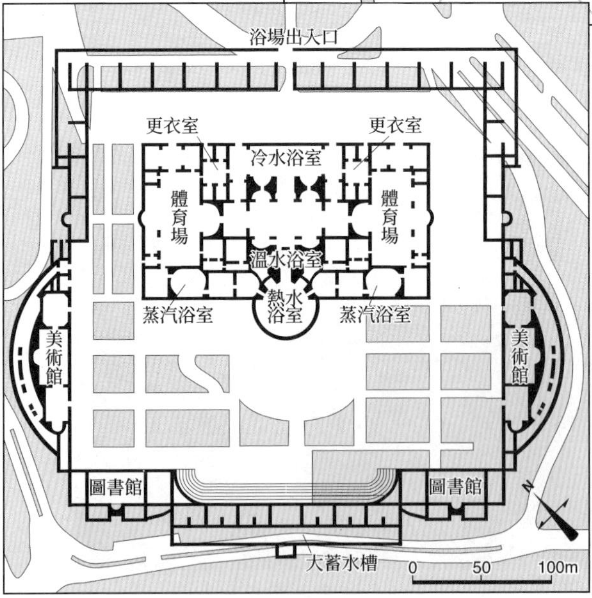

卡拉卡拉浴場平面圖

已經進入了文藝復興時期，米開朗基羅又身為代表義大利文藝復興時期的藝術家。修築基督教教堂卻保留羅馬的異教色彩，對他來說並不是什麼值得猶豫的問題。

多虧了米開朗基羅，我們這些後人才又多了一個地方可供回顧羅馬人的空間感覺。當然，另一個則是哈德良皇帝修築的萬神殿。或者說，建築物的屋頂若是得以倖存，較有益於後人回顧其內部的空間感覺吧。

當我們蒙受米開朗基羅的恩惠，體驗過大浴場內部的空間感覺之後，就該走到外側感受一下整個浴場的宏大規模了。且讓我們走出教堂，橫越廣場，走到呈半圓形環繞廣場的迴廊上。在十八世紀重新開發此地為廣場時，為了修築「拿佐那雷路」，拆除半圓形的中央部份。我們必須先培養想像力，將面前熙熙攘攘的人群與車水馬龍的汽車通通掃除，才能走入歷史的時光隧道。眼前的半圓形迴廊曾遭到拆除的事蹟，也要能夠自動遺忘。因為這個半圓形迴廊，就是廣大的戴克里先浴場外圍。

義大利文的"Esedra"源於羅馬時代通用的希臘文"Exedra"，意為採用圓柱繞成半圓形迴廊的建築型態。在羅馬時代無論公共建築或私人住宅，這種建築型態都相當令人喜愛。可能是羅馬人覺得一直線的建築過於單調，而在牆上多了半圓形的曲線可以增加變化吧。

不過，羅馬人是講究實用的民族。由於卡拉卡拉浴場留下遺蹟，因此便於後人考古研究。從卡拉卡拉浴場的結構來推測，戴克里先浴場的半圓迴廊地下部份，應該同樣是提供浴場用水的巨型儲水槽。當時的浴場工作人員從水槽中取水燒成熱水，再依照溫度需求分別送到「熱水浴室」給水管；降溫到三、四十度左右之後送到「溫水浴室」給水管；未曾加溫的水則直接流入「冷水浴室」給水管。在今天的廣場上，噴泉周邊滿是來來去去的汽車。而廣場的地下，想必環繞著這三種給水管線。

「大浴場」與「神殿」或「公會堂」不同，在建築之後如果沒有勤加維護，就無法發揮功能。浴場的設備必須儲存有三十天份的用水，還要儲備作為燃料用的木柴。又需要固定的人員，在使用者看不到的地方細心維護設備運作。好比說燃料吧，不是湊齊所需的份量就可以的。有些樹木即使在充分乾燥之後，燃燒時還是會冒出濃煙。如果使用會冒煙的樹木當燃料，不僅是浴室地下預留給熱氣流通的管道會積炭降低功效，濃煙甚至會進入浴室，提高使用者呼吸困難的風險。因此，浴場中嚴禁使用橄欖木，燃料以針葉木為佳，其中最高級的燃料則為樅木。光是要幫浴場準備燃料，就不是一件簡單的事情。

簡單來說，如果沒有龐大的財力、高水準的技術，以及有效發揮功能所需的組織能力，也就無法成就羅馬時代的「大浴場」。在這十年後，君士坦丁皇帝也修築了一座「浴場」，不過規模連戴克里先浴場的十分之一都不到。由皇帝修築，饋贈給公民社會的最後一座大型公共浴場，結果還是西元三〇五年完工的「戴克里先浴場」。也就是說，直到西元四世紀初期，羅馬還是具備財力、技術與組織三種力量。儘管如此，百年後的羅馬卻遭受缺乏這三種力量的異族襲擊、肆意掠奪。當站在以往的半圓迴廊上，任憑想像力自由飛翔，不僅可讓人感受當年的大浴場的空間感覺，同時也讓人感嘆歷史潮流的荒謬性。

退位

在五賢君時代，即便帕拉提諾丘上的皇宮備有完善的入浴設施，為了宣揚民主皇帝的立場，皇帝往往三天兩頭出現在公共浴場，和一般公民裸裎相對。可是對建立絕對君主制度的戴克里先皇帝來說，和一般公民之間保持距離才是重點，因此絕對不可能光著身子和一般民眾混在一起。此外，西元三〇三年舉辦完凱旋儀式之後，他就回到了尼科米底亞，冠有他個人名諱的大浴場落成時他並不在場。不僅如此，他還在大浴場落成的西元三〇五年禪讓引退。這在羅馬帝國史無前例，不僅皇帝一職由當事者主動準備退位，連同事皇帝馬克西米安也被連帶拖著下臺。

儘管戴克里先是建構帝國絕對君主制度的肇始者，不過他似乎也積極師法五賢君時代的作法。他在二十年的任期結束時，把皇位讓給了繼承人，並把女兒嫁給繼承人，以有助人民更容易接受此局面，這種作法也與五賢君相同。

到了西元三〇五年時，戴克里先在位期間已經長達二十年。和五賢君不同的是，這些人是因為過世，才結束二十年左右的任期。而戴克里先退位之後還活在人間。也許從他的角度來看，讓帝國起死回生所需的工作已經都盡到職責了吧。羅馬皇帝是個煩憂不斷、雜務沉冗的職位。就連身強體健的圖拉真、哈德良，也在二十年操勞之下耗盡體力。或許戴克里先雖然留下一條性命，但已經疲累不堪，而他這時也年逾六旬了。

由戴克里先創設的「四頭政治」體系，除了分立四名皇帝，個別分擔重要的「防線」保衛責任以外，另一個目的是預先立下「副帝」，避免因皇位繼承問題而引發內戰。想當然地，戴克里先會希望能在有生之年看到第一次「四頭政治」轉移為第二次「四頭政治」的過程。因為如果權力能成功地和平轉移，也就代表成功地迴避了內戰問題。

可是，不知道戴克里先有沒有想過這個問題。五賢君時代的羅馬帝國，能夠享受空前的和平與繁榮，主因之一確實是因為成功地挑選了繼位人選。可是五名皇帝之中有四名沒有親生兒子。五賢君之一的哈德良皇帝曾說：兒子不能選擇，可是繼承人能夠挑選。那是因為他沒有親生兒子才說得出這種話。五賢君時代會以馬庫斯・奧理略告終，就是因為這名皇帝有個已經成年的兒子，名叫康莫德斯，皇位非得讓他繼承不可。姑且不論康莫德斯適不適合擔任皇帝，被剔除於繼承者名單的皇室嫡子無論當事人作何感想，都會成為反對現任皇帝的陣營最可能用來製造紛爭的理由，亦即是內亂、內戰的最佳導火線。在皇位繼任過程順暢等於政局穩定的時代裡，如果皇帝有親生兒子卻採行以實力為先的繼位人事，代表必須承受政局動盪的風險。

「正帝」戴克里先膝下，只有名叫瓦雷力亞的女兒，沒有親生兒子。

另一名「正帝」馬克西米安膝下，依照長幼順序分別是妻子再嫁時帶來的女兒堤歐鐸拉、以及親生的兒子馬克森提斯、女兒法烏斯塔。

在第一次「四頭政治」時，正帝戴克里先把女兒瓦雷力亞許配給伽雷留斯，將其收為養子並任命為「副帝」；另一名正帝馬克西米安把女兒堤歐鐸拉嫁給君士坦提·克洛魯斯，同樣將其收為養子，立為副帝，如此才讓整個體系得以成立。天下聞名的猛將伽雷留斯當時三十三歲正值壯年，在迎娶正帝的女兒時沒有離婚的必要。然而另一名副帝候選人君士坦提·克洛魯斯當時四十三歲。他在百夫長任內迎娶了酒店老闆的女兒荷蕾娜，並生有一子。四頭政治成立時，其子君士坦丁已經十八歲。而後君士坦提·克洛魯斯與海倫娜離婚，與堤歐鐸拉再婚，獲得了副帝的

第一次「四頭政治」(Terarchia)

西方 (Occident)		東方 (Orient)	
不列顛、高盧、希斯帕尼亞	義大利、北非	巴爾幹、希臘	東方全區

副帝 君士坦提·克洛魯斯	正帝 馬克西米安	副帝 伽雷留斯	正帝 戴克里先

職位。筆者認為第一次「四頭政治」是個勉強建構的體系。這樣還能夠維持存續二十二年，是基於下列兩個原因。

第一點，姑且不論將政體轉為凡事高壓專制是否值得，至少在這二十年來，北方異族與東方的大國波斯都無法入侵羅馬帝國。

第二點，身為正帝馬克西米安的嫡子，最有資格主張皇位繼承權的馬克森提斯，當時只是個十來歲的少年。

可是到了西元三〇五年第二次「四頭政治」起始時，雖然為前妻所生，但依舊為正帝親兒子的君士坦丁已經年滿三十歲；前任正帝的親兒子馬克森提斯也已經二十七歲了。

據說第二次「四頭政治」的人事，也是由「四頭政治」體系的創始人戴克里先挑選。

第二次「四頭政治」(Terarchia)

西方 (Occident)		東方 (Orient)	
不列顛、高盧、希斯帕尼亞	義大利、北非	巴爾幹、希臘	東方全區

正帝 君士坦提·克洛魯斯	副帝 謝維勒	正帝 伽雷留斯	副帝 馬克西米努斯·岱亞

戴克里先與馬克西米安兩人引退之後，「正帝」由東西兩方的「副帝」直接升格補位。至於新的「副帝」人選，戴克里先任命西方由謝維勒，東方由馬克西米努斯．岱亞接手。

第一次「四頭政治」的皇帝，加上第二次「四頭政治」的兩名副帝，六個人之中有許多共通之處。

一、他們都出身於史學家加西阿斯．狄奧稱為「羅馬帝國國防能力檢測儀器」的多瑙河防線附近，相當於現代的巴爾幹地區。

二九三年　第一次四頭政治肇始
三〇五年　第二次四頭政治起始
三〇六年　君士坦提．克洛魯斯逝世造成四頭政治崩盤，六名皇帝並立
三〇八年　為解決亂局，於卡爾倫托姆舉辦「高峰會談」
三一〇年　馬克西米安受君士坦丁逼迫自裁
三一一年　伽雷留斯病故
三一二年　君士坦丁擊敗馬克森提斯，馬克森提斯戰死
三一三年　利齊鈕斯與君士坦丁共同發表承認基督教的「米蘭敕令」
三二五年　利齊鈕斯與君士坦丁對抗失敗遭處死
三三七年　君士坦丁在成為唯一的皇帝十二年後駕崩

二、六個人都出身於羅馬社會底層。

四頭政治皇位相關人員年表

↑第一次四頭政治↓

↑第二次四頭政治↓

	293年	305年	306年	307年	308年	310年	311年	312年	313年	325年	337年
戴克里先	48 歲	60 歲	61 歲	62 歲	63 歲	65 歲	66 歲	67 歲	逝世		
馬克西米安	43 歲	55 歲	56 歲	57 歲	58 歲	逝世					
伽雷留斯	33 歲	45 歲	46 歲	47 歲	48 歲	50 歲	逝世				
君士坦提·克洛魯斯	43 歲	55 歲	逝世								
謝維勒	不詳	不詳	不詳	逝世							
馬克西米努斯·岱亞	23 歲	35 歲	36 歲	37 歲	38 歲	40 歲	41 歲	42 歲	逝世		
利齊鈕斯	28 歲	40 歲	41 歲	42 歲	43 歲	45 歲	46 歲	47 歲	48 歲	逝世	
君士坦丁	18 歲	30 歲	31 歲	32 歲	33 歲	35 歲	36 歲	37 歲	38 歲	50 歲	逝世
馬克森提斯	15 歲	27 歲	28 歲	29 歲	30 歲	32 歲	33 歲	逝世			

註：上述人員全數出身於社會低層，因而生年不詳。表中的數字誤差嚴重者甚至在正負五左右。

三、六個人同樣在年輕時便入伍，於羅馬軍中苦熬出頭。在第二次「四頭政治」的兩名副帝之中，謝維勒是君士坦提．克洛魯斯於副帝時期的下屬。馬克西米努斯．岱亞則是戴克里先在正帝任內時的旗下將領，當正帝西行時鎮守東方有功。

由這些人選的背景可知，無論正帝副帝，戴克里先的人事基準還是以軍事方面的能力與經驗為重。如此一來也當然地，獲選的人年齡要比羅馬社會視為擔任國家要職的基礎條件三十歲超出許多。也正因為如此，正帝之子君士坦丁、前任正帝之子馬克森提斯兩人，也就被排除在皇位競爭者的行列之外。這是因為兩人無論年齡或軍事功勳都沒有滿足條件。此外，戴克里先又不認同將皇位父子相傳的世襲制度。偏偏在這個狀況下，兩名副帝又沒有像第一次「四頭政治」成立時那樣迎娶正帝的女兒。再由正帝收女婿為養子，賦予副帝政治權威。而且當時即使想這樣做，也做不到。正帝伽雷留斯已經沒有女兒可以嫁人；君士坦提．克洛魯斯的女兒這時還是個幼童。

第二次「四頭政治」，就在比第一次更牽強的狀況下起步。似乎戴克里先認為第二次會與第一次一樣，保障帝國今後二十年過著安全與穩定的日子。他退位禪讓時，走得乾淨俐落。即使一向認為掌權者會死死抓著權力不放的人，看到戴克里先的作法後，想必也會心生讚嘆之意。西元三〇五年五月一日兩名正帝於尼科米底亞、米蘭同步發表退位宣言不久後，戴克里先離開了尼科米底亞的皇宮，回到故鄉準備養老。

從住家可以看出屋主的個性。尤其是為養老送終修築的房子，更能看出屋主的個性特質。據說戴克里先出生於達爾馬提亞地方中，面臨亞德里亞海的小都市薩羅那耶。而他選來養老的地方，則是在薩羅那耶附近，並遠離塵囂的史帕拉托穆。文藝復興時期的威尼斯共和國以此地為軍事基地，因此地名照義大利文的形式改稱史帕拉托。如今這個地區屬於克羅埃西亞共和國，名稱也照斯拉夫語系的發音改為史普利。

在當地海岸邊，蓋有一座邊長一百公尺以上的方形建築。這棟廣大的建築實在不能稱為「別墅」或「宮殿」，而該叫做「城堡」，也是將羅馬帝國從元首政體改為絕對君主政體的男子養老送終的地方。

光看這棟建築的平面圖，就會讓人聯想起羅馬軍團的基地，而且這棟建築遠比軍團基地還要堅固。到了一千七百年後的今日，這棟建築還能保留不少部份，想必在羅馬帝國末期時尚能夠充分發揮建築物的功能。每當異族襲擊時，就算周邊居民選擇這裡作為避難處也不足為奇。前任皇帝選來養老的史普利，原本連鄉鎮都稱不上，後來卻漸漸發展成城鎮，也是因為逃入此地的居民漸漸定居所造成的。實際上，今日的史普利老街，有一半左右就是以往的戴克里先宮殿。而且不是作為古蹟存在，是個現存的城鎮。

到現在還能留下這麼多建築遺蹟，可能是因為整棟宮殿完全採用石材建造，而並未像一般羅馬建築一樣，採用磚瓦砌牆，外部貼大理石板的方式。不過也正因為如此，這棟建築的

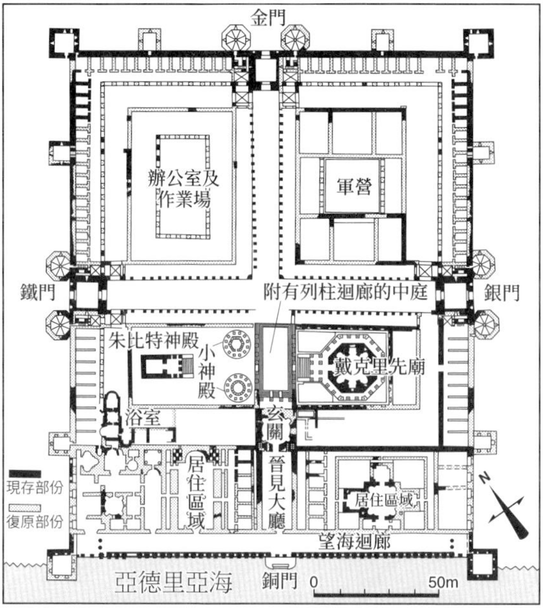

戴克里先宮殿平面圖

戴克里先宮殿復原圖

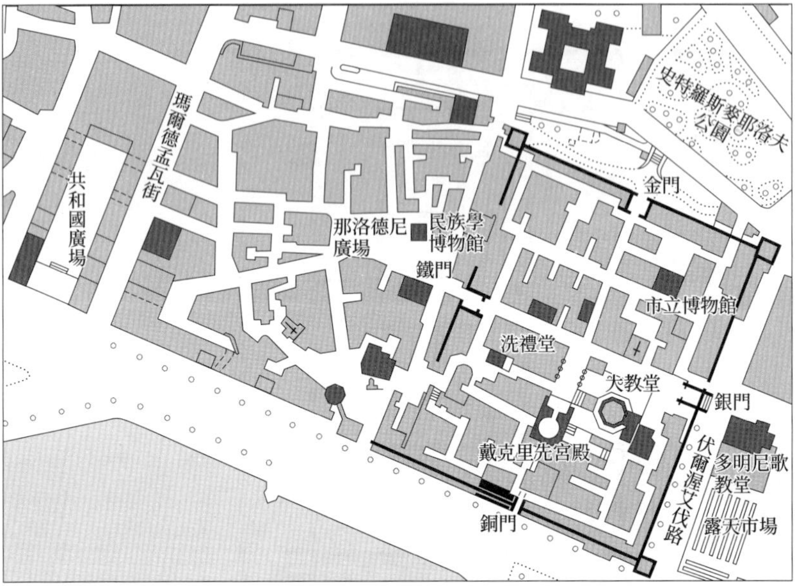

現代的史普利市街圖

評價說好聽點叫做穩重，說難聽點叫做沉悶。宮殿占地寬廣，尤其西南角皇帝個人私用的部份面臨亞德里亞海，想必採光充足、通風良好。濱海的部份有一條長達一百公尺的直線迴廊，就連散步都沒有外出的必要了。可是在參觀過之後，不禁讓人懷疑住在這座巨大的城堡中，生活會不會感到苦悶。畢竟在這座城堡裡沒有半點令人覺得優美的事物。和臺伯留皇帝的卡布里別墅、哈德良皇帝的提柏利別墅比較起來，讓人心生懷疑，以往在羅馬帝國連皇帝都具有美感，如今卻不知淪喪到哪去了。整座城的氣氛令人感到壓迫、苦悶、喘不過氣，簡直就像是戴克里先將帝國改造成絕對君主政體後的寫照。在這座城堡內部與最高神朱比特神殿相對的位置，蓋有戴克里先生前為自己修好的墳墓，證明了戴克里先把這座城堡型態的宮殿當成其終老之地。只不過到了百年後，與其他「異教」相關建築一樣，全讓基督教占為教堂使用。

馬克西米安與戴克里先同時引退，不過他在退休後並未回到故鄉。據說他到了南義大利的小鎮裡，住在很早前就購置好的別墅中。這並不代表馬克西米安個性與戴克里先相異，沒有事前作好完善計畫，應先蓋好房子然後搬進去養老。只是因為馬克西米安並沒有退休的打算。也不知道為什麼，這個人無論是哪一方面的事情，最後都會被年長五歲的戴克里先在不知不覺中說服，也許是因為他為人憨厚吧。而當他受到說服跟著退位之後，不但沒辦法享受退休生活，反而覺得五十五歲的身子精力過度旺盛，難以在義大利南部度日。想必他也提不起興趣修築養老用的房子。第二次「四頭政治」發起於西元三〇五年，而在一年兩個月之後，又發生了一件出乎眾人意料的事情。

君士坦丁 (Constantinus)

「四頭政治」的崩潰

西元三〇六年七月，在不列顛指揮對北方異族防衛戰的正帝君士坦提．克洛魯斯駕崩了。我們只知道死因既非陣亡，也不是暗殺，更不是長期臥病之後身故，然而詳細死因不得而知。根據推測，可能是年紀五十有六的皇帝，發生了腦部或心臟方面的急性疾病。

這項變故發生於帝國的最西北側，要傳遍全帝國需要一些時間。而且在「四頭政治」發展之後，首都羅馬再也沒有像元首政治時代那般一手掌握帝國心臟與頭腦的功能。如果功能集中於一處，那麼資訊自然也往這個地方聚集，並依據各地情況，將決策從羅馬頒布到各個地方去。當時的資訊傳輸無論仰賴快馬或狼煙，全都順著羅馬式的石板大道而行。因此這套條條大道通羅馬，亦即條條大道起羅馬的體系，對於資訊與命令的傳輸效率大有助益。

可是「四頭政治」卻剝奪了首都羅馬的這項功能。皇帝的名額變成四個，除了喪失實權的羅馬以外，首都也變成四處。特里爾、米蘭、色米姆、尼科米底亞四座都市，同樣有著交通網路。可是並非那種四通八達，無遠弗屆的狀況。遍布羅馬帝國境內各處的羅馬式街道網路，是羅馬人歷經五百年以上努力耕耘的成果，不是短短幾十年可以模仿得來。再加上第二次的「四頭政治」，已經不像第一次四頭政治時，存在戴克里先這種權威實權都超越其他三個的皇帝。

第二次「四頭政治」的四個巨頭之間的差距，要比第一次時來得小許多。由於現狀如此，資訊渡過多佛海峽之後傳輸速度遲緩，接獲資訊之後身處異地的諸位皇帝又必須相互協商。經歷這些繁雜的資訊流通，所耗費的時間自然較過去長許多。君士坦丁以親生子身份親自為父親送終之後，將噩耗傳給列位皇帝，而他可不是那種坐著等待消息的人物。

日後被稱為「大帝」（拉丁文的Magnus、英文的the Great）的君士坦丁，在父親猝逝那年三十一歲。他雖然是正帝的親生子，而且於兄弟間年紀最大，可是立場卻頗微妙。他係由正帝前妻所生，生母海倫娜是酒店老闆的女兒，社會地位不高。和同父異母，由前正帝的女兒堤歐鐸拉所生的兩個弟弟比較起來，立場較為不利。實際上，當西元二九三年他的父親與堤歐鐸拉結婚當上副帝時，就把他與母親一起送回東方，免得留在身邊會有麻煩。

對君士坦丁來說，這反而是一件幸運的事情。因為如此他才有機會在以尼科米底亞為根據地的戴克里先皇帝之下展開軍旅生涯。十八到三十歲正是適於學習的時期，君士坦丁便在這段時期，獲得了若要成為皇帝，則不可或缺的軍事經驗。至於他曾在哪些地方，帶領過什麼樣的部隊，如今不得而知。當君士坦丁的父親升為正帝那年，他回到父親身邊，君士坦提．克洛魯斯也因成為正帝之後責任重大，願意讓他帶兵打仗，可以證明在東方歷練的軍旅生涯給他帶來好處。而另一件幸運的事情，在於他能於父親過世的前一年回到父親跟前。

對於正在進行戰役的司令官來說，有才幹的武將是最為寶貴的事物。如果猛將是親生兒子的話那當然再好不過，因為這樣就更有理由分派任務。君士坦丁能充分回報父親的期待，在官兵之間，這位青年武將的名望正步步高升。此外，這名青年武將人高馬大，在肉體方面也具備了領導天資。

只要是參戰中的官兵都知道，戰役期間失去總司令是多麼不利的事情。當官兵們知道正帝君士坦提．克洛魯斯逝世的消息之後，尋求繼任人選的眼光便自然地會看向君士坦丁。一來他是親生子之中年紀最大的，再者他已經在戰場上證明自己的軍事才幹，而且君士坦丁也不是那種靜待周邊輿論成熟的人物。

在群聚的場合，要操控與會者的意見並非難事，只要準備好煽動者，以及幾個應聲附和的人就可以。當帶著正帝逝世消息的使者還在多佛海峽一帶時，聚集於不列顛北部軍團基地的官兵已經共同擁立君士坦丁即位稱帝，而且不是「副帝」而是「正帝」。也許他們認為既然過世的是正帝，那麼繼位的自然也該是正帝。可是這樣一來，帝國西北邊疆的官兵就破壞了戴克里先創設的「四頭政治」體系。

以往羅馬官兵有自行推舉皇帝的惡習，連帶地會造成政局動盪。「四頭政治」體系創設的目的，包括排除這項惡習在內。而在創設十三年後，從第二次四頭政治起算的話只有短短一年，四頭的其中一角已經開始崩潰，這也開啟了今後十八年動盪與內亂的時代。

東正帝伽雷留斯當時位於多瑙河附近的色米姆。西正帝君士坦提・克洛魯斯的死訊，以及官兵擁立君士坦丁為正帝的兩項消息傳入他耳中後不知道過了多久。可以確定的是，絕對不夠他為了正帝逝世立下對策。伽雷留斯向來尊敬老長官戴克里先，因此他也希望能維護戴克里先創設的四頭政治體系。問題是，既成事實也難以抹煞。經由戴克里先改革之後，羅馬軍的精銳部隊已經不是配屬於國界邊緣的軍團，而是直屬皇帝，亦即由皇帝率領，四處打擊敵軍的游擊軍團官兵。既然有五萬名精銳部隊擁立君士坦丁為正帝，那就不可能當成沒這一回事。如果膽敢宣布他們擁立的皇帝不合法，馬上就會掀起一場內亂。

正帝伽雷留斯決定採妥協方案來維護四頭政治體系。出缺的帝國西正帝職位，由副帝謝維勒升格遞補，君士坦丁則遞補西副帝的位置。君士坦丁也接受了這項妥協方案。畢竟這名大膽但懂得等待的年輕人，此時才三十出頭。乍看之下「四頭政治」似乎得以成功維持存續，然而這個平靜局面卻只能維持三個月。

六名皇帝

西元三〇五年戴克里先與馬克西米安兩名正帝同時退位之後，展開了第二次的四頭政治體制。當時身為皇帝之子，卻沒有入圍皇帝角逐競賽的人物，有君士坦丁與馬克森提斯兩人。而在短短一年之後，君士坦丁卻成為副帝，回到了繼承皇位的路線上。沒有入圍的，只剩下馬克森提斯一個人而已。而且他不但是前任正帝的嫡子，還迎娶了現任正帝伽雷留斯的女兒。相對地，新擔任副帝的君士坦丁迎娶的妻子並非皇室出身。此外，這兩人的年齡只差三歲。

西元三〇六年七月二十五日，正帝君士坦提．克洛魯斯猝逝於不列顛。

不久後，君士坦丁宣布繼承父親的正帝職位。

西元306年時的羅馬皇帝

西方		東方	
不列顛、高盧、希斯帕尼亞	義大利、北非	巴爾幹、希臘	東方全區
			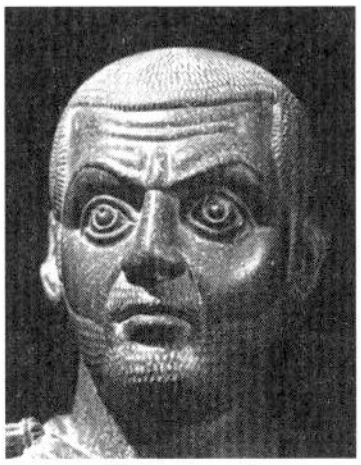
副帝 君士坦丁	正帝 謝維勒	正帝 伽雷留斯	副帝 馬克西米努斯．岱亞

馬克森提斯

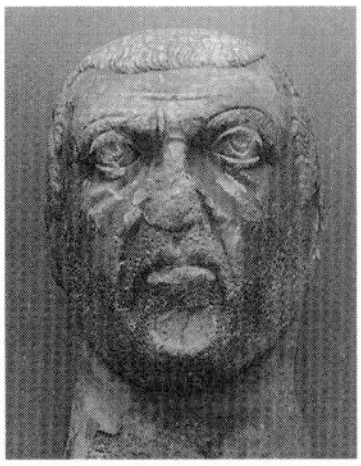

前正帝
馬克西米安

正帝伽雷留斯以讓君士坦丁擔任副帝的妥協方案，暫時維持四頭政治體系存續。

西元三〇六年十月二十八日，馬克森提斯於羅馬宣布登基稱帝。

這並不表示馬克森提斯遭排除於皇位繼承人選之外，不滿情緒需要三個月的引爆期間。而是他個人的不滿，與他所在的首都羅馬、長年擔任帝國核心的義大利人民對「四頭政治」累積的不滿需要三個月的會合期間。

羅馬的「國家」(res publica) 起源，與希臘的雅典一樣，是城邦國家。城邦國家與領土國家的差異，簡單來說就是城邦國家是先有首都存在，其後才漸漸向外發展領土。而領土國家則是先有領土存在，其後才決定首都所在。換句話說，城邦國家是以首都為先。儘管政體歷經了王政、共和、帝政等轉變，羅馬的首都羅馬市不僅是發源地，也一直是國家的頭腦兼心臟。從國家的發展過程來看，這也是很正常的。

可是戴克里先創設的四頭政治體系，卻把這項超過千年以上的傳統完全打斷。

身為國家頭腦的皇帝，已經把根據地遷到遠處，除了舉辦凱旋儀式以外不會回到羅馬。元老院不僅是立法機構，也是儲備國家要職人才的機關，有如國家的心臟。如今法律全為由皇帝個人訂立頒布的敕令型態，戴克里先又嚴禁元老院議員轉任軍職。在這種軍旅生涯與文官生涯完全分隔的時代，元老院議員淪落成諷刺詩裡頭的「在四頭馬車賽賽場拋手帕宣布起跑的人員」。

而在首都羅馬，雖然人數已經不像元首政治時期一樣以萬人為員額，但還有為數不少的禁衛軍存在。第二任皇帝臺伯留修築的軍營，也還矗立於首都的東北角。可是這些人如今同樣沒有事情可做。他們的任務原本是伴隨皇帝御駕親征，但現今皇帝往往帶著直屬的部隊。會志願前往禁衛軍團應徵服役的人，傳統上是以義大利本國出身的人居多，而巴爾幹出身的皇帝旗下，想當然地巴爾幹地區出身的官兵數量也會偏多。禁衛軍團的官兵要在遭受冷落的狀況下等待退伍，心中自然會累積不滿。

一般民眾對現狀也同樣怨聲連連。既然皇帝不在首都的現象成為常態，代表著歷任皇帝巧立名目發放的臨時獎金跟著沒有指望。想必圓形競技場舉辦的鬥劍士決鬥次數也減少了。這是因為鬥劍士決鬥與四頭馬車賽等需要大量資金的活動，通常是由皇帝主辦。就算修建了大型浴場，問題還是無法獲得解決。

在失去上述好處之後，民眾得到了由戴克里先創始，其後也嚴格執行的重稅。新稅已經改為由國家制定所需金額，並且無論民間收益程度依法課徵。長年來免於直接稅的義大利本國與首都羅馬，如今卻與帝國其他地區一樣遭受稅吏摧殘。

簡單來說，目前已是首都或本國居民無法獲得特別待遇的時代。然而要放棄一切、接受現狀，卻不是容易的事情。如果沒有實權，當然也就稱不上首都、本國。可是羅馬身為首都、義大利半島為帝國本國的歲月，卻超過了千年以上。

在皇帝接連換人、上臺又下臺，充滿迷茫的西元三世紀之中，羅馬元老院雖然只是事後追認，至少由官兵推舉即位的人還會尋求元老院的承認。此外，要將國策化為法制時，皇帝不能無視由元老院議決的程序。在遂行戰役的途中有重大戰果，也必須先向元老院報告。

禁衛軍團的官兵雖然要承受在政變時與皇帝陪葬的風險，至少沒有被摒除於軍人原有的任務之外。

一般民眾最不滿的，該是稅賦問題。開國皇帝奧古斯都創設的稅制，以廣徵薄賦，促進經濟發展為目標，在元首政治時代持續適用了兩百多年。如今的稅賦卻是為了應付龐大的國家經費而徵收。國家機構一旦制定了稅賦，就不大可能廢除，所以關稅與營業稅不可能消失。只是這兩項稅賦，已經不像往年那般以「二十分之一稅」、「百分之一稅」為通稱。也就是說，稅率已經不再是百分之五與百分之一。而且在戴克里先推動的新稅制之下，又要課徵以往不需繳納的直接稅。

民眾第二項不滿的地方，在於戴克里先立法剝奪了遷徙與選擇職業的自由。身為古代人的羅馬公民應該不會像十八世紀的人權主義者一樣，認為這是侵害人權。不過，他們還是感受得到這種不自由。再加上農村人口流失代表都市人口過度密集，想必百姓身邊的陌生臉孔幾乎天天增加。

直到西元四世紀初期，首都羅馬的人口還在一百五十萬左右。亦即歷經三世紀的危機之後，人口還是沒有比西元二世紀的五賢君時代減少太多，不過內情卻與當時大有不同。以前的人雖然抱怨噪音問題，但依舊住在首都，是因為都會生活有其優點。如今遷徙與職業自由遭到剝奪，又加上經濟狀況惡化，想遷徙也無處可去，只好繼續住在原地。而且當時的治安狀況日益惡化，如果沒有足夠的財力組織私人武力，便要擔心遭殘兵敗將或失業農民轉行的強盜侵擾，沒有心情享受田園生活。這個時期羅馬的一百五十萬人口，絕大多數會是對「四頭政治」心懷不滿的人，支持馬克森提斯的也就是這些人。我們也許可說，這是跟不上時代的階級在進行最後一次抵抗。

在「四頭政治」體制下，義大利與羅馬都歸正帝謝維勒管轄，首都羅馬派駐有由謝維勒選定的「首都長官」。這名長官與少數官僚遭到殺害之後，政變也就結束了。之後馬克森提斯隨即向元老院請求正式承認即位稱帝。元老院許久沒有這般承受他人的敬意，很快地就全票通過這名皇帝的就任案。禁衛軍團也向新任皇帝宣誓效忠。當然，聚集在羅馬廣場的民眾也大表歡迎。事情能推展得如此順利，是因為預先做過準備工作。準備工作之一，是把馬克森提斯的生父，前任正帝馬克西米安重新送上政治舞臺。馬克西米安雖然讓戴克里先拖著一起退位，但是精力充沛不知何處發洩，要說他這時是出馬協助兒子，不如說是他早就在等待發揮才幹的機會。

前任正帝馬克西米安的積極參與，想必在元老院、禁衛軍團、一般民眾眼中看來都有好感。

畢竟這個人不只是一年前的「正帝」而已。他曾經擔任過十九年的帝國西方負責人，其中十二年裡更直接負責義大利與北非。比起長期派駐不列顛與高盧的現任正帝謝維勒來說，更受到大眾親近。西元三〇三年讓首都居民為之瘋狂的凱旋儀式，也是由戴克里先、馬克西米安兩人共同舉辦。「戴克里先浴場」雖然是由戴克里先決意修建，實際上推動工程的，還是以米蘭為根據地的馬克西米安。想必義大利半島與首都羅馬的居民會覺得，一年前的皇帝又回到他們身邊了。

如果從戰場上的功績來看，馬克西米安同樣勝過第二次「四頭政治」之中的每一位領袖。因此馬克西米安復位的意義，不只是多了一名五十六歲老將而已，相信馬克森提斯也極力期望父親能夠提供他一些助力。不過，由於馬克西米安已經退出公職，因此無法帶兵。所以馬克森提斯把紫袍獻給父親，請求他重新披上，亦即復辟皇位。這件事情不知道元老院和羅馬公民有沒有承認。總之第二次「四頭政治」在起始一年之後，就變成了「六頭」並立。尤其帝國西方更是一片混亂。因為原本只有兩名皇帝的地方卻變成了四個。

要收拾這個混亂局面，只有由西正帝謝維勒親自處理。因為這件事情發生在由他直接管轄的義大利與羅馬。而在這種狀況下，收拾局面的唯一方法，就是討伐被「四頭政治」下四名皇帝判為篡位者的馬克森提斯。西元三〇六年「四頭政治」崩毀，爆發了自從戴克里先即位以來，二十年來未曾發生的羅馬內戰。

正帝謝維勒行事時並未推託延滯。儘管正值不適合作戰的冬季，他還是很快地離開根據地米蘭，朝南方的羅馬行軍。不過，在這裡要為他辯護兩句，因為他的處境實在不利。當時，各個皇帝直屬的游擊軍團隨時都保有數萬兵力。每當御駕親征時都優先動員這些精銳部隊。

謝維勒是君士坦提·克洛魯斯於副帝任內的麾下部將。也因為如此，西元三〇五年君士坦提·克洛魯斯升格為正帝時，推舉值得信賴的舊部將接任副帝，並獲得戴克里先首肯，因此謝維勒才得以成為管轄義大利與北非的副帝。

成為管轄義大利與北非的皇帝，前往首都米蘭上任時，謝維勒僅帶著少數心腹手下。因為與他在不列顛、高盧地區同生共死的官兵，必須留在正帝君士坦提·克洛魯斯身邊。而他在米蘭接手的，則是在前任正帝馬克西米安之下作戰了將近二十年的部隊。

在短短的一年後，君士坦提·克洛魯斯猝逝，猝逝的正帝之子君士坦丁隨即受到官兵推舉即位。四巨頭面對既成事實，只好將副帝謝維勒升格為正帝，承認君士坦丁即位為副帝，試圖保住「四頭政治」體系。

在一連串的意外局勢轉變之下，謝維勒的副帝任期只有短短的一年，隨後又升格成了正帝。不過他手底下沒有親信部隊的條件依舊沒變。要將接手的部隊轉化成個人的部下，一年時間實在太短。而且武將若要把接獲的部下轉化成自己的部下，就必須率領部隊外出作戰，在戰場上讓部下認同領導能力。偏偏這一年中，沒有發生異族入侵，也沒有需要御駕親征的大規模作戰。基於上述情事，當謝維勒帶兵南下討伐篡位的馬克森提斯時，手下全是直到一年前為止還在前任正帝指揮下，與當時的總司令親近的官兵。而如今，前任正帝馬克西米安卻在敵方陣營。再加上行軍途中的義大利中部各都市，和首都羅馬同樣地敵視「四頭政治」。

謝維勒的計畫，似乎是準備經由艾米里亞大道到達利米尼，由此轉向弗拉米尼亞大道進攻羅馬。不過，我們連他的先鋒部隊是否能逼近羅馬都不得而知，只知行軍途中的各都市在食宿方面很不合作。還有部隊走完艾米里亞大道之後沒有轉入弗拉米尼亞大道，而是逃入利米尼北邊的拉溫納。謝維勒逃入拉溫納之後沒有繼續行軍，甚至才剛剛準備防禦作戰就淪為俘虜。這是因為率領馬克森提斯軍北上迎擊謝維勒的，正是馬克森提斯的生父馬克西米安。謝維勒麾下的官兵一看到老長官出現在戰場上，立刻就喪失鬥志。正帝謝維勒遭麾下官兵拋棄之後淪為俘虜，被押送至羅馬，最後以強迫自裁的形式遭到處死。暴增至六名的皇帝，很快地就少了一名。據記載，當時是西元三〇七年二月。

知道謝維勒正帝的淒涼下場之後，另一名正帝伽雷留斯也無法袖手旁觀。這次輪到伽雷留斯親自率軍討伐篡位者馬克森提斯。帝國西正帝戰敗，原本大可委由西副帝來善後，可是如果西副帝君士坦丁雪恥作戰成功，整個帝國西側實質上會掉入西副帝的掌握中。伽雷留斯害怕這種情況發生，因此決定親自率軍。

伽雷留斯有獲勝的把握，其自信心也有相當的根據。他直接管理巴爾幹與希臘地區，而巴爾幹地區之中包含多瑙河，是羅馬帝國最重要的一條國界。也正因為如此，保衛多瑙河防線的官兵，早在元首政治時代，就已經是羅馬軍中的精銳部隊。「四頭政治」體制下的皇帝全數出身於這個地區，也足以證實上述說法不假。正帝伽雷留斯率領的，就是這一批部隊。當他身為副帝時，率領敘利亞駐軍與波斯作戰大敗而歸，第二場作戰卻胸有成竹，凱旋歸來。當時能「胸有成竹」，也是因為伽雷留斯調派了多瑙河防線的官兵加入作戰的緣故。

而且伽雷留斯有足夠的時間把接手的部隊化為自己的部屬。「四頭政治」維持運作了十三年，期間無論正帝、副帝任內，伽雷留斯的駐地都沒有變更過。因此對伽雷留斯而言，麾下官兵可說是子弟兵。不過，伽雷留斯本人有弱點存在。

西元三〇七年時，伽雷留斯大約為四十七歲左右。如果在元首政治時代，這正是獲得皇帝推薦，取得元老院席位的年紀。出身寒微而在軍團中苦熬出頭的人獲得元老院席位之後，基於職務需求，必須前往首都羅馬。新科議員於首都停留一年學習政務，等到一年期滿之後才能再度回到邊境勤務上。由於當時文官生涯與武將生涯並未分隔，羅馬帝國的菁英階層通常會交互經歷這兩種工作領域。而且在當時，軍事方面的人事權掌握在皇帝手中，政務人事權則大多數屬於元老院。以往皇帝住在羅馬，元老院也位於羅馬。因此每當任務有所變更，多的是造訪義大利本國與首都羅馬的機會。

這種社會情勢卻讓戴克里先打破。恐怕伽雷留斯直到四十七歲，都沒有造訪過義大利與羅馬。他升格為正帝之後並未舉辦凱旋儀式，也就沒必要前往除了舉行凱旋儀式外沒有用處的首都羅馬。可是這方面的無知，讓他付出了昂貴的代價。

對於長年身為霸權國家的居民來說，當失去行使霸權的權力，也就跟著失去伴隨霸權的特權，其後唯一僅存的就是「尊嚴」了。尊嚴是唯一一項外人搶都搶不走的東西，一個人如果失去尊嚴，那也就沒有未來了。不過，至少義大利半島的居民和首都羅馬的居民還沒淪落到失去尊嚴這個地步，偏偏伽雷留斯以對待帝國邊境作亂部族的方式面對這些人。

所有不協助謝維勒作戰的城鎮，全數遭受伽雷留斯軍襲擊掠奪與縱火。這本來是北方異族入侵時才會做的事情，配屬正帝麾下，以擊退異族為任務的羅馬軍竟然如此殘暴，使得任何人都無法為伽雷留斯辯解的餘地，這件事情導致整個義大利半島群起反對伽雷留斯，而且反抗伽雷留斯的氣勢，還伴隨著往來的商船傳到北非地區，真可說是壞事傳千里。情況演變成如此，不管多精銳的部隊也都無法繼續行軍了。伽雷留斯率領的部隊前方因而矗立了一道看不見的城牆。

在過去，就連外國人都認為「羅馬軍仰賴後勤致勝」。光是部隊訓練有素、士氣高昂，不等於軍事行動會有成果。所謂後勤補給的定義，意思是位於戰場後方，擔任軍糧及其他軍用品供應、補給、運輸工作，不過這還是狹義的後勤。以往的羅馬人把後勤的範圍看得更寬，就連如何拉攏軍事行動地區附近的居民，也是後勤的重要工作之一。拉丁文中，代表狹義後勤的"logisticus"，是在帝國後期由希臘文中引進。當羅馬軍天下無敵的漫長歲月裡，沒有使用過"logisticus"這個字。「羅馬軍仰賴後勤致勝」的時代中，「後勤」的拉丁文原文是"ars"。這個字相當於英文的"art"，也許大家會誤以為意指與藝術相關的技能，其實原本這個詞代表所有由人類發揮的「技術」。羅馬軍真正強悍的地方在於，除了戰鬥行為之外，還將所有由人類發明的「技術」全數投入作戰。

希臘文成熟得較羅馬人的拉丁文早，因此有適當用語時，羅馬人會直接引用希臘文。如果遇到希臘文與想表現的意義不相符時，羅馬人會另行造字。對於羅馬人來說，後勤不只是希臘人觀念裡的"logisticus"，而具備更寬廣的涵義，因此適於以"ars"形容。

能夠不經戰鬥程序便獲得同盟，已經算是政治上的技術了。在希臘人之中，即使將斯巴達人除外，其他國家在戰鬥方面的技術也並不差。和專精於戰鬥的斯巴達比起來，雅典的綜合國力要強盛好幾倍，但就連雅典也不擅長這種對外政事。西元前五世紀雅典國勢鼎盛之後急速衰敗的原因之一，就是他們連同盟國都得罪光了。也許正因為希臘人生性如此，觀念裡的後勤才會是狹義的。

簡單來說，伽雷留斯在進攻義大利的同時，卻忘記了"ars"所代表的後勤意義。結果，首都羅馬聽說正帝率領多瑙河防線上的精銳部隊前來進攻後，整修城牆準備打一場硬仗，卻變成枯等一場。伽雷留斯的部隊沒逼近首都，只在義大利北部興風作浪一陣子，就折返巴爾幹地區，不僅正帝伽雷留斯面子掛不住，由於他是因軍事方面的能力受肯定，才獲得正帝的位置，所以作戰失利還不只是面子問題而已。在義大利用兵失敗，也連帶威脅他目前的地位。

高峰會談

根據記載，到了西元三〇八年秋季，正帝伽雷留斯才把戴克里先、馬克西米安兩位前任正帝請到卡爾倫托姆（今日的佩特洛那）開會。兩名前任正帝卸任下臺至此不過三年，所以說這應該算是領袖間的高峰會議吧，議題想當然耳地是如何處理謝維勒殉職後的現狀。

據說當時五十八歲的馬克西米安一開始就大力勸說戴克里先回到皇位上。他主張以兩名前任正帝的權威，可以輕易打破目前的局面。

可是六十三歲的戴克里先堅決反對這項作法。不僅如此，他更要求自己的老同事馬克西米安脫掉身上的紫袍。既然他本人保持退位元首身份，那麼馬克西米安也應該遵照退位時宣布的內容行事。同時他強烈主張繼續維持「四頭政治」體系。

戴克里先對於「四頭政治」的執著，倒不是因為上了年紀個性開始頑固。召開會談的地點卡爾倫托姆位於多瑙河邊，夾在同樣起源於羅馬軍團基地的都市維也納與布達佩斯之間，這一帶可說是羅馬帝國的前線要地，國家領袖能在這種地方舉辦會談，表示前線基地都已經無安全顧慮。戴克里先在位時，向來以不惜代價保衛帝國前線不受外敵入侵為優先事項。「四頭政治」體系也是為了實現這項政策而構思、推動的。西元三世紀後半距今不到五十年，在國難空前的當時，卡爾倫托姆受到大舉入侵的異族淹沒，有如陸地上的孤島。想必戴克里先認為，光是卡爾倫托姆能夠安全地讓領袖召開會議，就足以證明「四頭政治」體系的效果。他會強烈主張繼續維持「四頭政治」體系，也是因為有這些背景支持。

一如往常，馬克西米安又讓多年的好友，年長五歲的戴克里先說服。他脫下兩年前重新披上的皇帝紫袍，發誓從今不再插手國事。兩名前任正帝接受現任正帝伽雷留斯的意見，決定由利齊鈕斯接任謝維勒殉職後空出的西正帝職位。卡爾倫托姆的高峰會談，成為一場重新確認推動「四頭政治」的會議。

利齊鈕斯較伽雷留斯年輕五歲，也是伽雷留斯的至親好友。對於在義大利用兵失利的伽雷留斯來說，能夠讓多年的好友成為同事，想必安心不少。利齊鈕斯同樣出身巴爾幹地區的社會低層，在軍事方面的才幹如何不得而知，不過可確定的是野心不小。

西元三〇八年秋季的卡爾倫托姆高峰會談排定人選之後，展開了第四次的四頭政治。和延續十二年的第一次「四頭政治」相較，其他幾次四頭政治都維持不久。西元三〇五年起始的第二次四頭政治只維持了一年。四巨頭之一猝逝，填補空缺之後起始的第三次四頭政治甚至不滿一年就宣告結束。制度無法長期維持，代表其中有缺失存在，而最大的問題，在於每次都把自認為有權利就位的人排除在外。

西元三〇八年，第四次「四頭政治」起始之後，有兩名人物大感不滿。

第一個人物，是當時的東副帝馬克西米努斯·岱亞。他不滿的原因在於，自己在艱困的副帝職務上奮鬥三年無人聞問，沒有擔任過副帝的利齊鈕斯卻能一躍在帝國西方擔任正帝。不過馬克西米努斯·岱亞這時三十八歲正值壯年，而且具備副帝身份，代表他目前還在皇位繼承賽的跑道上。因此馬克西米努斯·岱亞決定專心在直接負責的東方地區強化個人權勢，暫時壓下心中的不滿。可嘆的是情勢演變至此，「四頭政治」已經不像戴克里先最初規畫的，由四名將領分擔負責帝國國防的制度，而是變成四名皇帝各據羅馬帝國一方，把國土化為私人領地的「四頭政治」。

比馬克西米努斯·岱亞更加心懷怨懟的，就是再度被排除在「四頭政治」領袖之外的馬克森提斯。

到此時，他已經年滿在羅馬擔負國家要職的年齡下限三十歲。而且馬克森提斯不僅是前任正帝馬克西米安的親生兒子，還迎娶了現任正帝伽雷留斯的女兒。在卡爾倫托姆的高峰會談時，三名與會者之中，他的生父與岳父就占了兩席。結果兩人沒有試著將他目前的立場合法化，使他依舊被排除在領袖地位之外，讓馬克森提斯大感忿恨不平。而且馬克森提斯的怨恨並非無理取鬧。如果說馬克森提斯遭摒除在外的理由是因為沒有戰功，那麼利齊鈕斯的登基即位就說不過去了。據說當他的父親從卡爾倫托姆回到羅馬後，父子兩人成天因此爭鬧不休。

儘管如此，三十歲的馬克森提斯還有足夠條件等待時機成熟。雖說他的官方立場是篡位者，但至少義大利與北非由他實質掌控。因此他決定以皇帝身份施行統治，把目前立場化為既成事實，他開始仿效元首政治時代的皇帝，大力推動公共建設。

做父親的馬克西米安卻不知道該如何收拾這場父子吵架。戴克里先此時已經回到面臨亞德里亞海的城堡風格宮殿裡養老。原本馬克西米安也應該跟進，回到義大利半島鞋尖的魯卡尼亞地方，重新展開別墅裡的隱居生活。可是他精力過於旺盛，難以安於隱居生活。他可說是當時最不擅長控制自身活力的人物，這也代表他容易衝動行事。

要從義大利半島南端往北前進，必須利用羅馬大道的幹線道路，因此可能會被馬克森提斯發現。馬克西米安要想在不讓人發現的狀況下出現在高盧地區，可能是搭船往西北前行，斜向跨越地中海。不論真相如何，總之馬克西米安突然出現在西副帝的根據地特里爾。而且馬克西米安向前來迎接的副帝君士坦丁提議，要把女兒法烏斯塔許配給他。

對於當時三十三歲的君士坦丁而言，成為正帝所需的條件至此已經完備。首先，雖然在位只有一年，但他的生父是帝國正帝。其次，他麾下有能隨自身意願動用，質與量兼具的軍事力量。再者，他本人軍事方面的功績也不落人後。而且他三年前就任副帝至今，卡爾倫托姆會談又重新確立了這項地位。對君士坦丁而言，唯一欠缺的條件就是沒有迎娶皇帝的女兒。

當然，君士坦丁樂於接受前正帝馬克西米安的提議。雖然他膝下已有一子，不過他依舊決定與妻子米內爾維娜離婚。和法烏斯塔公主的婚禮、喜宴，於羅馬時期稱為阿拉提，今日法國南部的阿爾勒舉行，並大舉招待全體居民觀禮。一來君士坦丁個人喜好華麗，再者對於他來說，婚姻也是一種政治行為，因此必須辦得豪華熱鬧，讓人們長期津津樂道。當然，年屆六旬的馬克西米安列席婚禮，但新娘的兄長馬克森提斯卻沒有受到邀請。戴克里先曾經將女兒嫁給日後的皇帝伽雷留斯，在這場婚禮之後，馬克西米安的姻親條件也與戴克里先同等了。

如果說衝動一詞，代表著容易不顧前後莽撞行事，那麼這會是最適合形容馬克西米安的字眼了。他以副帝的岳父身份遊歷高盧地區，但似乎不到一年就感到煩膩了。正在這個時期，萊茵河東岸的異族又開始大舉入侵羅馬帝國境內，而萊茵河防線，正是西副帝君士坦丁的責任區域。副帝接獲消息後，立即率領部隊北上禦敵。

馬克西米安知道副帝直屬的部隊全數離去之後，打算利用這個機會發起政變，君士坦丁沒有多久就知道岳父的這個動態。

君士坦丁以接受對方全數條件的形式，與隔著萊茵河對決中的異族酋長達成休戰協議。在獲得協議之後，立即率領部隊向南開拔。

由於君士坦丁返回的速度超出預料，使得馬克西米安無計可施。前任正帝在緊急之下，只好逃入當時稱為瑪西利亞的馬賽。他打算在這裡準備防衛作戰，但女婿沒有給他足夠的時間。君士坦丁沿著陸上的城牆派兵包圍馬賽之後，要求馬賽居民把前任正帝交出來，而馬賽居民也別無選擇。不久之後，副帝君士坦丁公開宣稱，前任正帝馬克西米安已經自裁。

我們不知道當戴克里先在面臨亞德里亞海的宮殿中接獲這項消息時，心中作何感想。自從西元二八四年推動「雙頭政治」以來，馬克西米安與他共事了二十五年。而且在「雙頭政治」與「四頭政治」時期中，馬克西米安是唯一一個他可以放心送上戰場的人才，馬克西米安這輩子也從未讓戴克里先的信賴落空。

恐怕要到得知多年同袍淒慘的下場之後，戴克里先才發現退位真正的涵義吧。前任正帝畢竟只是個稱號，如果手上沒有可以任意驅使的兵力，也就代表無法發揮影響力。失去地位，也就代表失去了權力。在史普利的宮殿中，的確備有寬廣的兵營。可是其中派駐的，是保護卸任元首用的兵力，並非在戰場上衝鋒陷陣的官兵。如果說用來對付強盜，當然綽綽有餘，可是這還稱不上軍事力量。

在西元三一〇年馬克西米安退出舞臺之後，與戴克里先有關的消息也就幾乎無人記載。而且無論正帝、副帝，甚至於篡位的馬克森提斯，在西元三一〇年之後，所有掌權者都開始恣意行事，不理會戴克里先的意見。

再加上一年後，西元三一一年時，帝國東正帝伽雷留斯也離世了。當時他才五十一歲，據說是得了不治之症。

打從戴克里先創設「四頭政治」體系以來，東正帝向來是四名皇帝中地位最高的，占有這個地位的伽雷留斯卻如此匆促地退出舞臺。再加上此時戴克里先已經失去影響力，「四頭政治」體系的存續更加困難。

伽雷留斯離世留下的帝國東正帝空缺，由西正帝利齊鈕斯橫向遞補。他與旗下所有宮廷人員一舉遷入了多瑙河附近的色米姆。不過，原本由他占有的西正帝空缺，並沒有讓副帝君士坦丁升格補位。還有，帝國東副帝馬克西米努斯．岱亞，依舊處於副帝的地位。

曾經有人表示，如果利齊鈕斯讓君士坦丁升格為帝國西正帝，把升格造成的西副帝空缺，交給五年來一直不得進入「四頭政治」體系，因此背負篡位名聲的馬克森提斯，那麼「四頭政治」體系也就得以維持存續。理論上也許可行吧。

問題是，「四頭政治」並非由四名掌權者討論後創設的體制。這是戴克里先一個人登基掌握絕對權力之後，決心把過半的權力，亦即軍事力量分給其他三個人，並且利用他個人的權威與權力，換句話說在強制之下才有可能推動的體系。這是專制的結果，並非合議的產物。在戴克里先失去影響力，擁有繼承「四頭政治」體制不可或缺的軍事才幹的伽雷留斯離世之後，「四頭政治」當然會失去功能。

西元三一一年五月，伽雷留斯逝世之後，情勢演變成由一名正帝與兩名副帝「三巨頭」，和此時已經被判為「公敵」(hostis publicus) 的馬克森提斯四個人角逐的局面。在這種局勢之下，除非當事人具有出眾的才華，否則沒有官方立場會顯得不利。陷入不利的人，自然會招致其他對手聯合攻擊。在正帝利齊鈕斯的根據地色米姆與副帝君士坦丁根據地特里爾之間，背著公文皮筒的使節往來次數開始攀升。

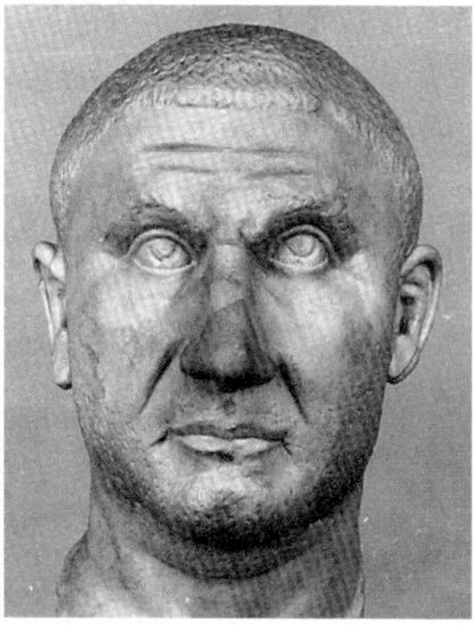
利齊鈕斯

我們不得而知正帝利齊鈕斯與副帝君士坦丁的同盟是由哪一方提議的。也許是軍事方面幾乎沒有戰績可言的利齊鈕斯，打算利用君士坦丁消滅馬克森提斯。或者是年逾三十五的君士坦丁覺得，現在是實現野心的大好時機，因此主動接近利齊鈕斯。不管怎麼說，兩名分別為四十六歲與三十六歲的掌權者決定聯手。

同盟的過程雖然不明，但已知有下列內容。君士坦丁決定將同父異母的妹妹君士坦堤亞嫁給利齊鈕斯，而利齊鈕斯則默許君士坦丁對馬克森提斯動兵。婚禮的時間訂於對馬克森提斯作戰結束之後。

乍看之下，這場同盟的條件對利齊鈕斯有利。因為締結同盟時，對馬克森提斯作戰的結果尚且難以預料。利齊鈕斯並未正式認同君士坦丁對馬克森提斯作戰，就連少量的援軍都沒有派遣。簡單來說，利齊鈕斯只保證「按兵不動」而已。而這點程度的約定可以獲得的酬勞，卻是正帝副帝都需要的條件，亦即迎娶公主的機會。

君士坦堤亞的母親堤歐鐸拉是馬克西米安的女兒，因此有皇家血統。換句話說，君士坦丁是以去年在馬賽殺害的政敵外孫女當政治籌碼。不過他的妻子法烏斯塔也是馬克西米安的女兒，想必在使用這類政治籌碼時，他心中沒有感傷的餘地。

而筆者認為，婚禮預訂在對馬克森提斯作戰結束之後舉行，也是讓雙方容易答應締結這項同盟的原因之一。從利齊鈕斯的角度來看，如果君士坦丁一敗塗地，他便假裝沒有這場同盟存在。相對地，從君士坦丁的角度來看，至少能確認利齊鈕斯會保持沉默到戰役結束之後。

君士坦丁要承擔的風險的確偏高，不過當要踏出決定性的一步時，勢必要承擔風險。而且風險愈大，成功後的報酬也就愈大。因為事成之後，整個羅馬帝國西半部都會由他管轄。

「公敵」馬克森提斯

由於君士坦丁是第一個認同基督教的羅馬皇帝，基督教徒對君士坦丁的評價遠高過其他任何皇帝。這也使得其他的皇帝要承受不公平的低評價，不，應該說是責難。比方說戴克里先，只因為他鎮壓過基督教，因此要到了近年，才有機會讓人從客觀角度研討他的為政成果。

從史料角度來看，三世紀末期到四世紀初期也讓人很悲觀。基督教教會留下不少資料，然而不同意這些資料的，亦即「異教」手中留下的資料卻極為匱乏，或者我們該形容是「蕩然無存」。偏偏研究歷史的人明知資料之中已經加油添醋，往往習於僅以殘存的資料下評斷。不僅在當時，其後的漫長年代中，知識份子長期維持著除君士坦丁以外，人人都是暴君的評價。在這些遭到批判的人物中，罵名最盛的就是馬克森提斯了。因為他是第一個與君士坦丁正面衝突的人物。

在西元三一二年展開對決時，馬克森提斯已經三十四歲。他雖然不是明主，但也不是基督教徒所形容的暴君。他實質擔任皇帝的期間前後一共六年。在這六年之中，他試圖以自己心目中的羅馬皇帝形象，統治由他掌握的義大利與北非地區。

在施政時，馬克森提斯特別注重公共建設。現存的公共建築物之中，冠有馬克森提斯名號的，只有圓形競技場附近的「馬克森提斯公會堂」。其實他著手的建築還不僅如此，新建復舊工程都有分。

更值得我們注意的是，在大量的公共建築工程中，並未以身為基督教徒為罪名，逼迫基督教徒強制勞動。戴克里先發動的基督教徒鎮壓敕令效果集中於西元三〇三年、三〇四年，與馬克森提斯舉兵稱帝時只差兩三年。亦即當西元三〇六年馬克森提斯成為實質上的皇帝時，這項敕令還是持續進行中。而且戴克里先凡事徹底不留情，當時正值他剛退位，但仍具有影響力的時期中。由戴克里先主導的「大浴場」完工於西元三〇五年，根據傳言，這項工程的後半是動員基督教徒強制勞動興建的。這裡所說的傳言，意為沒有史料依據的口頭傳說。然而在戴克里先大浴場完工之後，由馬克森提斯修建的各項建築，卻沒有留下任何類似的傳言。既然馬克森提斯受到基督教徒全力詆毀，如果他模仿戴克里先，強制基督教徒勞動的話，基督教教會當然不會噤若寒蟬。勢必會刨根掘葉找出例子，當成給馬克森提斯判刑的材料。但沒有任何類似傳言留下，可見馬克森提斯在這方面是清白的。鎮壓基督教徒的敕令迫使羅馬主教殉教的時期，也在馬克森提斯掌權之前。當馬克森提斯掌握羅馬之後，也就沒有殉教的例子了。

這並不代表馬克森提斯對基督教徒特別和善。他只是順著羅馬人的傳統觀念，尊重每個人的宗教自由。實際上，他也沒有對猶太教徒做任何處置。

不過，忠於羅馬人的傳統，也就代表他在公共場合信守傳統的羅馬諸神。在馬克森提斯的主導下，神殿得以修繕，恢復往昔的光彩，在祭臺上燃燒牲禮的煙霧也開始多了。而他並未以不參加羅馬諸神祭獻儀式的名義，鎮壓宗教思想不同的人。

君士坦丁與馬克森提斯的對決，就在這種局面下展開。這並非如同基督教徒所說，是因基督教誨甦醒的人，與活在黑暗異教下的人產生的對決。這場對決，純粹是領袖之間的較量。而君士坦丁也是羅馬史上暌違已久的，不將「後勤」當成狹義的“logisticus”，而視為廣義“ars”的領袖人物。

決戰

與帝國其他地區相較，義大利本國的經濟力量依舊首屈一指。馬克森提斯除了義大利以外，當時還掌握了土地豐饒的北非地區。當君士坦丁如同預期地南下入侵時，馬克森提斯編組的兵力之多，遠超過羅馬帝國史上任何一名皇帝。根據某一派說法，當時他麾下有十七萬名步兵、一萬八千名騎兵。在合乎羅馬傳統的重裝步兵之中，主力是禁衛軍團兵；輕裝騎兵的主力出身於北非的茅利塔尼亞，早在圖拉真皇帝的時代已經名聲遠播。除此以外，還包括義大利北部的拉溫納、義大利南部的米塞諾駐港海軍。無論品質或數量，都不會落人之後。問題就在於馬克森提斯有沒有辦法靈活運用。

相對地，在進攻方面的君士坦丁麾下，共有步兵九萬，騎兵八千。數量只有馬克森提斯的一半，而且又不能放棄以阻擋異族入侵為要務的萊茵河防線。高盧海軍肩負萊茵河與多佛海峽警備任務，自然不能送到地中海作戰。

不過，君士坦丁麾下的官兵人數雖然落後，品質方面卻略勝一籌。首先，司令官君士坦丁與旗下的官兵同生共死了七年時光，而且君士坦丁這些年對北方異族作戰，從未落敗過。如此一來，君士坦丁與麾下的官兵自然團結一致，上下一心。也許君士坦丁同樣了解這一點，因此在決心與羅馬同胞開戰時，決定步兵騎兵合計只率領四萬名精銳。

一來君士坦丁身為副帝，具有保衛高盧、不列顛與希斯帕尼亞的責任，不能把派駐在當地的所有部隊全數抽離。就算局勢允許，恐怕他也不會這樣做。率領大軍入侵固然對迎擊方面造成的壓力更大，但是補給方面的困難也會倍增。君士坦丁要入侵的義大利地區，現在由馬克森提斯個人掌控，但過去長年是前任正帝馬克西米安直接管轄的地方。這名前任正帝，兩年前才在馬賽死於君士坦丁手中。對於君士坦丁而言，進攻義大利名義上固然有討伐篡位者的優勢，實質上卻與進攻敵人領地相同。從務實的角度來看，最好別期望居民會樂於提供糧食。

義大利與高盧之間由阿爾卑斯山相隔，共有四條主要路徑穿越其中。這四條路徑早在帝國初期已經鋪設有羅馬式的石板面大道，各位可以將其看成現代的高速公路。

最北邊的路徑，是由義大利的奧斯塔北上，穿越名叫大聖貝爾那多的山谷，直達列曼湖，再經由日內瓦前往里昂。

第二條路徑同樣以奧斯塔為起點，但沒有北上，而朝西通往小聖貝爾那多山谷，最後到達革爾諾堡。

第三條路徑南邊的第三條路徑，是由特里諾出發後往西行，攀上蘇薩谷之後跨越阿爾卑斯山。攀過山之後若往北可以到達里昂，往西可以到達隆河畔的瓦蘭斯。

第四條則是由熱那亞起始，經由尼斯前往法蘭西地區南部，沿海濱發展的路徑。

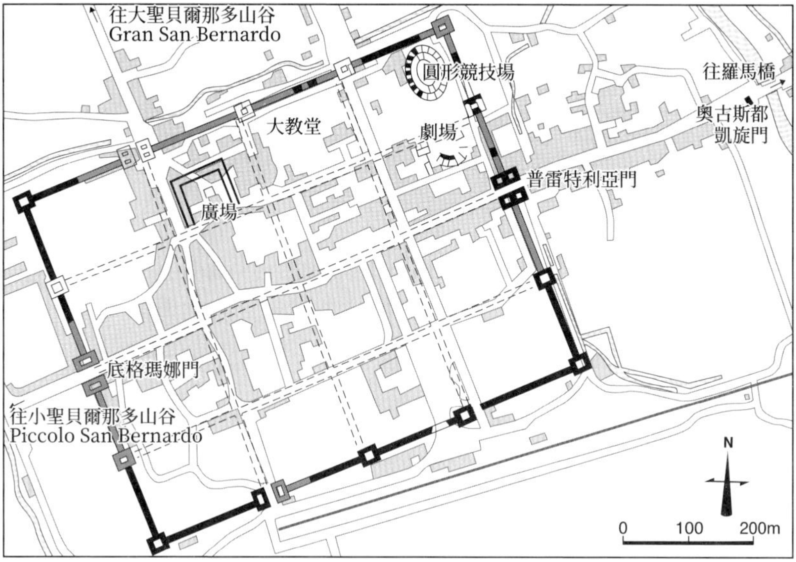

羅馬時代的奧斯塔（與現代市街圖重疊）

上述路徑說明中，都市全以現代地名記載。而這些都市全數起源自羅馬時代，可見這四條路徑是羅馬時代統治高盧地區用的關鍵道路。羅馬人不僅將道路全線鋪設石板面，還沿線挑選適當地點建設城鎮。這些城鎮不僅供往來旅人參訪，打算向旅人做生意的外人也會漸漸遷入定居。尼斯的外號叫作法國南部的珍珠，在羅馬時代原名叫做「尼加艾亞」(Nicaea)。尼斯是這個名詞轉為法文拼音之後的新詞。

在這四條路徑中，朱利斯．凱撒於高盧戰役期間最常利用的就是第三條了。因為即使在冬季期間，這條路徑上的積雪依舊不多，而且直通高盧地區的中心。事隔三百七十年，對從反方向行軍而來的君士坦丁來說還有另一項優勢。只要軍隊到得了蘇薩谷，之後只要沿著橫跨義大利北部的波河平原進軍即可。亦即在君士坦丁規畫的戰略中，在攻擊首都羅馬之前，必須先拿下整個義大利北部。

我們不知君士坦丁是在西元三一二年的何時率軍跨越阿爾卑斯山。不過從其後的戰況推演來看，他應該是一等春季到來，立刻就前往阿爾卑斯山，在不到一個月的期間內跨越蘇薩谷，馬克森提斯自然也在此處配置了迎擊部隊。既然君士坦丁的來襲已在意料之中，那麼想必沒必要將部隊平均分到四條路徑上。蘇薩谷已有大型的堅固城池存在，馬克森提斯也計畫在此阻擋跨越阿爾卑斯山南下的君士坦丁。

君士坦丁當然也預料到這一點，或者說他比預料中更加清楚第一場戰鬥的重要性。

這座城池是基於防禦觀點，挑選狹隘的山谷所建立的。就算駐軍有死守迎敵的打算，城池內能收容的兵力畢竟有限。當然，如果駐軍防衛有術，可以讓準備進攻羅馬的敵軍喪失寶貴時間。只不過，君士坦丁沒有上當。

我們不知君士坦丁是否將四萬兵力全數投入，總之他在進攻城池時，毫不猶豫地投入手下的大量兵力。而且圍城時似乎還施用了火矢，逼得城裡的駐軍不得不出外作戰。當雙方立場相同時，兵力多寡也就決定了勝敗趨勢。這場戰鬥的結果可想而知。只不過，君士坦丁沒有讓對方全軍覆沒，有少數士兵成功逃離戰場。因為讓潰逃的士兵把第一場戰鬥的結果告訴特里諾與米蘭的居民，對於君士坦丁反而有利。

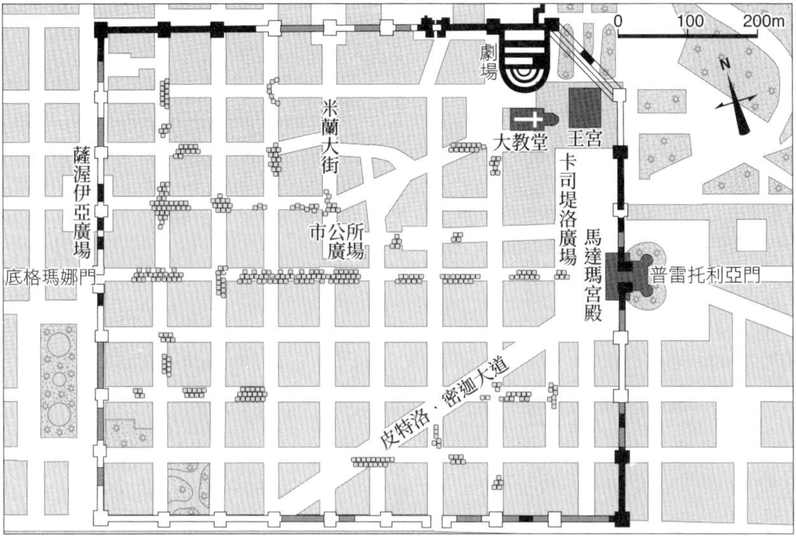

羅馬時代的特里諾（與現今的市街圖重疊）

由蘇薩向東五十公里，就能到達羅馬時代名叫「奧古斯塔・陶利諾姆」(Augusta Taurinorum)的特里諾。由此地再往東，可以沿路到達米蘭、庇亞伽札、威羅納等地。這些義大利北部的重要都市，照理說應該會陸續分派有馬克森提斯麾下的部隊。而且即使攻打的都市規模不大，畢竟要花費時間，居民也會因而受害。君士坦丁避免攻城作戰的理由想必在此，可是馬克森提斯陣營中看得出這一點的將領卻不多。

開國皇帝奧古斯都在世時建設了奧斯塔，作為在義大利境內把守跨越阿爾卑斯山的第一、第二條路徑的基地。到兩千年後的今天，當地還處處可見如同軍團基地型態的古城遺蹟。在義大利境內把守第三條路徑的特里諾，如今已經是義大利北部僅次於米蘭的大城，沒有留下多少羅馬時代的遺物。不過羅馬時代的特里諾，尤其是在歷經不斷受外族侵擾的西元三世紀之後，卻是個能夠執行長期攻防作戰的城池。如果決心守城，就能將敵軍長期箝制在此；如果基本戰略明確，也就能期待守城期間獲得附近其他基地馳援。當年漢尼拔放棄攻擊首都羅馬的行動，也是因為害怕在攻城時腹背受敵。只怕躲在首都羅馬，沒有出現在前線的馬克森提斯心中，缺乏布尼克戰役時羅馬領袖擁有的基本戰略。因為由馬克森提斯派駐在特里諾的將領竟然帶著部隊出城，自行與君士坦丁的部隊決戰。

在平原列陣會戰之中，由於敵我雙方條件相同，因此勝負趨勢，要看雙方官兵的經驗多寡而定。君士坦丁率領的官兵，具有長期對北方異族作戰的經驗。而馬克森提斯麾下的官兵，由於有他人代勞擊退北方異族，因此二十幾年來沒有上過戰場。這也使得戰鬥的結果很快就見分曉。

由於戰場位於特里諾郊外，遭到追殺的士兵想要往特里諾城內避難，可是居民對於殘存部隊的人數過少而感到絕望，關起城門沒有放敗逃士兵進城。而後他們屏氣凝神，等著戰勝者下處分。當然，他們的城門也對戰勝者敞開。

君士坦丁帶著部隊進入特里諾之後，向前來迎接的居民代表表示，居民不用擔憂後果。在城裡也沒有發生燒殺擄掠的暴行。

君士坦丁對於特里諾的處置，有如波河向東注入亞德里亞海一樣地，立即傳遍了整個義大

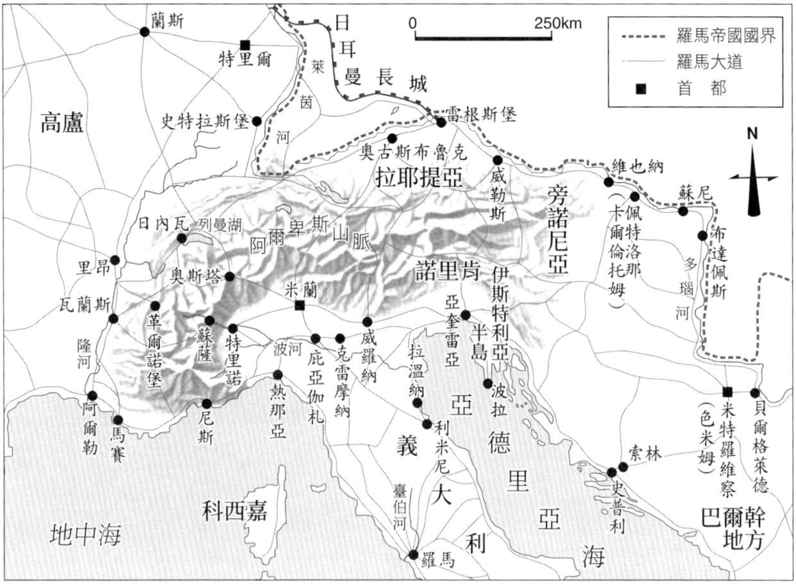

義大利北部及其周邊

利北部。米蘭、庇亞伽札、克雷摩納，甚至海軍基地所在的拉溫納居民都知道，只要對君士坦丁敞開城門，就能確保平安無事。就算馬克森提斯麾下的官兵還有旺盛的鬥志，能夠堅守在城牆後的可能性卻是日益降低。如此一來，以米蘭為首的義大利北部都市，就在開戰之前跳槽到君士坦丁陣營中。不過，只有威羅納例外。

威羅納是一座保有羅馬時代原名的都市。當地每年夏季會在圓形競技場(Arena)上演歌劇，城裡還保有多得令人訝異的羅馬古蹟。羅馬時代的奧斯塔與特里諾，是固守西阿爾卑斯路徑的要地。相對地，羅馬時代的威羅納，功能是位處義大利境內，守衛跨越北阿爾卑斯，前往多瑙河防線的路徑。阿爾卑斯山脈由西向東呈半圓形環繞義大利半島的北邊，威羅納則是守護山脈要道的中心點。當穿越威羅納向北攀越阿爾卑斯山之後，就能到達多瑙河上游。由此直達現今的雷根斯堡，當時羅馬人以意為基地的"Castra"之名，將此地稱為「嘉時多．雷吉娜」。長年以來，威羅納是派往多瑙河防衛的官兵必經之地。當西元二六〇年代，羅馬帝國遭遇空前國難時，當時的迦利艾努斯皇帝也特別修繕威羅納的城牆。而在西元三一二年負責指揮威羅納守軍的，是作風古派，讓人覺得生錯時代的龐培。這名武將不僅受官兵愛戴，也頗獲居民欣賞。而如今威羅納是唯一敢在君士坦丁面前關緊城門的都市。

對於君士坦丁來說，這是他進入義大利之後，第一次遇到有組織的抵抗，但如今他也不可能抽手停戰。防衛森嚴的威羅納固然不易攻陷，可是如果不把威羅納拿下，就算率軍直接南下進逼首都羅馬，也隨時會有腹背受敵的威脅。因為威羅納的交通直接與多瑙河沿岸相連，如果正帝利齊鈕斯知道威羅納的勇猛抵抗之後改變主意，君士坦丁有可能陷入遭正帝與馬克森提斯部隊前後夾擊的局面。即使君士坦丁急於結束戰爭，也不能停止對此地的攻擊。

另一方面，困守在威羅納指揮防衛作戰的龐培，要面對更現實的困擾。不管威羅納的居民與官兵多英勇奮戰，義大利北部已經沒有任何都市或部隊會前來馳援。攻城作戰固然曠日費時，如果沒有外援的話遲早會走到終點。而攻城作戰的終點，往往是城池失陷，以及其後的血腥屠城。龐培決定帶著麾下的官兵單獨出外應戰。當居民代表聽他發表決定時，也只能面色凝重地保持沉默。

一旦決心一死，缺乏戰鬥經驗的官兵也會變得難纏，而且龐培麾下的官兵雖然訓練不足、人數失利，他本人卻是名優秀的指揮官。第一場戰鬥直到入夜，還是個難分勝負的局面。第二天進行的戰鬥，同樣打得難分難解。不過君士坦丁方面在人數與訓練都占優勢，因此漸漸能掌握戰局。等到夕陽照在戰場上時，平原上躺滿了馬克森提斯陣營的官兵，在其中還可以找到身上扎滿標槍的龐培遺體。

威羅納終於開城投降了。整個義大利北部，只有威羅納對未來感到愁雲慘霧。然而戰勝者君士坦丁卻碰都沒碰居民代表一下，激烈戰鬥後常常發生的血腥暴行也沒有發生。

這件事情立即傳遍了義大利北部與中部。如今君士坦丁可以隨自己高興，挑選日期往羅馬進軍。這時已經是西元三一二年夏末。而君士坦丁不是那種看到戰況好轉後，會鬆口氣躲在剛占領的威羅納鬆懈身心的人。

創造歷史的戰鬥

戰爭與戰鬥是不同的事物。戰役或戰爭可能連綿數年，而且發生於不同的地點。而戰鬥則是發生在一個地方，結果通常當天就能揭曉。一般觀念中認為，不同時間地點的戰鬥總計就是戰爭，因此將戰鬥視為戰爭的一部份，才會有句俗話說「戰鬥獲勝但戰爭失敗」。

不過在歷史上，有些戰鬥不僅影響戰爭局勢，甚至改變了往後的歷史。這種戰鬥就是所謂「改變歷史的戰鬥」，在古代可以舉出下列戰鬥為例：

「薩拉米斯海戰」——西元前四八〇年，波斯王克珊科賽斯率領三十萬大軍進攻希臘。希臘城邦國家聯軍發動波斯戰役迎擊敵軍，但是陸戰失利。後來雅典人堤米斯托克雷斯構築了將戰場拉到海上的戰略，並負責實地指揮。

波斯在這場海戰中大敗之下撤軍，之後也只好放棄侵略希臘本土的構想。如果這場海戰是由波斯獲勝，那麼也就沒有其後的雅典黃金時期，在這個時代成形、直到現代都還能發揮影響力的希臘文化恐怕也就無從發展了，說不定連愛琴海的名字都會改成波斯海。

「伊索斯會戰」——西元前三三三年，馬其頓的年輕國王亞歷山大率領希臘軍，與波斯王大流士在能夠瞭望東地中海的伊索斯平原上展開會戰。波斯方面有十五萬的兵力，而亞歷山大以只有五分之一的兵力對抗，陣亡人數卻只有兩百人。不久後希臘與波斯又展開另一場會戰，大流士仍無法挽回局面，波斯帝國因此滅亡。希臘人原本就有往海外發展的傾向，在此後更是往亞歷山大創建的帝國各地大舉移民。其移民範圍不僅擴及地中海沿岸的中東地區，甚至在波斯帝國中心的美索不達米亞地區，相當於今日的伊拉克境內，也建設了不少希臘裔城鎮。

不幸的是，亞歷山大大帝英年早逝，帝國轉由大帝麾下的武將分割統治，而且也只能管制到中東一帶。不過，由希臘經中東，再延伸到埃及的東地中海世界，形成了後世稱為希臘文化圈（Hellenism）的共通文明圈。我們後人口中經常說「希臘羅馬文明」，代表歷經希臘化時代之後，羅馬人直接繼承了亞歷山大大帝的遺產。如果希臘文化圈沒有成立的話，羅馬要在地中海世界擴充霸權，想必會更加困難。不過羅馬人也並非不勞而獲地繼承了亞歷山大大帝的遺產，他們是憑著自己的本事獲得的。好比說，接下來要談的羅馬與迦太基之間的布尼克戰役。

「扎馬會戰」——這場會戰是在西元前二〇二年，發生於北非的扎馬平原。當時這裡原屬於迦太基。率領羅馬軍的是年輕的西比奧，迦太基方面，則由不久前對羅馬作戰連戰皆捷的名將漢尼拔擔任總指揮。會戰的結果，由羅馬方面大獲全勝。布尼克戰役在一個世紀中前後打了三次，不過決定戰役趨勢的，還是第二次戰役最後進行的扎馬會戰。在這場會戰後五十年發生的第三次戰役，只是把預料中的結局化為現實而已。

布尼克戰役是由當時的羅馬人命名，意為「與腓尼基人之間的戰役」。由於迦太基是由中東的腓尼基人移民開創的國家，因此向來被視為東方國度。擊敗了迦太基，也就代表將東方勢力逐出地中海西側。所以對羅馬而言，「扎馬會戰」也是將地中海世界化為希臘羅馬世界的決定性戰鬥。

「阿列沙攻防戰」——這場戰鬥發生於西元前五十二年，地點在現代的法國，當時高盧中央地帶的阿列沙。由朱利斯．凱撒率領五萬羅馬軍，與三十萬高盧部族聯軍展開戰鬥。這也是凱撒的高盧戰役中，具有決定性的一場戰鬥。

這場戰鬥，不僅決定了長達八年的高盧戰役戰果。長年來羅馬人擴充霸權時，僅以地中海與其周邊為限。高盧戰役讓羅馬人的視野向北擴展到阿爾卑斯山的另一邊。而高盧戰役也讓羅馬人發現，向北擴展勢力是可能的。阿列沙的勝利，是歐洲北部進入羅馬世界的第一步，也是史學家口中「歐洲由凱撒創造」這句話的由來。如果阿列沙攻防戰是由高盧人獲勝的話，後世的法國、英國，想必面貌會與現今大有不同。

不管「改變歷史」也好，「創造歷史」也好，這些戰鬥都具有十足的影響力。而在西元三一二年展開的「米爾維亞橋之戰」，也是一場具備這種意義的戰鬥。這場戰鬥，開啟了其後長達千年的中世紀時代，其影響力更跨越了中世紀，為至今依舊深入人心的基督教世界踏出了第一步。

然而，儘管這場戰鬥如此重要，「米爾維亞橋之戰」卻沒有那份榮幸讓戰史記上一筆。

第一項原因，在於以戰史為專長的學術領域中，以上述觀點看待戰鬥的人屬於絕對少數。

第二項原因，用個俗氣點的說法來形容的話，這場戰鬥中沒有出現半個燦如明星的武將。君士坦丁與馬克森提斯都是史上留名的人物，但是並非戰略戰術的好手。

第三項原因在於，進行「米爾維亞橋之戰」時，雙方並未施展出讓戰史專家感到興趣的卓越戰術，整場作戰表現十分笨拙。簡單來說，根本是一場混戰。甚至讓人覺得，讓這麼點程度的戰鬥改變歷史還得了。

西元三一二年十月時，進攻方面的君士坦丁為三十七歲，防衛方面的馬克森提斯則是三十四歲。兩人年齡雖處於同一世代，但在統領部隊行軍作戰的能力方面，差距可說是老手與新兵。

當君士坦丁沿著弗拉米尼亞大道南下時，心中最擔心的事情，大概是遇到馬克森提斯方面堅守城內的局面。亦即敵軍依賴三十五年前完工，又經過馬克森提斯一番整修後顯得更堅固的城牆為靠山，躲在首都羅馬中不出外作戰的情況。這座城牆由奧雷利亞皇帝修建，全長三十一．五公里，將整個首都環繞於內。牆高六公尺，厚三．五公尺，每隔三十公尺處修築一座四方形的護城塔。城牆開有十八道城門，每一道城門都採雙重門設計。四萬名兵力實在不可能攻擊防衛這般嚴密的都市。防衛方面雖然要承擔內部百萬人口的飲食壓力，但是四萬兵力不可能長期將如此規模的城池包圍得水泄不通，因此不算是致命的缺點。君士坦丁要考量的，就是如何將敵軍誘出城外決戰。

君士坦丁另外擔心的一點，就是馬克森提斯把十七萬步兵與一萬八千名騎兵，以何種形式，派駐在何處。這麼大規模的部隊，不可能全數停駐在首都內，至少有半數以上會停留在首都之外。可是君士坦丁陣營完全不知道這些部隊派駐在何處，每個據點有多少兵力。如此一來，在攻擊城池的時候，隨時有背後遭人攻擊的風險。

此外，君士坦丁還有另一個不能忘記的隱憂，那就是義大利北部與中部的都市動向。這些都市的居民是受到君士坦丁的軍事壓力才表示恭順，如果他的軍事力量稍有衰弱，這些恭順的態度隨時可能會讓人撤回。當遇到這種情況時，君士坦丁就會被困在義大利半島中，等待敵人前來甕中捉鱉。而且假使君士坦丁對馬克森提斯作戰的狀況稍有不順，在多瑙河畔觀望局勢的正帝利齊鈕斯，也有可能修改目前的親君士坦丁政策。

要一舉解決這些問題，只有一個辦法，那就是盡早結束戰事。結果，這個機會竟然是由馬克森提斯主動提供。

當君士坦丁沿著弗拉米尼亞大道接近首都的途中，接獲斥候部隊報告，表示馬克森提斯率領部隊離開首都前來迎擊時，想必心中歡呼道「贏定了」。

對馬克森提斯而言，保持長期作戰是最有利的戰略。至於他為何一開始就選擇正面衝突，我們也不得而知。不過猜測有下列幾項可能。

一、對君士坦丁而言，早期決戰是唯一打開局面的方略；對馬克森提斯來說，選項卻有好幾個。其中還包括在首都羅馬作戰失利後撤回北非，在當地準備捲土重來。在羅馬史上，有好些個放棄首都但重新反攻的例子，比方說馬留斯與蘇拉。不過失敗的例子占絕大多數，比方說遭凱撒追擊，逃到希臘的龐培；或者遭奧古斯都追擊，逃入希臘的布魯圖斯。撤出首都羅馬的意義，遠超過放棄特里諾或威羅納的涵義。對馬克森提斯而言，因為有機會選擇而帶來的迷茫猶豫，反而成了致命傷。

二、馬克森提斯年齡只比君士坦丁小三歲。兩個人同樣擁有身為皇帝之子的條件，然而君士坦丁在仕途上卻隨時領先馬克森提斯。換句話說，馬克森提斯長期讓君士坦丁踩在腳底下。當長期懷恨的對象攻打進來，也難怪會引發他的對抗意識。

不過，在面對生涯重大決戰時，如果心中抱持這種感情的話，也就不可能冷靜思索，訂立優勢戰略。在這時馬克森提斯甚至必須把殺父之仇都忘得乾乾淨淨。從這個層面而言，馬克森提斯雖然已經三十四歲，但不夠成熟。

三、馬克森提斯決心出外迎敵，不躲在羅馬城內防衛，可能是因為他心中有著對「世界首都」的深厚感情。每當探訪過去羅馬帝國的重要都市時，筆者總不禁感嘆，有些地方雖然如今已經成為一國首都，比以往的羅馬還要規模龐大，但是在羅馬時代無論規模與外觀都遠遠不及首都羅馬。在探訪古羅馬遺蹟，一邊復原想像古代風貌時，筆者都會這樣想：也許當時倫敦出身的年輕人第一次看到羅馬時，心中的感想會與俄亥俄州的年輕人第一次站在紐約的曼哈頓街頭時一樣。

如果長期住在羅馬的話，這種感動也就會轉換成愛情。說不定馬克森提斯不希望羅馬淪為戰場。不過若真的如此的話，他有必要重新訂定戰略。

這場以「米爾維亞橋之戰」聞名於世的戰鬥，發生於西元三一二年十月二十七日。馬克森提斯率領的部隊人數不明，不過想來應該超出君士坦丁麾下的四萬官兵許多。馬克森提斯似乎沒有愚蠢到將步兵騎兵合計將近十九萬的部隊全數動員。不過，他沒有依照戰略構想，將其他部隊以軍團為單位派駐在各戰略要地，那就是無藥可救的愚蠢了。

由北進入首都羅馬的道路中，弗拉米尼亞大道可說是幹道中的幹道。君士坦丁與其部隊正由這條大道逼近羅馬。馬克森提斯犯下的另一個錯誤，是他也選擇這條道路作為接近敵人的路徑。馬克森提斯與其部隊，由今日依舊稱為「弗拉米尼亞門」的城門出城。沿著「弗拉米尼亞大道」北上三公里之後，利用「米爾維亞橋」渡過擋在面前的臺伯河。接下來再沿著弗拉米尼亞大道北上十公里，以該地的平原為戰場。雙方的軍隊，有如南北雙向開來的兩部大型卡車，就在戰場中央正面撞擊。

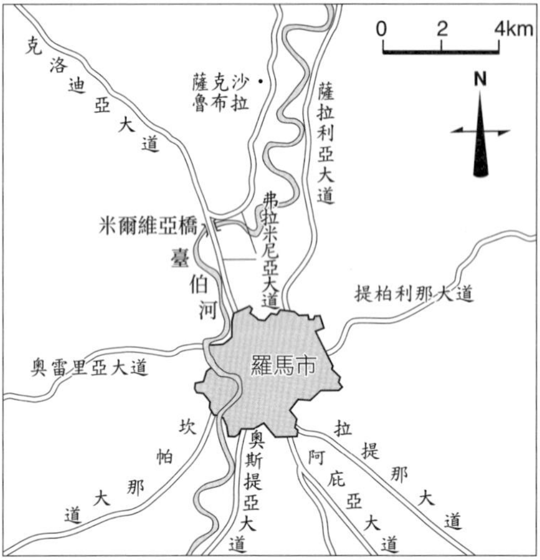

羅馬與其近郊

這一帶，至今同樣叫做薩克沙．魯布拉 (Saxa Rubra)。是一片寬闊的平地，東有蜿蜒蛇行的臺伯河。可能馬克森提斯認為，既然率領大軍，那麼自然該在這種寬闊的地方作戰。不過，一來個性冷靜，二來心中決意一戰定乾坤的君士坦丁，可沒有順著馬克森提斯的想法行事。

可能君士坦丁一知道戰場會是這塊平地時，就早早下令其下的官兵，盡量把敵軍朝臺伯河的方向驅趕。在寬廣的戰場作戰固然對大軍有利，相對地在狹隘的地方大軍就顯得吃虧。老手與新兵不同的地方在於具備挽回劣勢的能力，馬克森提斯麾下的官兵卻沒有參加過這種大型作戰的經驗，尤其擔任總指揮的馬克森提斯本人，軍事經驗更是匱乏。

儘管當地屬於首都管轄，畢竟是郊外，臺伯河岸並未建設河堤工程。蜿蜒蛇行的河岸濕地長滿了蘆葦，讓人難以行走。馬克森提斯的部隊給人驅趕到這裡之後，完全失去了統率。部隊已經無法以團隊為單位進行作戰。許多官兵在混戰中遭到殺害，其他官兵看到慘狀之後開始爭相逃亡。而唯一的逃亡路徑，就是沿著道路往南進。只要渡過戰場南端的米爾維亞橋，繼續跑三公里，就可以到達弗拉米尼亞門。過了門之後，就能夠受到羅馬堅固的城牆保護。

儘管當時是一片混戰，君士坦丁卻依舊領頭作戰，沒有躲在後方發號施令。可是馬克森提斯卻這樣做，因此被捲入潰敗的官兵人潮之中。

幹道中的幹道弗拉米尼亞大道，愈接近羅馬，車道、人行道也就愈逐漸拓寬，而且這一段大道由北往南幾乎呈直線延伸。如果從直升機上俯瞰，就能看到這條大道被潰敗的官兵人潮淹沒的情景。羅馬時代的橋梁，無論修築時的概念、施工時的方法，都視同道路的延伸。南下

現代的米爾維亞橋

而來的弗拉米尼亞大道，在藉由米爾維亞橋渡過臺伯河之後，更是筆直地朝著羅馬市中心延伸。因此「米爾維亞橋」的結構，也與弗拉米尼亞大道具有同等的功能。橋梁長度雖然只有一百二十幾公尺，車道、步道合計寬度則有八公尺寬。橋面設計自然也比照大道，為純石板面設計。別說讓整隊行軍的重裝步兵通過，就連貨車載著沉重的攻城器具通過，橋身都不會晃動。只不過，這座橋畢竟不可能吸收大批潰敗而逃的部隊，只怕就是排隊行軍的轉進部隊，也無法毫髮無傷的通過。馬克森提斯在沒有考量這種條件的狀況下，選擇以薩克沙．魯布拉為戰場，要負很大的責任。如果他是以背水一戰的心態選擇以薩克沙．魯布拉為戰場的話，那就應該盡早搶得戰鬥的主導權。然而，主導權卻一直在君士坦丁手上。

大多數的潰逃部隊，湧進了寬八公尺的米爾維亞橋。這已經不能稱為戰鬥，只是一場大亂。即使成功抵達橋頭，也還是不能放心。有不少士兵剛開始過橋就讓後頭的人推倒，活活擠死在橋邊的石欄杆上。臺伯河其實並不寬，可以游泳渡河。不過作戰的官兵身上佩戴有沉重的武裝，而在這場混亂之中，又無法獲得卸下軍裝的空間。穿著軍裝跳進河裡的官兵，也大多沒有機會浮出水面。而在河濱猶豫不決的人，則遭到後面追來的君士坦丁部隊殺害。

乘馬的指揮官，存活的機會要比步兵更加艱難。河底的泥土會絆住馬匹的腳步，再加上要負荷沉重的盔甲與披風，使他們只有溺死的結局。馬克森提斯也就是如此結束三十四年的生命。遺體在第二天讓人打撈上岸，斬首之後將首級掛在槍尖，成為君士坦丁率軍進城時示眾的警告。

戰史專家眼中不值一提的「米爾維亞橋之戰」，在基督教教會眼中看來卻是「決定天下大勢的一戰」。在君士坦丁亡故後，甚至開始流傳這麼一段插曲：

在米爾維亞橋之戰的前夜，君士坦丁在主帥帳中做了一場夢。耶穌基督託夢給君士坦丁，表示只要遵循唯一真神的教誨，次日的戰鬥必定能夠獲勝。此外，還建議他把希臘文中代表基督教徒的X、P兩個字母合成「☧」記號，畫在士兵的盾牌上。而君士坦丁全數照辦，所以第二天能夠打勝仗。

不過，就算沒有基督教的神明庇佑，無疑地君士坦丁一樣能在米爾維亞橋之戰獲勝。

羅馬不僅是帝國的首都，也是羅馬帝國之內唯一名副其實的帝國首府。君士坦丁麾下的官兵長年在高盧與不列顛值勤，想必到了這時候，才第一次親眼看見首都的威容。而就連君士坦丁本人，也是第一次踏上首都的土地。只不過，傳說中阿拉伯裔的皇帝菲力普·阿拉布思第一次來到羅馬時，為了首都的壯麗而感動，脫口感嘆自己竟然能在首都這麼雄偉的國家擔任領袖。相形之下，巴爾幹出身的君士坦丁卻不會有這種想法。而且，他是以征服者的身份進入首都。在征服者面前，元老院與公民又好像從未支持過馬克森提斯似地，搶著卑躬屈膝。

元老院不僅接受征服者下的每一道命令，甚至於主動做出沒有受命的其他措施。他們議決將君士坦丁由副帝升格為正帝。

儘管「米爾維亞橋之戰」一役是羅馬人之間的內鬥，元老院還是決議修建凱旋門贈送給獲勝的君士坦丁。

馬克森提斯的兩個兒子，在君士坦丁入城時，已經死在他的命令下。如今由馬克森提斯修建的公共建築物，也決議要改用君士坦丁的名義。「馬克森提斯公會堂」至此以後要改稱「君士坦丁公會堂」，而且其中還準備擺設巨大的君士坦丁坐姿像。

禁衛軍團即將遭到解編。在米爾維亞橋戰鬥時，這些人已經幾乎全數陣亡，所以沒有人跳出來反對這項措施。不過這項措施，使得由開國皇帝奧古斯都創設，擁有三百年歷史的菁英軍團從此完全消失。

元老院還答應每年繳納君士坦丁提出的特別稅，亦即實質上的戰敗賠款。

君士坦丁將員額六百人的元老院議員依照富裕程度分成四個等級，並制定每一等級的稅金如下：

第一等級——每年八利普的金塊（二公斤又六百一十六公克）

第二等級——每年四利普的金塊（一公斤又三百零八公克）

第三等級——每年兩利普的金塊（六百五十四公克）

第四等級——每年七枚金幣（其中含金量為三十八公克）

自從羅馬開國以來，元老院一直是社會的最高階層，擁有千年以上的歷史。可悲的是，到了西元四世紀也已經淪落至此。

儘管立場如此，包括元老院議員在內，首都羅馬居民幾乎沒有遇到暴力相向的事件。在這個實質占領的狀態下，君士坦丁對下屬的統御能力值得我們特別記上一筆。而居民也很務實的面對現狀，接受了必須服從征服者的現實。

君士坦丁也並未留在氣候溫暖的羅馬準備過冬。他把必要的處置措施整頓好之後，就離開羅馬，前往米蘭。因為他與正帝利齊鈕斯的會談地點就定在米蘭。這時的米蘭，已經讓名義與實質上皆為正帝的君士坦丁拿來當成根據地。能夠讓年長十歲的正帝利齊鈕斯親自跑一趟，可以想像打敗馬克森提斯這件事，對於鞏固君士坦丁的立場有莫大的貢獻。如今君士坦丁年紀輕輕三十七歲，卻已經是帝國西方的頭號權貴。

拼湊而來的凱旋門

「君士坦丁凱旋門」就位在圓形競技場的附近，義大利文叫做“Arco di Constantino”。而羅馬人的語言拉丁文則叫做“Arcus Constantini”。這道門是在西元三一二年時，由元老院決議要致贈給君士坦丁的凱旋門。而且這道門一直存留到現代，西元一九六〇年羅馬奧運時，還是馬拉松競賽的終點。

元老院決議致贈凱旋門給獲勝的君士坦丁時，是西元三一二年秋末，可是他們有必要在西元三一五年之前完工。因為這年正值君士坦丁登基十週年，預定要在羅馬舉行慶祝典禮。凱旋門饋贈儀式，正是一連串活動的焦點。

這樣一來，實質施工的時間只剩下兩年。羅馬人的工程，向來以短期集中進行為特色，水道橋與圓形競技場也只要五、六年就能完工。兩年的施工時間，已經足以建好一道凱旋門。只不過，這個時代的羅馬人已經沒有這種能耐了。

「君士坦丁凱旋門」至今還是羅馬的名勝古蹟中，數一數二的著名景點。可是這座建築的敷衍粗糙，也最能反映出西元四世紀的首都氣息。

首先，既然修築、饋贈這道門的目的，在於請求君士坦丁原諒他們六年來支持馬克森提斯的罪過，那麼修建的地點必須是上好的位置。這道凱旋門位於由阿庇亞大道進入首都中心後，向右轉前往帕拉提諾丘、柴利歐丘之間的圓形競技場路口。然而這並非審慎評估之後決定的施工地點，只不過因為這個地方已經有一道凱旋門了。

根據最近的研究，這個地方已經有獻給哈德良皇帝的凱旋門存在，從其基礎石材也可驗證，這道凱旋門建立於西元二世紀前半，而非西元四世紀。

羅馬人總稱為「門」的拱門建築式樣，既是羅馬人的發明，也是他們最喜好的建築式樣。對羅馬人來說，門不僅是建築的出入口，或是獻給勝利者的凱旋門，門是可以任意挑選位置修建的裝飾品。因此可能修建在橋梁的兩端，或者庭院的正中間，給景物作陪襯。在一直線的大道中間，也會突然出現一道門，用意在於讓單調的景物起變化。順帶一提，"Arcus"意義只是很單純的「門」，「凱旋門」是後人的意譯。如果從羅馬人的角度來看，即便哈德良皇帝在位時沒有打過值得獲頒凱旋門的勝仗，還能夠得到「門」以資紀念，也不是什麼奇怪的事情。那麼在君士坦丁凱旋門的位置敲定了之後，是否要把現有的哈德良皇帝門拆除，於原地重新修築呢？答案似乎是否定的。他們把哈德良門上不符合目的的裝飾品拆掉，重新嵌入獻給君士坦丁的讚辭，或者於義大利的戰鬥場面等符合目的的浮雕。不過，光是這樣還不足以裝飾一整道門，因此只好從羅馬的其他公共建築物拆零件拼湊上去。

結果，羅馬帝國最後一項建築傑作「君士坦丁凱旋門」，原本該是西元四世紀初期的建築，其基座、裝飾卻是由過往的作品拼湊而成：

圖拉真時代——西元九十八年起至一一七年為止。

哈德良時代——西元一一七年起至一三八年為止。

馬庫斯·奧理略時代——西元一六一年起至一八〇年為止。

上述三個時代的作品，再加上西元三一三年至三一五年夏季工程期間完成的零件，就成了「君士坦丁凱旋門」。

圖拉真時代的雕像——凱旋門正面及背面最上層，共計八座的達其亞俘虜雕像。這些雕像，想必是從圖拉真廣場周邊的迴廊上拆下來再利用的。達其亞人是由圖拉真皇帝所征服，與君士坦丁一點關係都沒有。

哈德良時代的作品——「門」的基礎，以及凱旋門正面、背面第二層的八張圓形浮雕。這些浮雕的出處尚未有定論，目前有兩種有力說法。第一種說法是，這些浮雕原本就裝飾在哈德良凱旋門上。第二種說法，則據說出自「弗拉米尼亞大道」穿越「弗拉米尼亞門」後直達市中心的路上。這條路現今稱為「科爾索街」，在路中央有一道紀念哈德良皇帝政績的門，八張浮雕就是從門上拆下來的。

不管出處在哪裡，這些浮雕同樣與君士坦丁沒有半點關係。在浮雕中，哈德良皇帝驅馬打獵、為狩獵女神黛安娜舉辦祭獻儀式，腳旁有剛獵得的獅子，身邊圍繞著一同狩獵的臣子，情景有如拍攝紀念照。哈德良皇帝不僅是冷靜的統治者，也是熱愛一切美好事物的人，與君士坦丁恰恰相反。

馬庫斯．奧理略時代的浮雕——門的正面四張、背面四張，正好也是八張浮雕。浮雕中刻劃著哲學家皇帝馬庫斯．奧理略生前的模樣。比方說站在講臺上，鼓舞士氣的身影；坐在羅馬式折疊椅上，接見投降的異族代表時的樣子。在這八張浮雕中，馬庫斯．奧理略身邊總是環繞著軍團旗。這名皇帝在對北方異族作戰期間，病逝於帝國前線基地維也納，再也沒有機會回到故鄉。而這些浮雕中表露出當代人對哲學家皇帝的感情。只不過，這些情境同樣與一百二十年後的君士坦丁沒有任何共通之處。

既然新的門是要獻給君士坦丁，光是拼湊零件也未免顯得失禮。因此當時還另外製作了代表君士坦丁功績的浮雕。四世紀初期製作的浮雕，設置於中央與左右兩側的拱門入口上端。其中刻劃有威羅納攻城戰時，策馬前進的君士坦丁；君士坦丁坐在四頭馬車上，進入羅馬市區時的模樣；當羅馬居民前來表示恭順時，獲得君士坦丁寬容接受的場面。當然，其中還刻有君士坦丁麾下的官兵攻擊敵人時的樣子。只有這些浮雕是重新製作的。

雖說「君士坦丁凱旋門」是這樣草率施工修建起來的，畢竟還是有足夠的條件，使其能直到現代都名聞遐邇。首先，這道門真的很美麗。凱旋門位於帕拉提諾與柴利歐兩座山丘間的空地，前方可以看見圓形競技場。門的造型完美至極，彷彿要在這個地點修蓋建築物，也就只有這個造型才能符合條件。我們甚至可以說，這是希臘羅馬文明的重要要素之一，調和與勻稱美的化身。

不過，如果我們走到近處觀察的話，只怕一定會興起下列的想法。那就是西元二世紀五賢君時代的浮雕，與四世紀作品間造型能力差距實在太大。五賢君時代的作品彷彿是希臘雕刻，四世紀的浮雕風格卻接近羅馬帝國滅亡後的中世紀作品。後者簡而言之，就是笨拙。明明時代進步了，為什麼造型能力反而退化了呢？

恐怕是因為這種「力量」也會受到國力的影響。西元二世紀可說是賢君的世紀，是羅馬帝國最和平繁榮的時代。這個時代創造的作品，無論造型美術或建築，都能達到最高水準，是因為國力也正在顛峰時期。西元四世紀時，羅馬帝國已經沒有這種力量了，所以說「君士坦丁凱旋門」，也是能讓人遙想國家興衰的名勝古蹟。

在這道「凱旋門」之上，留有餽贈者獻上的讚辭。讚辭位於正面上段，夾在從圖拉真廣場拆下來的兩座達其亞俘虜雕像之間，以拉丁文這樣寫著：

「羅馬元老院暨羅馬公民，為慶祝勝利，特將此門餽贈與皇帝．凱撒．弗拉維斯．君士坦丁．馬克西穆斯．派阿斯．菲力克斯．奧古斯都（偉大的慈悲為懷的幸運的）。並特此紀錄該皇帝以如同神明般的敏銳感覺及偉大意志力，率領軍隊展開正義之戰，消滅了暴君。」

這段話真讓人感受到什麼叫做敗者為寇，因為昨日的「皇帝」，成了今日的「暴君」。

君士坦丁凱旋門（由南側看到的凱旋門）

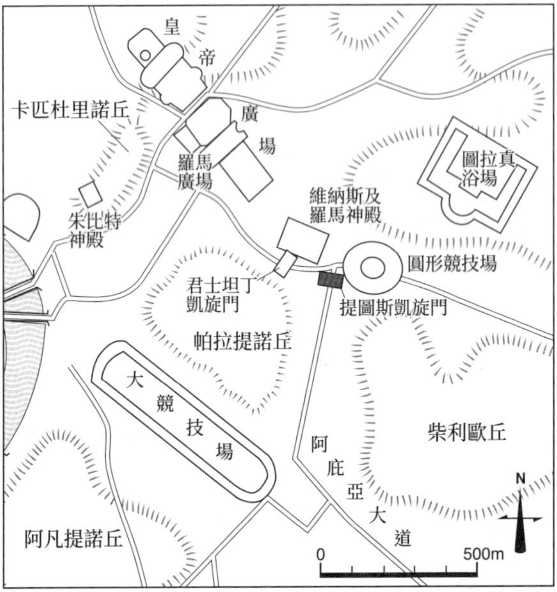
皇
帝
廣
場
卡匹杜里諾丘
羅馬
廣場
圖拉真
浴場
維納斯及
羅馬神殿
朱比特
神殿
圓形競技場
君士坦丁
凱旋門
提圖斯凱旋門
帕拉提諾丘
大
競
技
場
柴利歐丘
阿
庇
亞
大
道
阿凡提諾丘
N
0
500m

凱旋門北側

凱旋門西側

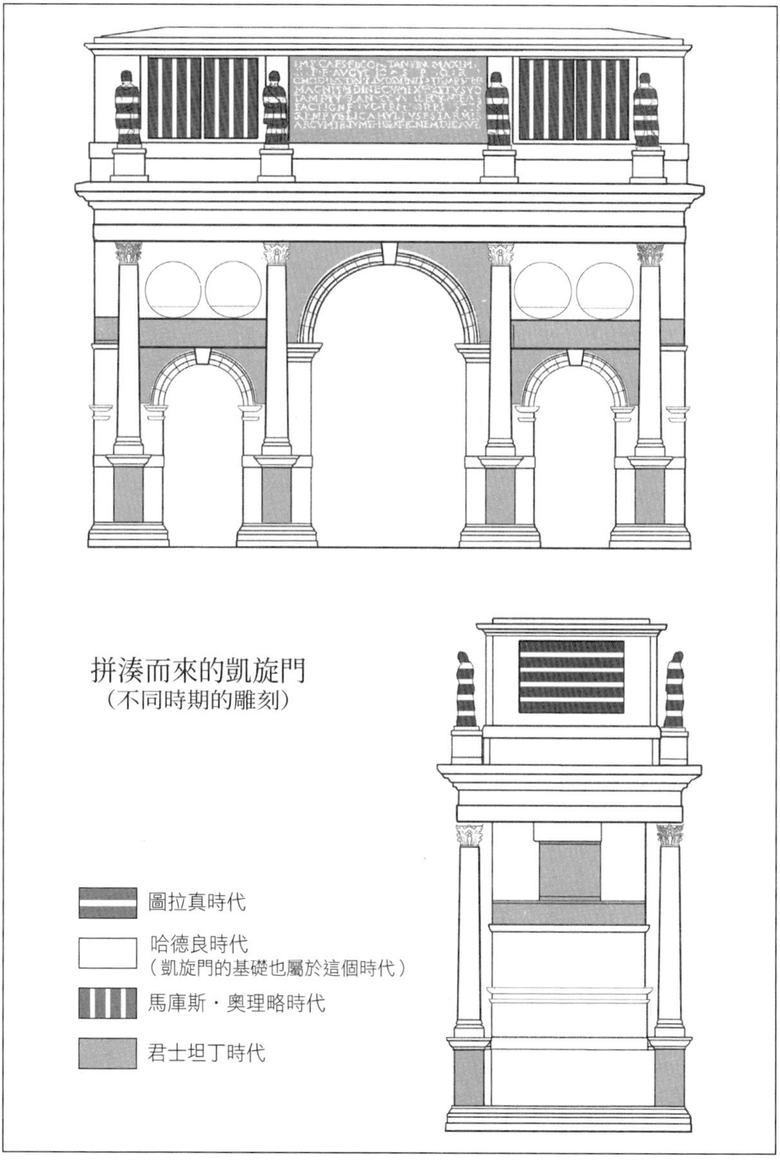

拼湊而來的凱旋門
（不同時期的雕刻）

②南面

①南面

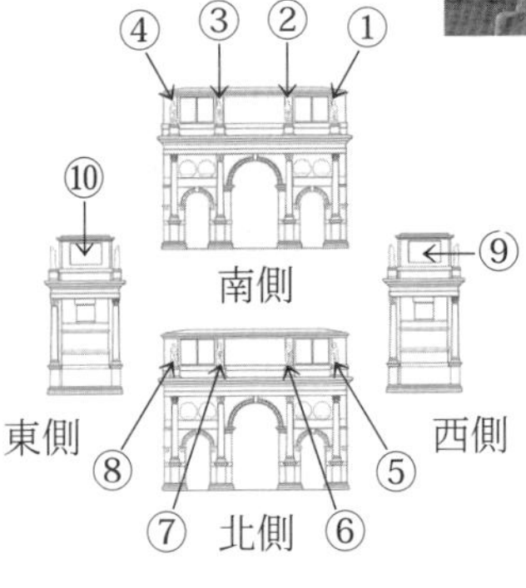

⑥北面

⑤北面

圖拉真時代的雕刻
(達其亞俘虜群像)

④南面

③南面

南面右上部

⑨西面

⑩東面

⑧北面

⑦北面

③獵熊景象（南面）

④黛安娜神祭獻儀式（南面）

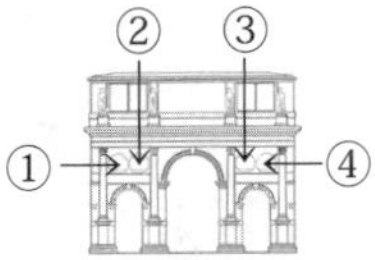

南側

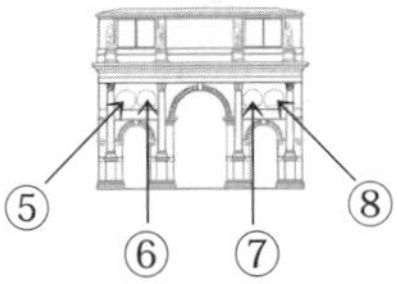

北側

①～⑧依序構成遠征時的狩獵
與祭獻儀式故事

⑦獅子前的皇帝（北面）

⑧赫拉克斯祭獻儀式（北面）

①出發打獵的皇帝（南面）

②西爾瓦努斯神祭獻儀式（南面）

哈德良時代的浮雕

⑤獵山豬景象（北面）

⑥阿波羅神祭獻儀式（北面）

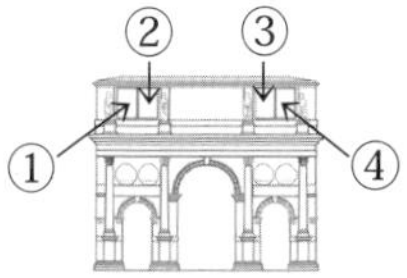

南側

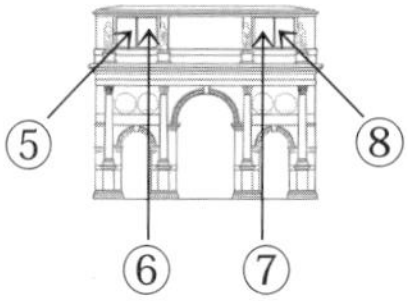

北側

③演說中的皇帝（南面）

④祭獻儀式（南面）

⑦寬容的皇帝（北面）

⑧投降的戰敗者（北面）

①接見異族代表的皇帝（南面）

②檢閱異族俘虜的皇帝（南面）

馬庫斯・奧理略時代的浮雕

⑤皇帝駕到（北面）

⑥皇帝出巡（北面）

君士坦丁時代浮雕

①米爾維亞橋之戰（南面右）

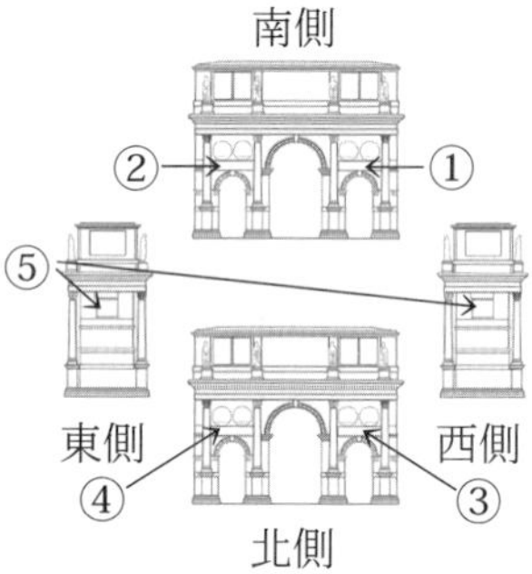

②威羅納攻城戰（南面左）

③在廣場演說的君士坦丁（北面右）

④領取免費分發小麥的羅馬公民（北面左）

⑤上圖（西面）下圖（東面）

西元三世紀 格藍迪 · 魯鐸威治 (Grande Ludovisi) 石棺（西元 251 年）

西元四世紀 君士坦丁凱旋門（西元 315 年）

君士坦丁時代及其他時代浮雕比較

西元前　　和平祭壇南面（西元前 9 年）

西元二世紀　　圖拉真圓柱（西元 113 年）

承認基督教

對於喜歡歷史的人而言，有些年份是非記得不可的。西元三一三年就是這樣的年份之一。不過這並非因為名義與實質上皆為西方正帝的君士坦丁，與帝國東正帝利齊鈕斯在米蘭展開會談，也不是因為利齊鈕斯照著與馬克森提斯開戰前締結的密約，與君士坦丁的同父異母妹妹舉辦婚禮。這一年會被列為歷史上的重要年份，是因為羅馬帝國的皇帝正式承認基督教。

不過，西元三一三年的這一次政治動作，並非皇帝第一次認同基督教。兩年前，西元三一一年時，帝國東正帝伽雷留斯已經承認過了。儘管如此，羅馬帝國皇帝承認基督教的時間，還是被認定為在西元三一三年六月公布「米蘭敕令」時。這是不是因為基督教徒想把功績歸給至今依舊被稱為「大帝」的君士坦丁?還是從伽雷留斯皇帝承認，到君士坦丁公布「米蘭敕令」之間只有兩年時間，承認的方式卻有很大的不同?關於這點，筆者想把兩道敕令翻譯出來做個比較。不過在這之前，筆者有必要談談兩大巨頭在米蘭會談的過程。因為這場會談劃時代地造成承認基督教的結果。每一個歷史上的現象，必定有其背景存在。而且這年的米蘭會談，也提供了豐富的材料，讓我們足以探討日後羅馬歷史的主角君士坦丁。

馬克森提斯敗亡於西元三一二年十月底。之後君士坦丁不以勝利者的角度，而是以類似征服者的姿態進入首都羅馬。據說他在羅馬停留的時間不滿兩個月，那麼想必在西元三一三年初時，他已經到達了米蘭。二月上旬時，利齊鈕斯也到了米蘭。利齊鈕斯與君士坦提亞的婚禮，應該也在不久後舉行。因為利齊鈕斯與君士坦丁共同簽署的「米蘭敕令」雖然於六月十五日公布，但他匆忙趕回東方時，距離公布敕令的日期還有三個月。由此可以推測，君士坦丁是個不會沉醉在勝利氣氛，慢慢品味成果的人物。換句話說，他懂得打鐵趁熱。君士坦丁在戰場上擅長快攻，似乎在政治方面也是如此。而另一方面，他也具有等待時機成熟的慎重心態。

西元三〇六年時多達六人的皇帝，在七年後的西元三一三年減至三人。這時的三名皇帝分別是君士坦丁、利齊鈕斯，以及守衛帝國最東邊的馬克西米努斯．岱亞。想必君士坦丁不會滿足於現狀。不過，基於兩項理由，趁著打倒馬克森提斯的氣勢攻擊利齊鈕斯並非良策。

第一點，利齊鈕斯麾下的部隊，是羅馬軍中最強盛的多瑙河防線部隊。

第二點，如果趁這個時機進攻利齊鈕斯，反而有可能把向來不和的帝國東正帝利齊鈕斯、東副帝馬克西米努斯．岱亞逼得攜手合作。

西元三一三年利齊鈕斯與君士坦堤亞在米蘭成婚後，獲益的不只是打算迎娶皇室成員，為自身勢力鍍金的利齊鈕斯。新娘是君士坦丁同父異母的妹妹，這一年應該剛滿十八歲。新郎雖然已經四十八歲左右，不過在當時這種年齡差距還不算什麼。不過，到了這個年紀還未婚的公主倒是挺少見。可能是同父異母的哥哥君士坦丁有意將妹妹留作政治籌碼。因為對巴爾幹地區貧民出身的皇帝來說，迎娶皇室女子，是把自身地位正當化的重要條件。

正因為如此，在君士坦丁與利齊鈕斯雙雙獲得這項優勢之後，馬克西米努斯・岱亞可就著急了。

馬克西米努斯・岱亞在慌亂之下，看上了兩年前過世的伽雷留斯皇帝留下來的寡婦瓦雷力亞。她是設計「四頭政治」體系的戴克里先的獨生女。可能馬克西米努斯・岱亞認為，順利成婚的話，政治上的條件就能與君士坦丁、利齊鈕斯同等了吧。只不過，瓦雷力亞沒答應這場婚事。馬克西米努斯・岱亞惱羞成怒之下，立刻調派部隊。除了先帝留下的寡婦以外，正巧在這個時期前來探訪女兒的戴克里先夫人也遭到逮捕，被關進了牢房。

當時戴克里先身在亞德里亞海濱的宮殿中，知道這個消息後立即派遣使者前往副帝跟前。除了抗議妻子與女兒受到的待遇之外，還要求副帝把她們交出來。副帝雖然釋放了她們，卻沒收一切財產，並流放東方。

馬克西米努斯・岱亞是戴克里先在西元三〇五年退位時送上副帝職位的人，這下可真是恩將仇報。戴克里先退位釋出權力至今，也才八年光景。而且在西元三〇八年第四次「四頭政治」起始時，戴克里先還能對人事發揮影響力。事隔五年，權勢卻衰落至此。我們實在不知道，當時六十八歲的戴克里先，是如何承受這種明知妻小過著流浪生活，卻無計可施的日子。這時已經沒有任何人理會退位老皇帝的意見了。

利齊鈕斯倉卒完成與公主的婚事，急忙離開米蘭的原因，在於馬克西米努斯．岱亞為了利齊鈕斯與君士坦丁的結盟感到慌張，率軍入侵屬於利齊鈕斯勢力範圍的小亞細亞。利齊鈕斯一路向東行軍，沿路與發令召集的部隊會合，身邊還帶著新婚的妻子。也許利齊鈕斯的這項舉措，是打算把公主當人質，封住君士坦丁在西方的動作。不過君士坦丁可不會在這個大好時機裡輕舉妄動。這一次，輪到君士坦丁隔山觀虎鬥了。

根據記載，利齊鈕斯急忙離開米蘭向東行軍，沿途與召集的部隊會合。當他進入小亞細亞境內時，已是西元三一三年三月底。馬克西米努斯．岱亞率領著七萬名士兵的部隊，相形之下利齊鈕斯身邊只有三萬人。不過，最後是由利齊鈕斯獲勝。這並非雙方司令的水準有差異，而是巴爾幹地區出身的官兵與東方長大的官兵實力差異造成。馬克西米努斯．岱亞戰敗之後，逃到小亞細亞東南方的塔耳索斯。而到了八月時，不知是他選擇自我了斷，還是遭屬下官兵暗殺，總之馬克西米努斯．岱亞退出了人生舞臺。曾經多達六人的皇帝，一個個地退出政治舞臺，如今只剩下兩個人。不過，沒有人認為這次的「雙頭政治」可以延續下去。或者說，當事人比任何人都清楚這是不可能的事。

帝國東副帝馬克西米努斯．岱亞退出政治舞臺時，連帶產生了一個在歷史上影響不大的悲劇。當時遭馬克西米努斯．岱亞流放的瓦雷力亞與其母親普利斯佳認為，帝國東方由正帝利齊鈕斯統合之後，自己的命運也會跟著好轉。因為對於前任皇后瓦雷力亞來說，利齊鈕斯是獲得她的丈夫伽雷留斯、父親戴克里先同意，才在缺乏副帝經歷的狀況下，一舉登上西正帝職位的人。利齊鈕斯即位至今才五年，與伽雷留斯又交情甚深。這兩名女子期待利齊鈕斯能把她們遭沒收的資產要回來，並且護送她們回到戴克里先身邊。當時利齊鈕斯正趁著戰勝馬克西米努斯·岱亞的氣勢向東行軍，計畫將整片東方國土納入掌心。這兩名女子也前往參見利齊鈕斯。

結果利齊鈕斯根本不打算接見這兩名應該早已熟識的女性。這對母女無奈之下，只好繼續其流亡旅程。為了盡可能接近戴克里先身邊，母女兩人來到了希臘的帖撒羅尼迦。而利齊鈕斯派了一批軍人在此，手中拿著處死的公文在等著她們。統領羅馬帝國二十年，創設「四頭政治」的戴克里先之妻子與獨生女，就在面臨愛琴海的帖撒羅尼迦中央廣場遭到處死，遺體讓人直接丟到海裡。我們不知戴克里先在亞德里亞海濱的宮殿中接獲消息時，心中作何感想。

很可惜的是，沒有任何記載戴克里先晚年心境的記錄存留下來。在歷任羅馬皇帝中，戴克里先是唯一親眼看著多年構思推動的政策陸續崩盤的人物。光是基督教政策來說，若從強行推動政策的那年起算，十年之後政策已經一百八十度大轉彎，如今帝國之中也無人相信「四頭政治」的效益。唯一可幸的是，帝國內部沒有受到北方異族或東方的大國波斯入侵。然而掌權的人卻藉機大肆爭鬥。至於戴克里先過世於西元三一三年的什麼時候，現今的專家學者並沒有定論。因此我們也不確定他是否得知西元三一三年六月十五日發布的「米蘭敕令」內容。不過，即使他沒有活到六月十五日，想必兩年前伽雷留斯公布敕令時，他就已經感受到基督教政策轉變的徵兆了。也就是說，早在兩年前，他就知道自己推動的基督教政策即將崩潰。這一年公布的「米蘭敕令」，只不過是給政策的最後一擊。

西元三一一年四月，由伽雷留斯正帝公布的敕令全文如下：

「朕構思政策時，向來以帝國及帝國居民之利益為基準。施行政策時，以恢復羅馬傳統與規律為期望。基於上述觀點，面對拋棄傳統信仰的基督教徒時，朕亦期望他們能夠再度回到吾等身邊，並嘗試各種手段。然而這等人卻不停下倔強愚昧的行為，不但未曾因襲羅馬之偉大祖先行止，反而自行訂立生活規範，於帝國四處遊說，成功聚集了許多徒眾。

因此，吾等（戴克里先與伽雷留斯）為了讓這些人回歸祖先的規律，決意行使強硬措施（此指西元三〇三年由戴克里先公布的迫害基督教徒的敕令），使得許多基督教徒改宗棄教。

儘管如此，仍有許多頑強拒絕棄教的徒眾存在。此外，棄教者之中，大多並非心悅誠服地放棄基督教，而是在強制之下不得已而為之。結果，他們雖然不再敬仰基督教神明，但也未曾回歸羅馬自古相傳的諸神信仰。如此現狀，與吾等羅馬人傳統中，認同所有人生活方式的寬容精神不符合。

朕之期望，在於恢復羅馬人的傳統與規律。一再苦思之結論認為，應將羅馬人之寬容精神推廣至基督教徒身上。

因此，朕認同今後基督教徒可重建其共同體（亦即允許信仰）。但在此要明文規定，必須在不違背帝國國法之限度內。」

從基督教徒的眼光來看，伽雷留斯皇帝認同的宗教自由，簡單來說，根本語帶含糊，不乾不脆。在羅馬社會中傳統的諸神信仰依舊占優勢，而且宗教自由還是如同以往一般，追加了「不違背國法」的條件限制。

不過，在西元三世紀後半陸續上臺又下臺的皇帝中，有些皇帝鎮壓過基督教，有些則否。即使在沒有鎮壓、迫害基督教的皇帝心中，對基督教的想法只怕也與伽雷留斯相同。

早在共和時期起，羅馬就一直是個多人種、多民族、多文化、多宗教的國家。這個情況也影響到原本軍裝統一較為有利的軍隊中。在戰場上的羅馬軍中，常常能看到打赤膊作戰的日耳曼士兵身旁，站著身穿長裙的東方士兵。這是因為羅馬人尊重不同民族的個別風俗習慣。

羅馬人觀念裡的「寬容」(clementia)，是強者不將生活方式硬塞給弱者，認同弱者有自己的一套生活方式。

羅馬皇帝迫害基督教徒的行為屬於偶發事件，進行時又做得不徹底，原因也就出在這種思想上。唯一徹底進行的例子，是由戴克里先發起的鎮壓政策。然而這項政策真正嚴格執行的也只有兩三年而已。因為上自皇帝，下至地方行政官，羅馬的行政人員心中都不認同僅針對基督教信仰發起的鎮壓與迫害。羅馬人是多神教民族，而多神教，是一種互相認同不同宗教信仰的生活方式。因此，認同其他神明，但不認同基督教的想法，違反了多神教的精神。亦即單獨排斥基督教的想法，違反了羅馬人的「寬容」觀念，因此不符合羅馬人的風格。這是不信仰基督教的羅馬人在鎮壓基督教徒時，始終無法徹底執行的原因所在。而反過來說，羅馬人在認同基督教時，會顯得語帶含糊的原因也就在這裡。

在公布這道敕令的兩年後，君士坦丁發布了「米蘭敕令」。被認為史上第一次認同基督教的「米蘭敕令」之內容，恐怕也不會讓基督教徒覺得十分滿意。因為就連這道敕令，也必須立足在羅馬的「寬容」觀念上。

西元三一三年六月十五日，由君士坦丁及利齊鈕斯兩位皇帝署名公布的「米蘭敕令」全文如下：

「吾等二人（君士坦丁與利齊鈕斯）許久前便認為信仰之自由不應受到妨礙。不僅如此，還認為信仰應當依照個人良心選定。吾等兩人基於上述理念，已在所統治的帝國西方認同基督教徒之自由，得舉辦加深信仰時所需之儀式。然而上述默認狀況，卻對實際推行法律之人員造成混亂。因而吾等不得不承認，上述理念有成文化之必要。

正帝君士坦丁與正帝利齊鈕斯藉由於米蘭相會，共商帝國諸多課題之機會，對帝國萬民而言攸關重大之神明信仰議題達成共識，認定此一議題應訂立明確方向：

不論基督教徒或信奉其他宗教之國民，個人於選擇宗教信仰之權利皆能獲得完全之認同。無論其神明之身份，若能對身為統治者之皇帝，及其臣下國民帶來繁榮與和平，皆應獲得認同。吾等二人達成共識，認為認可吾等二人之臣下，無論何等人物皆得擁有宗教自由，為最合理之最佳政策。

自今日起，無論信仰基督教或者其他宗教，個人皆能信奉自身所好之宗教，並有參加祭典之完全自由。並期望無論何等神明，其至高之存在，能以恩惠及慈愛，引領帝國全體民眾走上和解與融合之道路。」

敕令自此以後，從國策敕令的型態，轉為向在帝國各地推動政策的行政官之指示：

「以上為吾等二人之決策。故而從今日起，以往頒布之基督教相關法令完全失效。而且從今爾後，願貫徹基督教信仰者，可無條件獲得對信仰之全面認可。

然而，對基督教徒認可之全面宗教自由，亦同樣適用於信仰其他神明之國民。只因吾等判斷，此一全面認同宗教信仰自由之決策，對帝國內部和平有所助益。因而吾等認為，不論何等神明、何等宗教，其名譽與尊嚴皆不該遭致損毀。以往諸多基督教徒受到名譽尊嚴受損之待遇，在此特命立即歸還其遭受沒收之祈禱場地以為賠償。此外，為其信徒所屬教會或教區所有，但遭沒收之資產，亦一併下令即刻全數歸還。在此並明文表示，若資產在沒收後付諸拍賣，於歸還資產之同時，國家將對原收購者給與正當價位之賠償。」

從「米蘭敕令」的字面上可以明顯得知，發布這道敕令的兩名皇帝中，君士坦丁並未表示要改信基督教。此外，這道敕令也沒有特別優待基督教，將其置於其他宗教之上。這是一道全面認同羅馬帝國國民宗教自由，並公諸於世的法令。

儘管如此，「米蘭敕令」依舊有充分理由，讓人認定為劃時代的重大史實。因為自從西元三一三年發布這道法令之後，羅馬人連綿千年以上的宗教觀念也有了轉變。

以往的羅馬，要求屬於「共同體」(Res Publica) 的居民無論個人信仰何種神明，都必須對守護「共同體」的羅馬諸神保持一定的敬意。在羅馬軍中，無論信奉基督教、密特拉教，或是太陽神，那都是官兵的個人宗教自由。但每年元旦當天官兵必須聚集在軍團基地的中央廣場上，在舉行給羅馬諸神的祭獻儀式之後，對身兼最高司令的皇帝宣誓效忠。這也是要求大夥將個人信仰暫時擺在一旁，全體通力合作。

在「米蘭敕令」頒布之後，局勢演變成沒有這樣做的必要了。「敕令」中承認個人有全面的宗教自由，卻完全沒提到國家的宗教。也不像伽雷留斯敕令那樣，在認同基督教徒宗教自由之後，追加「必須在不違背帝國國法之限度內」的但書。所以說「米蘭敕令」之中，「無條件完全認同」個人宗教自由。

綜觀從「米蘭敕令」到今日的歷史，由於宗教自由是人權尊重的一大要項，我們也可以說，這道敕令為十八世紀傳遍歐洲的啟蒙主義開了先河。尤其「米蘭敕令」的前半段，論調有如伏爾泰或狄德羅的言論。

羅馬帝國要比啟蒙思潮早了一千四百年，而帝國即使到了後期，依舊是個多人種、多民族、多文化、多宗教的帝國。這個廣納百川的大帝國，是仰賴羅馬法、羅馬皇帝，以及羅馬宗教這個寬鬆的框框，才能保持統一。因此曾有英國學者表示，羅馬帝國有若二次世界大戰之後誕生的邦聯國家。

「米蘭敕令」一頒布，就把羅馬宗教的框框拆除了。這道敕令的內容確實是無可批判，就連十八世紀的啟蒙主義者想必也會讚不絕口。那麼提倡這項思想的君士坦丁本人，是否真認為拆除國教的框框後有辦法統合國家呢？

而且在「米蘭敕令」後認同的宗教自由，為什麼到了一千四百年後的啟蒙主義時代，又要讓人提出來大力主張呢？

答案很簡單，因為在這些年之中，宗教自由根本沒獲得保障。而且，讓社會走上無法保障宗教自由這條路的，就是君士坦丁本人。

雖說君士坦丁與利齊鈕斯兩位皇帝共同在「米蘭敕令」上署名，由於不久後馬克西米努斯・岱亞敗亡，兩名皇帝的同盟關係也立即面臨危機。整個帝國版圖，形成西方為君士坦丁，東方為利齊鈕斯的「雙頭政治」局面。然而雖然形式同樣為「雙頭政治」，內情卻與西元二八四年的「雙頭政治」差了許多。

戴克里先與馬克西米安的「雙頭政治」能夠延續八年，是因為雙巨頭的權威與權力並不對等。負責西方的馬克西米安形式上是戴克里先的同事，然而帝國統治的主導權一直掌握在戴克里先手中。這種狀況下，帝國還能發揮統治機制，是因為武夫型的馬克西米安，對於年長自己五歲，政治判斷精準的戴克里先心悅誠服。

相形之下，西元三一三年的「雙頭政治」內情就差多了。此時利齊鈕斯四十八歲，君士坦丁較他年輕十歲，這年三十八歲。然而兩者之間卻不像戴克里先與馬克西米安那樣具有人性的感情交流。儘管年長許多，利齊鈕斯在政治、軍事才能上卻不獲得君士坦丁尊重。亦即當時的關係，只是兩大勢力對峙而已。因此這兩人形成的「雙頭政治」局面維持不到兩年，也就沒有什麼好奇怪的了。

事情的起因，在於君士坦丁的親戚惹禍之後逃到利齊鈕斯之下，而利齊鈕斯拒絕君士坦丁的引渡要求。據說利齊鈕斯拒絕的原因並非針對引渡，而是因為君士坦丁提出要求的方式太傲慢。不管怎麼說，這件事情因此成為君士坦丁對利齊鈕斯開戰的藉口。

如此一來，羅馬帝國雖然成功抵禦外敵入侵，國土卻在七年內讓羅馬人的內戰蹂躪了三次。而且西元三一五年的內戰時，雙方分別是君士坦丁之下守衛萊茵河防線的高盧兵，與利齊鈕斯麾下擔綱多瑙河防線的巴爾幹部隊正面衝突。既然是由羅馬軍中數一數二的精銳部隊正面衝突，當然短期內看不出戰鬥的結局。

西元三一五年秋季進行的第一場戰鬥，發生於多瑙河附近，旁諾尼亞地區的小鎮基帕拉葉。旁諾尼亞屬於利齊鈕斯管轄之下，而且基帕拉葉位於利齊鈕斯的宮殿所在地色米姆西北方七十公里處，很明顯地是由君士坦丁發起主動攻擊。當時利齊鈕斯能動員三萬五千名部隊，君士坦丁帶領的卻只有兩萬人。

若想要在部隊人數較少的情況下獲勝，關鍵應是盡早掌握戰鬥的主導權。當時君士坦丁親自率領騎兵衝進敵陣，讓人聯想起當年亞歷山大大帝如何率領騎兵衝向有五倍人數的波斯軍。不過，羅馬軍的個人戰力不是波斯部隊可以比較的。這場激戰一直持續到日落，君士坦丁能夠始終占優勢，原因不在於官兵的個人戰力，而在於指揮者的能力差異上。

這天利齊鈕斯和麾下的部隊趁夜拔營向東撤走。據說他當眾宣布這是轉進並非敗逃，不過他沒有退回首都色米姆準備應戰，而是一路往色雷斯地方逃亡，底下的官兵對於局勢發展心知肚明。在撤退途中部隊人數從三萬五千減少到兩萬，可不能說是部下叛變，而是官兵拋棄了將領。

第二場戰鬥，發生在色雷斯與南邊的馬其頓交界山區。

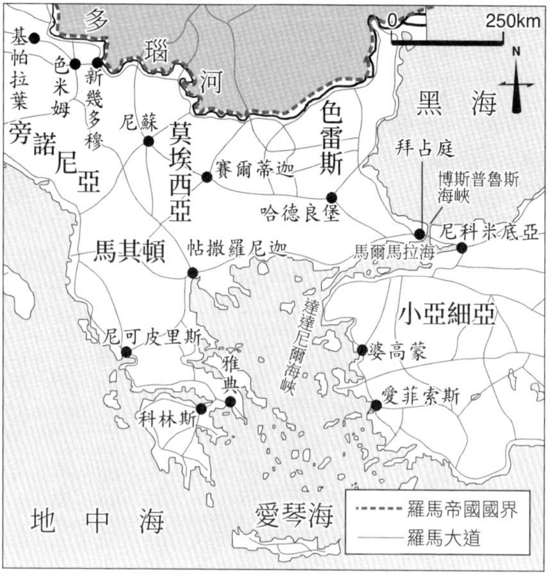

色雷斯及其周邊

據說這場戰鬥要比第一場來得激烈。只不過，若要獲得讓逃亡的官兵回心轉意的勝利，就需要千中選一的精湛才華。因為敵軍只是追擊過來而已，就已經具有優勢。一如預期，第二場戰鬥利齊鈕斯又落敗了。

就在這時，兩年前與利齊鈕斯成婚的君士坦堤亞以當時婦女少見的意志與膽識，出來調停丈夫與兄長間的內戰。可能是調停有功吧，兩名皇帝在這年十二月達成和談，條件是利齊鈕斯必須退至小亞細亞以東。雖然不知能維持多久，但至少羅馬人之間的內戰暫時算是平息了。

不過，君士坦丁不忍心拒絕妹妹的哀求而和談，只是表面上的姿態，實際上是因為他判斷這時談和夠划算。利齊鈕斯退至小亞細亞以東，代表多瑙河防線也不在他的任務範圍內。不負責多瑙河防衛工作，也就代表放棄多瑙河防衛部隊的指揮權。

如此發展之後，君士坦丁麾下便擁有萊茵河防衛部隊、多瑙河防衛部隊兩支羅馬帝國首要精兵。相對地，因為和談而撿回性命的利齊鈕斯手下，只有向來因軟弱而受人輕視的東方部隊。利齊鈕斯再也不是危險的競爭對手。

君士坦丁的個性，並非那種一鼓作氣爬上階梯頂端的人。他具有每到轉折點就停下腳步，回頭確認成果，之後再向下一個目標挑戰的特質。這時他才四十歲左右，健康方面也沒有問題，可能他也認為不必急於立刻成事。恐怕君士坦丁這個人，是與「躁進」一詞最沒有相關聯性的人。

而且不樂意躁進，代表在不適於匆促行事時，會按部就班為日後做準備。君士坦丁在西元三〇六年剛登上權力舞臺時，根據地在萊茵河支流摩澤爾河上游的特里爾，位於現今德國西側國界邊緣。當西元三一二年戰勝馬克森提斯之後，將根據地遷移到義大利的米蘭。西元三一五年戰勝利齊鈕斯之後，把根據地遷移到羅馬帝國後期的多瑙河防線關鍵地，接近多瑙河的色米姆，這個地方如今是塞爾維亞與蒙特內哥羅國的米特羅維察。感覺上好似他一步步地，將棋子往東方移動。說不定光從這件事情來看，就可推測出君士坦丁心目中的羅馬帝國該會是個什麼樣子。君士坦丁優秀的地方在於，他會按部就班地，把完成大目標之前的小步驟一個一個地執行完畢。

在與利齊鈕斯暫時言和之後，西元三一六年到三二二年的七年間，君士坦丁忙著對北方異族作戰。這時萊茵河東岸的法蘭克與亞列門諾兩個部族，以及多瑙河北岸的哥德族又突破了防線入侵境內。如果君士坦丁把剷除利齊鈕斯當成優先事項，繼續派兵朝東行軍，只怕異族會深入歐洲內部，大肆燒殺擄掠。就算君士坦丁這樣做，真能把利齊鈕斯逼上絕路，登上唯一最高權位者的寶座，人民也不會忘記君士坦丁把排除競爭對手視為優先，容許異族入侵掠奪。

羅馬皇帝的首要職責，在於保障帝國及境內居民的安全。正因為如此，羅馬皇帝才會兼任最高司令，並享有意為最高司令的“imperator”稱號。因為在羅馬人的心目中，不管內政如何優秀，允許外敵入侵的人是稱不上「皇帝」的。

君士坦丁要到西元三一七年，才完成正式反擊的準備。雖然說北方異族突破防線的事情發生於前一年，然而合乎御駕親征規模的外派兵力，畢竟不是三兩天準備得來。直到五賢君時代為止，國防安全政策在於堅持「防線」的強化，完成一旦某處防線遭到突破，立刻會有其他防線兵力馳援的體系。然而自從戴克里先即位之後，帝國國防主力不再是沿著「防線」成串配置的軍團基地及其駐軍，而是由每位皇帝直接率領的游擊部隊。而且既然是由皇帝親自率領，部隊規模也就高達數萬。就算在現代，大批兵力會合也需要相當的時間，這個條件在古代也是相同的。

由於這些因素，迎擊戰要到進入西元三一七年之後才能正式起始。君士坦丁把戰線分為萊茵河與多瑙河兩處，將萊茵河交給長子庫里斯普斯負責，自己負責多瑙河地區。這是因為突破萊茵河防線的敵軍入侵高盧地區，而突破多瑙河防線南下的敵軍闖入了巴爾幹地方。

庫里斯普斯是君士坦丁於第一次婚姻時所生的長子。為了與具有皇家血統的法烏斯塔結婚，君士坦丁還與庫里斯普斯的生母離婚。亦即庫里斯普斯是君士坦丁與離婚的前妻之間所生的長子，在這一點上面處境與君士坦丁年輕時相同。不過，君士坦丁將重責大任交給庫里斯普斯，並非因為想起自己年輕時的遭遇，對兒子感到同情。這純粹是因為當時在皇室中，只有庫里斯普斯能夠協助承擔御駕親征的任務需求。君士坦丁與法烏斯塔之間所生的小孩，這時還是幼兒。

此外，這個時期的庫里斯普斯，已經從父親君士坦丁手中接下了「凱撒」的稱號。這個時期的「凱撒」，不能像「四頭政治」時期一樣翻譯為「副帝」。「副帝」具有獨立判斷，發起軍事行動的權力，君士坦丁沒有給與庫里斯普斯這項權力。因此，在「四頭政治」崩盤之後的「凱撒」，應該回溯到西元二世紀的「元首政治」時期，視為皇位繼承人或皇太子，並依據這項義涵翻譯。君士坦丁會將庫里斯普斯立為繼承人，是因為與前妻之間所生的庫里斯普斯已經二十歲，而與具有皇家血統的法烏斯塔之間所生的小孩，長子這時才一歲，次子也才剛出生。

不過，庫里斯普斯與君士坦丁相似的，還不只是出身與成長環境。他雖然才剛滿二十歲，帶兵打仗的風格與父親也頗為相似。

據說這名年輕人與父親不一樣，是個表裡如一的人。不知道是否因為如此，一到戰場上便顯得威武不凡。庫里斯普斯不僅擅長快攻，還懂得運用戰略，有效率地推展戰況。光從在戰場上的才華來看的話，說不定還比他的父親高明。法蘭克族與亞列門諾族一遭受庫里斯普斯攻打，馬上就兵敗如山倒。

只不過，五賢君時代的皇帝，尤其哈德良皇帝會堅持以強化「防線」來遏止異族入侵，自然有他們的道理。這是因為一旦讓異族進入國內，要趕出去就不是那麼容易的事情了。

因為這些異族並不像羅馬軍那樣地集體行動。他們在成功突破防線入侵之後，會為了獲得更多獵物而四散活動。如果面對有統率的軍隊，那麼只要擊破其集團也就達成目的了。面對北方異族時，這個作戰方式卻不管用。唯一的辦法，就是徹底搜尋分散各地的異族小集團，一個個地將其攻破。而在完成各個擊破的任務之後，又輪到羅馬軍渡過萊茵河攻進對方的根據地。為了讓異族刻骨銘心地記得入侵羅馬會有什麼下場，有時還必須做些殘酷野蠻的行為。而在羅馬的政策中，如果有任何部族對羅馬帝國表示恭順，願意提供兵力建構友好關係的話，羅馬方面也會欣然接受。這也就難怪庫里斯普斯要恢復高盧地區的和平，將堅持敵對的異族趕入萊茵河東岸遠處，需要五年的光陰。不過在這段期間內，沒有發生過需要父親君士坦丁支援的情況。

這名年輕武將的初次上陣，可說是完全成功了。

多虧庫里斯普斯的奮戰，君士坦丁也能將注意力集中在多瑙河地區。至於這條戰線的作戰究竟何時正式起始，並未有明確的資料流傳下來。這條戰線上的敵軍，是北方異族中最為龐大、剽悍的哥德族。不過也正因為如此，哥德族與其他部族不同，有集團行動的傾向。說不定哥德族與君士坦丁率領的羅馬軍作戰時，會是採用兩軍於平原布陣會戰的方式。

雖然說開戰的年份不詳，不過結束戰爭的年份卻留下了記錄。據說直到西元三二二年夏季為止，君士坦丁及其麾下的部隊在多瑙河南岸的迎擊戰中占據優勢。而到了十一月時，雖然已經來到不利於戰鬥的季節，他們還是著手準備進攻多瑙河北岸。

作戰的準備工作，在於讓兩百多年前由圖拉真皇帝架設於多瑙河上，長達一公里以上的石橋恢復功能。這座「圖拉真橋」的二十座橋墩為堅固的石造建築，但由橋墩支撐供應人馬車輛通行的橋面則是木造結構。在西元三世紀後半，羅馬帝國放棄達其亞行省時，木造部份已經拆除。由於羅馬帝國撤出由圖拉真皇帝征服並行省化的達其亞（今日的羅馬尼亞）地區，此一地段的多瑙河又恢復最前線的地位，軍方基於防衛需求，將河流上的橋梁拆除。

君士坦丁計畫攻打多瑙河以北，如果大軍無法渡河，戰略無法執行，因此有必要建造橋梁。西元三二二年的準備工作，就是徵集大量木材，投入眾多官兵，把「圖拉真橋」恢復成西元一〇三年剛竣工時的模樣。不過工程內容顯然會比兩百年前要來得粗糙隨便，畢竟這座橋只要能通行就好了。等到在對岸擊破哥德族，渡河回國之後，這座橋還是要當場放火燒掉的。

攻打多瑙河北岸的作戰最後成功地結束。哥德族被逼得向羅馬求和。君士坦丁以將四萬名哥德族男子編入羅馬軍中為條件，答應了這項和談。如此一來，到了西元三三二年，君士坦丁總算脫離了七年來糾纏不休的北方異族問題。而這也表示，對君士坦丁而言，從最後一個轉折點直衝上階梯頂端的機會也到來了。

西元三二四年時，利齊鈕斯五十九歲，君士坦丁四十九歲。年輕十歲的君士坦丁在向利齊鈕斯開戰時，再也不尋求名義或是設法找碴。這時他已經不隱瞞以皇位為籌碼，爭奪政治權力的事實。

利齊鈕斯當然也預料到這項局勢發展。正因為他預料到局勢會如此演變，因此在君士坦丁忙著對北方異族作戰時，編組了大軍等待開戰。

利齊鈕斯的陸上兵力，計有步兵十五萬，騎兵一萬五千名。海上兵力，則分別由埃及調來一百三十艘；塞浦路斯與敘利亞、巴勒斯坦各一百一十艘，總計三百五十艘的三層槳帆船。

相對地，君士坦丁陣營中步兵騎兵總計有十二萬人。數量雖然吃虧，但是這些官兵不久前才與北方異族作戰過。剛從戰場上退下來的官兵，會是最為堅強的戰力。除了這些陸上戰

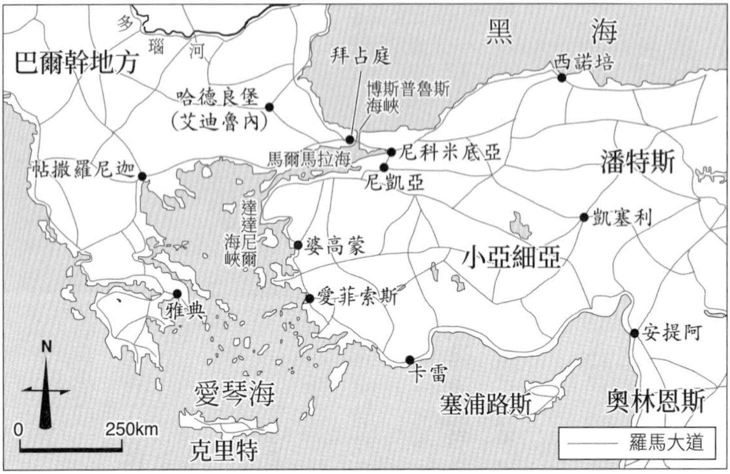

巴爾幹、小亞細亞及其周邊

力以外，還從義大利與希臘調來了兩百艘三層槳帆船。

攻防雙方都準備了軍用槳帆船，是因為利齊紐斯的勢力範圍在小亞細亞以東，而君士坦丁則在巴爾幹地區以西。雙方勢力的分界線，正好是分隔歐亞洲的博斯普魯斯海峽、馬爾馬拉海，以及通過達達尼爾海峽往南後可以見到的愛琴海。由於地勢因素影響，這場爭奪帝國霸權的戰鬥，成為一場陸海聯合的大型作戰。君士坦丁決定親自主導陸上戰鬥，海上總指揮則交給長子庫里斯普斯代理。

西元三二四年七月三日上午，雙方部隊在現代土耳其主要都市之一艾迪魯內附近碰面了。這個都市是由哈德良皇帝所興建，在古代稱作哈德良堡，艾迪魯內是這個名字轉成土耳其語拼音之後的稱呼。雖說屬於最東邊的色雷斯地帶，但這個都市還在歐洲境內。第一場戰鬥會發生在這個地方，代表這次是利齊鈕斯攻入了君士坦丁的勢力範圍內。只不過，不知為什麼，利齊鈕斯沒有讓部隊前往哈德良堡以西。這使得君士坦丁有時間在希臘的海港帖撒羅尼迦集結陸上與海上戰力。當部隊集結完畢，接受君士坦丁分派命令之後，陸軍取道東北，往哈德良堡行軍。海軍則從愛琴海北上，通過達達尼爾海峽前往馬爾馬拉海。

雖說敵我雙方在寬闊的平原上布好了陣形準備開打，雙方分別投入十六萬五千與十二萬大軍，不過布陣完畢不等於立即全面衝突。剛開始的幾天，雙方都只推出少數部隊觀察局勢。後來是君士坦丁領先對手一步，決定從刺探性交戰轉換成全面決戰。

君士坦丁在這次作戰中，同樣採取親自率領騎兵衝散敵軍陣形的粉碎作戰。雖然作戰時大腿中箭，依舊毫不退縮。官兵看到總司令親自在戰場的正中央衝鋒陷陣，士氣也因而更為激昂。

只不過君士坦丁雖然是個勇敢的武將，卻不是能在求取勝利的同時，將敵我損失減至最低的戰略好手。這天他雖然獲勝，但是戰鬥一直持續到太陽下山。利齊鈕斯方面陣亡人數為三萬四千人。君士坦丁陣營的損耗雖說少了許多，但是也無法立刻追擊敗逃的利齊鈕斯軍。在這種局面下還能獲勝，只因為利齊鈕斯的戰略實在太差。

在戰鬥前訂定的戰略戰術，應該是僅訂立幾項基本的行動綱領，其他細節則在戰場上視戰況推演臨機應變。如果預先將細節部份都規定好了，則部隊運用會受到束縛，無法應付在戰場上常常發生的意外演變。利齊鈕斯可能是因為沒有經歷副帝職位就直升正帝的緣故，對於戰場的體驗不夠深刻。這個人在登上正帝職位以後，也一再地設法迴避武力衝突。雖說在面臨決定命運的決戰前，利齊鈕斯也立下了細膩的戰略，但畢竟僅是紙上談兵。他率領的是多達十六萬五千名的大型部隊，而且他要求這麼樣大規模的部隊，必須依照每一項作戰要求行事。在容易陷入混戰的戰場上遇到這種規定，官兵們自然手足無措。一旦行動受到限制，戰士的直覺也就無從發揮作用了。這種情況下，數量上的優勢反而會造成不利。有許多官兵看到局面失利後，逃離戰場躲到附近的山中。後來他們沒有追隨利齊鈕斯返回拜占庭，而是選擇毫不抵抗地投降。利齊鈕斯這次又遭到部下捨棄了。

這座位於博斯普魯斯海峽出口的三角形城市，最初名叫拜占庭，後來改稱君士坦丁堡，現今則稱為伊斯坦堡。城市兩側臨海，一側為陸地，可說是天然的軍事要塞。利齊鈕斯躲進拜占庭之後，君士坦丁一開始似乎計畫從陸海兩方面夾擊進攻，不過後來實際展開戰鬥的地點還是在海上。因此，第二場戰鬥的主角是庫里斯普斯。

這場三百五十艘比兩百艘戰船的海戰結果，將決定拜占庭外圍兩面的海洋制海權落入何方陣營。利齊鈕斯麾下的三百五十艘戰船以亞洲方面的港口為基地，庫里斯普斯指揮的兩百艘戰船則以歐洲方面的港口為基地。雙方有如隔著海洋，一左一右地擺陣對峙。而且兩軍都在日出的同時離開基地，因此戰場就在兩個港口正中間的海上。

槳帆船作為戰船的歷史要比帆船來得久。這是因為帆船只能仰賴風吹動，而槳帆船除了帆以外，還配備效用有如馬達的槳，可以順著人類的意志移動。一般來說，在作戰時無論有風無風，戰船都會把帆降下，僅利用能依照人類意願行事的槳移動。此外，由於槳的效果有如今日的馬達，即使在無風的日子也能夠驅動船隻。若是遇上順風的環境，也能同時利用風帆與槳兩種動力，增加對敵艦的衝擊力。

在拜占庭南鄰的海上進行的第一場作戰，敵我雙方都沒有遇到順風。由於僅利用槳移動，因此局勢一直對數量占優勢的利齊鈕斯軍有利。不過雖然敵我雙方都損失慘重，第一場戰鬥並未打出一個結果。

在第二天上午展開作戰之前，庫里斯普斯似乎發現拜占庭附近海域的風有兩種方向。靠近歐洲方面的海域多半吹東南風，而一到靠近亞洲方面的海域，主要風向會是由博斯普魯斯海峽吹來的西北風。

庫里斯普斯命麾下的艦隊比前一天提早出港。如此一來可以將海戰的戰場推得更接近亞洲。而且一切正如同庫里斯普斯的計畫發展。當開始戰鬥時，庫里斯普斯的艦隊不僅順風滿帆，而且全力搖槳，衝擊力量比起在逆風之下只能仰賴搖槳移動的利齊鈕斯艦隊強烈。正面承受這股衝擊的敵艦一艘艘地沉沒，據說最終損耗超過一百三十艘。連同前一天的戰鬥損耗，不知利齊鈕斯方面損失了多少船艦，不過可以確定的是制海權完全落入了君士坦丁陣營。

對於兩面環海的拜占庭來說，失去制海權，也就等於補給通路遭到切斷。利齊鈕斯悄悄地離開孤立狀況下的拜占庭，渡過博斯普魯斯海峽逃往小亞細亞。不過這也沒爭取到多少時間，君士坦丁率領的陸軍隨即渡海進入亞洲。利齊鈕斯手上最後一張牌，是在亞洲地區進行陸戰，可是這場戰鬥又是由君士坦丁獲勝。

儘管局勢如此惡劣，利齊鈕斯還是順利逃入了尼科米底亞。尼科米底亞位於馬爾馬拉海的小亞細亞岸邊，是戴克里先皇帝長年視為首都的地方，也是利齊鈕斯八年來的根據地。利齊鈕斯逃入這座都市，準備爭取作戰時間。不過，君士坦丁已經決定要在這一場戰爭中結束所有問題。

利齊鈕斯的妻子，君士坦丁的同父異母妹妹君士坦堤亞這時又有所行動了。至於戰勝者與戰敗者在何處會談，目前不得而知。不過據說利齊鈕斯與妻子共同參見君士坦丁，並且脫下象徵皇帝的紫色披風跪地求饒。君士坦丁拉著利齊鈕斯的手扶他起身，提出之前已經與妹妹約定好的和平條件。從今以後，利齊鈕斯必須正式退位，進入私人的退休生活。這是饒利齊鈕斯一命的條件。此外，利齊鈕斯不得自行選擇退休地點。君士坦丁規定他必須在帖撒羅尼迦與妻子一同過著退休生活。這就是當年六十歲的利齊鈕斯之餘生。

只不過，這個餘生連一年都維持不了。第二年，突然有一群軍人闖入可以遙望愛琴海的帖撒羅尼迦隱居地。聲稱利齊鈕斯私下與哥德族聯絡，密謀反叛君士坦丁。利齊鈕斯就在未經審判的狀況下，讓人處了死刑，還在少年時期的兒子也一併遭到殺害。據說利齊鈕斯的妻子君士坦堤亞日後還能與兄長維持良好關係，但是在不久後便改信基督教了。由於傳說中君士坦丁的母親海倫娜也已經改信了基督教，君士坦堤亞成了皇室中第二個改宗的人。在發布「米蘭敕令」之後，男性皇室成員基於政治理由，還難以接納基督教，女子可就沒有這種問題了。至於改宗後的皇后在何處如何度日，後人已不得而知。

唯一最高權位者

在敘述羅馬史的史學家中，有很多人一寫到了君士坦丁時代就停止敘述。其理由是羅馬帝國已經名存實亡。

貫徹共和、帝政時期的許多羅馬「特質」，確實在君士坦丁治理之下，已經決定性地喪失。不過，這些特質早在西元三世紀時開始崩潰，而在戴克里先的改革之下陷入無法挽回的局面。君士坦丁的舉措，只是把羅馬風格的「特質」徹底葬送而已。如果從這個層面來說，繼續敘述羅馬史的確也沒有什麼意義了。

只不過，在羅馬社會漸漸失去羅馬風格的時代裡，羅馬人之中還是有許多崇尚羅馬「特質」

的人存在。而且筆者所寫的，並非羅馬的歷史，而是羅馬人的歷史。只要這種羅馬人還存在，筆者就有理由繼續寫下去。

此外，在君士坦丁時代裡，基督教還是少數勢力。其他大多數的國民，若要分類的話，依舊是重視羅馬傳統的人。正因為這種人還占大多數，君士坦丁才有必要巧妙又堅決地使得這些人非羅馬化。

君士坦丁是個知道需求不僅會自然產生，也是能夠藉由人工喚起的「戰略家」。而戰略家一詞，起源於希臘文中的"Strategos"。

西元三二四年是君士坦丁歷經十八年爭權奪勢之後存活，開啟十三年專制統治時代的第一年。若是從西元二八四年戴克里先即位那年起算，那麼帝國歷經四十年之後，又回到由單一皇帝統治的時代了。

君士坦丁獲得最高權力之後想要實現什麼理想呢？

那就是一個由新首都、新政體、新宗教所建構的新羅馬帝國。這已經是一種革命行為了，而他的革命方式，可以分成下列三種：

第一，在既有的事物中，能夠利用的事物或體系就保留原樣直接利用。

第二，遇到對君士坦丁而言不方便的事物或系統，則改造成君士坦丁構想中的事物或體系繼續利用。

第三，遇到不方便利用又無法改造的，則另創新的事物或體系。不過在這種狀況下，既有的事物或體系不會遭到破壞，而是與「新生」體系並存。等待「既有」事物的人才或能量讓「新生」體系吸收殆盡後自然枯竭。

以下要敘述的君士坦丁施政中，有許多實在難以依照年代順序敘述。因為這些施政絕大多數是並行推動的。不過在細細推敲其中內情之後，相信各位讀者可以發現：這些施政都分別屬於上述三種革命策略的某一類。

建設新首都

我們不得而知，君士坦丁為什麼要挑選無論希臘史、羅馬史上，都從未成為重要都市的拜占庭（希臘文稱為拜占堤歐）作為帝國的首都。由於君士坦丁本人沒有留下任何言論，同一時代的人物也未曾留下記錄，只好由後世的羅馬史專家推測。後人最容易推測的方向，就是地理條件。

拜占庭是個易守難攻的天險之地。三角形的其中一邊面對馬爾馬拉海，另一邊面對後世稱為金角灣的海灣，最後一邊則銜接陸地。在那個時代不用擔心空中攻擊，兩面瀕臨難以發起大軍攻擊的海洋，是個很大的優點。金角灣受到從博斯普魯斯海峽南下的潮流守護，只要用鐵鍊連到對岸封鎖港灣，受敵艦襲擊的風險也就十分低了。在這個地形上，只要把主力用於守衛靠陸地的那一面即可。

防衛再怎麼堅固，如果讓人圍困得水泄不通，那也就沒戲唱了。不過拜占庭可不是突入孤海中的半島。拜占庭與小亞細亞的距離夠近，足以趁夜摸黑以小船來回，不大容易讓人切斷補給，形成甕中捉鱉的局勢。

而當脫離以防衛為最優先的戰時，回到平時局勢之後，又能完全活用海港都市的優勢。拜占庭北通黑海沿岸一帶；西往色雷斯地區；東有小亞細亞；向南可以渡過愛琴海諸島直達埃及。若能將周邊海陸地區納入掌中，這裡可以形成四面八方海陸物產與通商貿易的一大集散地。

不過，如果拜占庭的優點只有這些的話，是無法解釋為何君士坦丁到如今才看上這麼一座以往沒成為重要都市的地方。想必除了地理條件以外，拜占庭還有讓君士坦丁覺得重要的優點存在。

這項優點，只怕是因為羅馬帝國原是拉丁文與希臘文並行的雙語帝國，而拜占庭屬於希臘語系地區之中。首都羅馬理所當然地，是拉丁語系的中心地。《新約聖經》會普及於世，也是在翻譯成希臘文之後。而基督教徒，也大多身在羅馬帝國東方的希臘語系地區。十二使徒時代的神職人員都是猶太人，如今希臘人已經占大多數。而且拜占庭又不像敘利亞的安提阿那樣完全屬於東方，而是位於古代人心目中的歐亞洲分界上。從君士坦丁的觀點來看，這個地方正是最適於新生羅馬帝國首都的都市。

不過，當君士坦丁把首都定於拜占庭之後，也多了一項讓他煩惱，有時甚至要發發牢騷的問題。那就是帝國的中樞機構，開始由喜好議論的希臘人掌控。如果說羅馬人是「多做少說」的話，希臘人就是「先說再做」的民族了。

君士坦丁看上拜占庭的另一項原因，恐怕就是因為這個城鎮以往不是羅馬世界中的重要都市。帝國的每一個重要都市，其都市結構都極力模仿羅馬，讓人覺得簡直是迷你版本的羅馬市。好比說內部設置有名叫"forum"的公共大型廣場、圓形競技場、競技場、半圓形劇場、大型浴場等設備。由於羅馬人是多神教民族，會奉獻神殿給每一尊神明。在城裡隨意放眼看去，映入眼中的神殿馬上會多得手指都不夠數。由於當時非基督教徒還是占多數，如果斗膽拆除神殿改建教堂的話，立刻會引發強烈的反彈及抵抗。按照君士坦丁的個性，他在言行舉止上會盡可能避免刺激意見與自己相左的派系。從他的眼光看來，拜占庭只是一個小型地方都市，神殿數量少到即使拆除也不容易引發反彈，想必是個上好的首都地點。

一個幾乎沒有傳統建築可言的地方，正適合用來重新建設。而且這個想法還能夠適用到神殿以外的其他公共建築物。換句話說，拜占庭實質上等於一大片空地，君士坦丁可以按照自己的意願，把拜占庭建設成理想中的首都。畢竟羅馬市的傳統諸神存在感太強烈。君士坦丁到了在位晚期，也曾經在「異教」的聖地羅馬市建設教堂，不過這些教堂，都位於首都中心的周邊。這是因為「異教」的神殿多集中在首都中心地區。而在這個時代，拆除神殿還是個不符合政治現實的作法。

據說新首都君士坦丁堡的建設工程，起始於西元三二四年。如果這項記載屬實，那麼開工時期與擊倒最後一個對手利齊鈕斯的時期相近。建設新首都的計畫，恐怕老早就在君士坦丁腦海中成形。而且君士坦丁嚴命部下，新首都的工程，必須兼程趕工。新首都落成慶祝儀式是在西元三三〇年五月十一日舉辦，亦即建設一個新的首都，竟然只花了六年的時間。

為了建設新首都，君士坦丁從帝國各地徵調了建築師、建築工、雕刻匠等必需人員。不過，他並未採取強制徵召的方式，而是利用提供工作、收入，以及足以全家居住的房舍為條件邀集來的。一個新都市的存續與否，就看當地能夠吸引多少具工作能力的人定居。也因為局勢如此，和公共建設日益衰減的帝國其他地區相反，新首都及其周邊引發了一場小型建築熱潮。只因為君士坦丁必須建設出一座不輸給首都羅馬的新都市。永遠的首都羅馬，是建國千年以來，由居民一點一滴建設而來，幾年趕工其實不可能追上長年的成果。拜占庭之所以能建設出一個及格的模樣，是因為有專制君主的強制意志，以及投入無上限的施工資金。

目前現存的一份記錄，記載著新首都之中有哪些建築物。這份記錄的內容，是首都竣工百年後，西元五世紀初期的模樣，不能拿來當成君士坦丁時代的成果。不過，由此可以推論出下列觀點：

首先，君士坦丁將這座新首都命名為「君士坦丁堡」（Constantinopolis），意為君士坦丁的首都。從這點可以得知，羅馬是羅馬人的首都，而君士坦丁堡（英文為Constantinople）則為君士坦丁皇帝個人的首都。

在羅馬，皇帝公私兩用的住處占滿了整座帕拉提諾丘。原本在共和時期，當地是高級住宅區。是進入帝政時期之後，由皇家花費百年光陰陸續併購改建，才形成日後的模樣。而新首都君士坦丁堡的第一座建築物就是皇宮。皇宮位於距離陸地方面城牆最遠的地區，也是因為面海的一帶最為安全。實際上，當這座都市於西元一四五三年落入伊斯蘭勢力手中之後，這一帶又讓人轉用成土耳其的速檀王宮。雖說這座首都建設於羅馬國力日益衰微的西元四世紀，不過依舊按照重視基礎建設的羅馬風格，連上下水道與市內道路都整頓得好好的。現代可以追溯的君士坦丁堡市內略圖，同樣出自西元五世紀，據說君士坦丁建設時的首都，只有五世紀時的一半規模。

儘管如此，新首都還是與羅馬同樣地，將市區內劃分成十四個行政區。內部設有元老院，也有“forum”形式的迴廊廣場。更有通稱為thermae的公共浴場。也當然地，設有買賣日常用品的大型市場。

羅馬有，而君士坦丁堡內沒有建設的公共建築物，首推神殿。其次則是Colosseum形式的圓形競技場、長方形競技場，再者只怕就是半圓形劇場了。

神殿不存在的原因，在於每一座神殿，是個別獻給多神教諸神的建築物。「米蘭敕令」雖然讓所有宗教站上同等的立場，然而這只是為了避免急遽變化，而試圖先製造一段灰色地帶的策略。君士坦丁當時真正的意圖還是在於提振基督教的地位。就算他允許包括羅馬在內的各大都市神殿維持原樣，但由他個人所興建，冠有他個人名號的新首都當然不能建有獻給希臘、羅馬、敘利亞、埃及諸神的神殿。一神教最大的特質，就在於不認同其他神明存在。

包括羅馬在內，帝國內部的重要都市必定會建設圓形競技場、競技場與半圓形劇場。君士坦丁堡沒有這些設備，並非君士坦丁本人厭惡鬥劍士決鬥、體育競賽，以及音樂戲劇等活動。這些活動固然是大眾喜好的娛樂，但同時也是獻給諸神，與諸神同樂的娛樂活動。因此上述活動，與多神教，尤其與希臘羅馬諸神的關聯性太強。好比說古代的奧林匹亞運動會，就是獻給天神宙斯的比賽。

君士坦丁堡雖然沒有建設羅馬擁有的戰車賽場"circus"、田徑比賽用的"stadium"，不過建有結構與"circus"相同的"hippodromus"。這座建築物不以拉丁文命名，而採用希臘文中意為賽馬場的名詞命名。不知道是真的只用來賽馬，或者還兼做羅馬時期首要競賽雙頭、四頭馬車賽道，只是因為位處希臘語系地區，所以採用希臘文名稱。這一類的競賽，包括在古代奧林匹亞運動會的比賽項目中，因此也是一種獻給多神教神明的活動。可能是因為具有娛樂功能，所

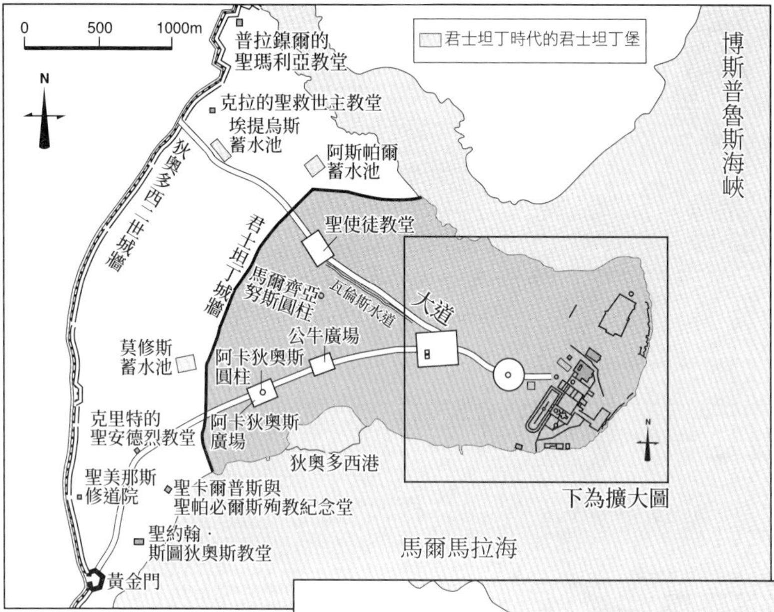
0
500
1000m
N
君士坦丁時代的君士坦丁堡
博斯普魯斯海峽
普拉鎳爾的
聖瑪利亞教堂
克拉的聖救世主教堂
埃提烏斯
蓄水池
阿斯帕爾
蓄水池
狄奧多西二世城牆
君士坦丁城牆
聖使徒教堂
馬爾齊亞
努斯圓柱
瓦倫斯水道
大道
公牛廣場
莫修斯
蓄水池
阿卡狄奧斯
圓柱
阿卡狄奧斯
廣場
克里特的
聖安德烈教堂
狄奧多西港
聖美那斯
修道院
聖卡爾普斯與
聖帕必爾斯殉教紀念堂
聖約翰·
斯圖狄奧斯教堂
黃金門
馬爾馬拉海
下為擴大圖

帝政末期的君士坦丁堡

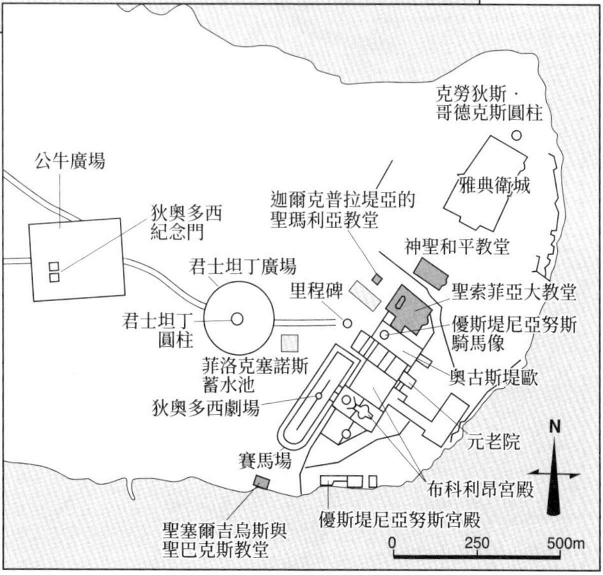
克勞狄斯·
哥德克斯圓柱
公牛廣場
雅典衛城
迦爾克普拉堤亞的
聖瑪利亞教堂
狄奧多西
紀念門
神聖和平教堂
君士坦丁廣場
里程碑
聖索菲亞大教堂
君士坦丁
圓柱
優斯堤尼亞努斯
騎馬像
菲洛克塞諾斯
蓄水池
奧古斯堤歐
狄奧多西劇場
元老院
賽馬場
布科利昂宮殿
優斯堤尼亞努斯宮殿
聖塞爾吉烏斯與
聖巴克斯教堂
N
0
250
500m

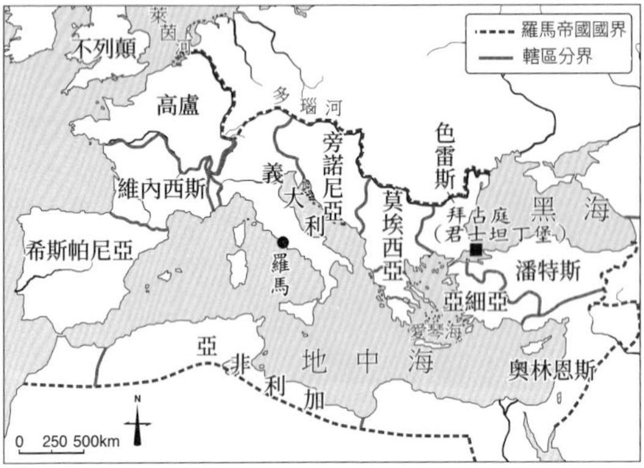
羅馬帝國國界
轄區分界
萊茵河
不列顛
高盧
多瑙河
旁諾尼亞
色雷斯
維內西斯
義大利
莫埃西亞
拜占庭（君士坦丁堡）
黑海
希斯帕尼亞
羅馬
潘特斯
亞細亞
愛琴海
亞非利加
地中海
奧林恩斯
0 250 500km

帝政末期的羅馬

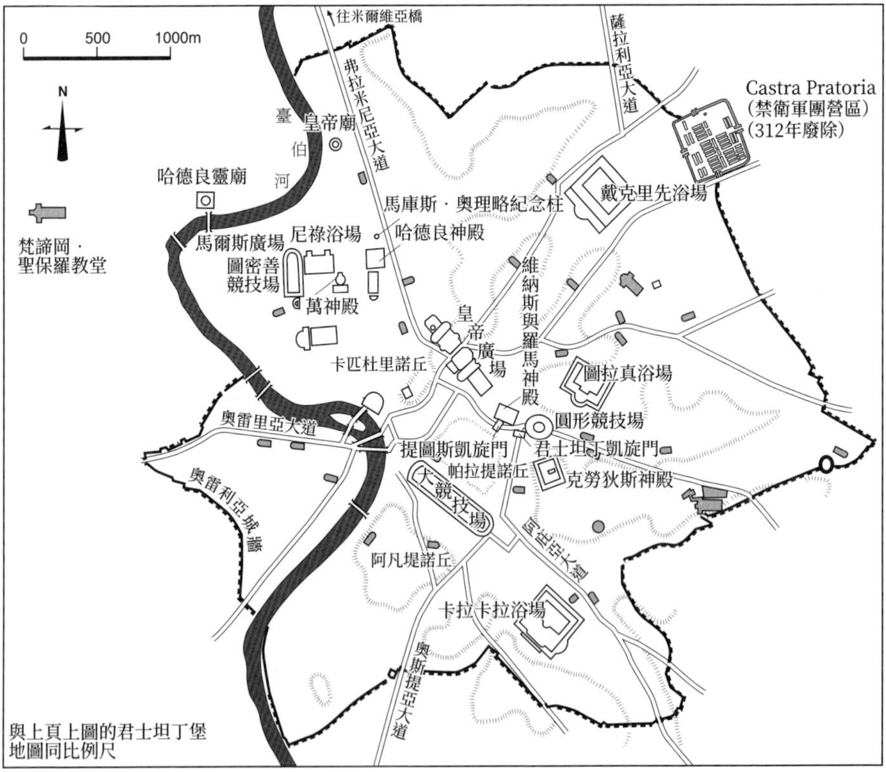
0 500 1000m
N
往米爾維亞橋
弗拉米尼亞大道
薩拉利亞大道
Castra Pratoria
(禁衛軍團營區)
(312年廢除)
臺伯河
皇帝廟
哈德良靈廟
戴克里先浴場
馬庫斯．奧理略紀念柱
梵諦岡．
聖保羅教堂
馬爾斯廣場
尼祿浴場
哈德良神殿
圖密善
競技場
萬神殿
維納斯與羅馬神殿
皇帝廣場
卡匹杜里諾丘
圖拉真浴場
奧雷里亞大道
圓形競技場
提圖斯凱旋門
君士坦丁凱旋門
帕拉提諾丘
克勞狄斯神殿
奧雷利亞城牆
大競技場
阿凡堤諾丘
卡拉卡拉浴場
奧斯提亞大道
與上頁上圖的君士坦丁堡
地圖同比例尺

以不予計較吧。在這座正急速成形的新首都中，到處可以看到這種得過且過不予計較的現象。

在搭建好公共建築的外殼之後，總還需要一點裝飾品。羅馬人最喜好的建築裝飾，就是在兩側立有圓柱，中間立著雕像。由於首都是緊急趕工建立起來的，沒有時間去雕塑數量這樣龐大的雕像。於是君士坦丁皇帝一聲令下，官員開始在羅馬境內各地徵集現有的雕像。而在徵集來的雕像中，大多來自對這種徵調行為反感較輕的東方地區。話說回來，這些由神殿、公會堂與廣場上徵集來的雕像中，並不包括共和時期、帝政時期的執政官、皇帝與武將雕像。既然新生的羅馬帝國要以基督教為支柱，這些人物的雕像也就沒有必要存在了。

這樣一來，能夠利用的也只剩下諸神與傳說中的英雄人物裸體、半裸體雕像。如今這些雕像也已經不再是信仰或崇拜的對象，只是建築物的裝飾品而已。這些雕像至今依舊讓人視為美術品，君士坦丁可說是開創這種觀念的人物。不同的地方在於，現代人連基督教的信仰對象都當成美術品看待。

君士坦丁的這項舉措，可能具有另外一項效用，就是讓眾人對於教堂取代神殿出現的時代變化感到遲鈍。畢竟在新的首都中，除了與建設工程相關的技師與工人以外，還要有發揮首都功能必需的其他職業人士定居。想必乍看之下，新首都君士坦丁堡與舊首都羅馬應該很神似。就連君士坦丁皇帝本人都聲稱這是「新羅馬」。新首都之中也有元老院存在，只不過性質與羅馬元老院完全不同。

領導階層的變貌

「元老院」(senatus)和羅馬大道相似的地方在於，其原型出自於其他民族，而在發展過程中逐漸演變成羅馬特有的事物。比方說波斯帝國境內早就有一道石板鋪面的大道，是羅馬人將大道網路化，轉變為帝國與各處溝通互動的動脈。斯巴達與猶太也有長老會議，只不過羅馬元老院日後發展的方向不同。

王政時期的羅馬，還是諸多部族聯合共組的勢力。當時的政府聚集了多達三百人的部族領袖，設置了對國君提議或忠告的機構，這就是羅馬「元老院」的起源。因此，羅馬元老院的歷史，是從羅馬建國的西元前七五三年起算。

到了西元前五〇九年轉換成共和政體時，元老院的角色也就完全不同了。帶頭廢除王政的是元老院的有力議員，因此在新的共和政體下，元老院勢必會擔任主角。

這時元老院已經不是聚集部族代表組成的長老機構，而轉換成有如近代國會的組織。不同的是，這個組織並非由選舉產生的人選組成。而是出於權貴之後或者仕紳家族，只要年滿三十歲，無論身為平民或貴族，都能取得元老院的席位。以保衛平民權益為職務的護民官，在結束任期之後，也會獲得元老院席位。這是因為羅馬不希望國家走上雅典那種平民與貴族兩大政黨對立的體系。因此將吸收反對派系，維持政局穩定列為優先政策。如此發展之下，羅馬元老院又多了一項儲備人才機構的意義。在共和時期，無論軍政民政，國家要職都是由公民大會選舉產生，而候選人全都是元老院議員。這種情況，有些類似現代以國會議員組成政府的政體。

除了上述功能以外，元老院還具有立法機構的功能。法案提出之後，要經過元老院表決通過，才能夠成為國法。

另外，元老院議員是無給職。因為當時社會認為，天生享有資產與才華的人，有義務為「共同體」奉獻心力，因此無償為國家擔任要職的工作，就被統稱為「榮譽職涯」。羅馬與迦太基展開布尼克戰役，與古代首屈一指的名將漢尼拔敵對還能獲勝，就是因為當時一般士兵只需輪班服役一年，而這些條件優渥的人卻一直堅持在前線，這些人大多數沒有機會活著看到羅馬獲勝。司令官階層的折損率與士兵階層的折損率，差異大得甚至讓後人驚訝。最重要的是，元老院把這個現象視為當然。共和時期的羅馬在任何方面，無論政治、軍事，甚至倫理上的問題，都是由菁英齊聚的「元老院」主導。

不過，任何組織都難免僵化變質。羅馬在布尼克戰役獲勝後，走上地中海世界霸主的道路。這時元老院的既得權階層特質也開始強化。想必布尼克戰役獲勝的成功經驗，也產生了一些負面效果。而且在這個時代，擁有投票權的羅馬公民人數開始遽增，每年於首都聚會一次，選舉國家要職人員的共和政治基礎開始顯得功能不全。畢竟選舉制度，要受到羅馬公民選民階層的規模影響。

此外，在統治能力方面，六百人（不久前擴編為六百人）合議統治的體系，也開始不適於治理日益廣大的領土。元老院主導的體制雖然適於統治義大利半島，卻不適合統治領土擴及整個地中海周圍的羅馬。

局勢發展至此，羅馬人決意南渡「盧比孔河」，從共和政體轉換至帝政。亦即從元老院主導的時代，轉型至皇帝主導的時代。

只不過，羅馬承襲了「共同體」的觀念，轉型成帝政並不代表國家成為皇帝的私人物品。羅馬依舊是個以公民和元老院為主權者的「國家」，是主權者委託皇帝代為行使治理權而已。由開國皇帝奧古斯都創設，貫徹西元一、二、三世紀的羅馬帝國政體史稱「元首政治」(principatus)。因為這個政體之下，是由羅馬公民權所有人，亦即主權者中的「第一公民」(princeps)負統治的最高責任。第一公民會被稱為「皇帝」，是因為兼任軍方最高司令官。

政體轉換成由元首或皇帝立於統治體系頂端之後，寡頭政體下具有少數領導體系特色的元老院也就必須跟著改變角色。從某一層意義上來說，是變回了王政時期那種對統治的最高負責人建議忠告的機構。

不過，元老院在長達五百年的共和時期中發展出來的特質，並沒有因為轉移為帝政體制就立即全面廢止。如果在政體由元老院主導，轉換成皇帝主導時，把「元老院」夷為平地，也就等於在否定整套羅馬史。當初朱利斯·凱撒南渡盧比孔河，攻擊元老院主導體系時，反對的是「主導」而非「元老院」本身。如果一項事務沒有變更的必要，羅馬人是不會去更動的。從這個層面來說，羅馬人可說是個保守的民族。

進入帝政時期之後，元老院的功能如下：

第一，為國家培育、儲備足以擔任國家要職的人才。

第二，立法機構的功能。皇帝雖然能夠自由制定法律，但僅是臨時措施法。如果要讓法令成為既定國策，還需要讓元老院表決通過。因此，由元老院通過的法律，亦即國策，是以“senatus consultum”的名義頒布。這個名詞直譯的話就是「元老院勸告」。元老院還握有貨幣鑄造權，在市場上流通最廣的塞斯泰契斯銅幣背面刻有SC兩個字母，也就是“senatus consultum”的縮寫。

皇帝治理帝國，需要有能的人手從旁協助，因此大為利用具有人才培育儲備機構功能的元老院。這並不表示皇帝在選派行省總督、軍團長以及救災委員會主委時，僅止於利用出身元老院世家，三十歲就能獲得席位的議員。在羅馬社會中，因出身社會底層，因此進入講求實力的軍團，在其中出人頭地後獲得皇帝推薦，得以進入元老院體驗政治經驗，又回到前線勤務的軍人比比皆是。這些苦熬出頭的人在歷經元老院議員工作後，回到前線勤務之後，當然軍中地位也會隨之提升。

羅馬帝國的領導階層如此在文武官職間來回調動，換句話說是在培育「全能選手」。而元老院也是最適合培育人員的「場所」。由於有這樣的運用目的存在，使得帝政時期的元老院存在理由更為確實。

當然，元老院與皇帝間的關係也時常惡化。不過這並非元老院反對帝政體系，而是代表元老院肩負帝政監督機構的功能。就連向來仰慕共和政治的史學家塔西圖斯也表示，要治理廣大的帝國，還是帝政體系較為合適。元老院院內的演講和討論內容，向來以"patres conscripti"這句話做開頭，同時也象徵了元老院的存在意義。"patres"意為建國父老，稱呼出身元老院世家的議員。而"conscripti"則是剛取得元老院席位的人士，羅馬社會將這種人稱為"Homo novicius"，亦即「新入門」。元老院經常藉由吸收新議員的方式導入新血輪。其目的自然是為了維持組織穩定與避免僵化，達成互相矛盾的兩項任務。

歷經共和時期，存續到「元首政治」時期的元老院失去功能的第一步，在於西元二六〇年代迦利艾努斯皇帝制定法律，禁止元老院議員外調轉任軍團司令官。

當時羅馬發生現任皇帝淪為波斯俘虜的空前國難，帝國隨即陷入一分為三的局面。迦利艾努斯皇帝為了應付局面忙得焦頭爛額，也難怪他會認為軍事專家要比起全能領袖來得重要。這道法律只禁止外調司令官階層，並未全面禁止轉服軍職。可是實際上，元老院議員外調軍職時的職缺，往往限於帝國國界附近，在具有重要軍事地位的邊界行省擔任總督兼軍團司令。因此迦利艾努斯的法律，實際上剝奪了文官菁英累積軍事經驗的機會。

同時，軍團中苦熬出身的人員，從此也失去了進入元老院累積政務經驗的機會。在前途茫然的西元三世紀中，上臺又下臺的軍人皇帝之所以在位時期不長，原因只怕也就出在他們雖是軍事專才，但完全不懂得政務。如果沒有培育的機會，「全能選手」當然也就無從培養起。

比迦利艾努斯皇帝的法律更徹底的，就是戴克里先的國政改革。在軍職與政務職業生涯完全分離的政策下，元老院議員就此完全與國政頭號要務國防安全搭不上線。當然，也就再也看不到一路從軍中發展起家的人員進入元老院。

另外，元老院的立法機構功能，也已經幾乎消失殆盡。皇帝的想法不經由元老院表決形成國策，而是以敕令的型態直接當成國策。拉丁文原文雖然沒有變動，然而在元首政治時代必須翻譯為「臨時措施法」的政令，如今卻是譯為「敕令」兩字較來得恰當。而且既然皇帝能夠一個人決定國法，當皇帝覺得不適當時也就能自由地廢除法律。從法治國家的觀點來看，羅馬也的確逐漸走向中世紀化，亦即漸漸地非法治國家化。

在戴克里先皇帝的改革事項中，只要方便統治的，君士坦丁也都保留了下來，其中包括了元老院政策。就好像建設新首都君士坦丁堡之後，羅馬依舊身居首都地位一樣地，君士坦丁在新首都任命元老院議員，也為他們修築了名叫"Curia"的元老院，不過沒有拆除羅馬的Curia。

這是因為君士坦丁沒有必要使出類似的強烈手段。只要剝奪權力之後，元老院的功能，以及伴隨功能而生的自豪也就會自然消滅。這時的羅馬元老院，只剩下在四頭馬車賽場丟白手帕宣布起跑的功能，自然可以擺著不管。

此外，新首都君士坦丁堡的元老院雖然也叫做「元老院」，內情卻完全不同。這只是由君士坦丁皇帝任命，不具有實權的榮譽職而已。而這座新元老院的內情，也是最能象徵後期羅馬帝國的實例。因為不僅在共和時期，就連在帝政時期，羅馬元老院同樣能依照羅馬人的理念建構並發揮功能，幾乎可說等於羅馬的國家本身。專門研究羅馬史的人員認為，由戴克里先起始，至君士坦丁底定之後的羅馬帝國，已經不再是羅馬的理由也就在此。

軍方變貌

國防安全體系，也是另外一項「再也不是羅馬」的例子。

早在北方異族侵略日益激烈的西元三世紀時，羅馬軍方為了對抗以騎馬戰力為主的異族，不得不將軍中主力由傳統的重裝步兵改為騎兵。這是因為雖然羅馬軍團兵在平原布陣展開會戰時具有絕對優勢，可是與難以預料何時、何處入侵的異族比較之下，機動力要差上許多。步兵一天的移動距離約為三十公里，而騎兵的腳程卻有三到五倍。

如上所述，為了因應時代需求，羅馬軍中的騎兵重要程度與日俱增。可是直到戴克里先時代為止，羅馬人只要一聽到「防線」(limes)一詞馬上就能理解這代表國界上的防衛力量，也並未輕視這股傳統武力。雖說在羅馬軍中，皇帝直屬的游擊軍團重要程度日益攀升，保衛「防線」的各個基地依舊能維持其功能，戴克里先皇帝也熱心於整頓修復基地間的軍用道路。

國界的軍事力量與皇帝直屬軍事力量的比例，要到了君士坦丁任內才完全逆轉。

這時總稱為"limes"的國界勤務士兵，已經完全淪為農民在農閒時期兼職的工作。在哈德良皇帝的時代，也有名叫"numerus"的兼職傭兵存在。不過這些傭兵的任務，只是在防線外的碉堡要塞中駐防監視敵軍動態，並非衝鋒陷陣的戰鬥人員。當時的戰鬥人員，主力依舊是羅馬軍團兵。而且除了軍團兵以外，還有以協同作戰為務的輔助兵。所以羅馬軍中的"numerus"，也是農閒時期中，基地附近的農民賺外快的好機會。哈德良皇帝將這項習慣系統化，也是為了穩定周邊農民的生活。因為國防安全不能只以軍事力量成立。

從這個角度來看，在君士坦丁登基之後，國界警備部隊的兼職化，也就顯示出羅馬帝國的國防體制有大幅變動。身為羅馬帝國國防最高負責人的皇帝，已經放棄了由元首政治時期歷任皇帝建立，在帝國國界上阻止外敵入侵的國防體系。換句話說，新的國防觀念，是等到國界遭人突破之後，才由皇帝率領部隊前來擊倒入侵的敵軍。

在這個時代，基於君士坦丁本人的軍事能力，以及成功組織的皇家直屬部隊戰鬥能力，這種觀念下的帝國國防大概能獲得令人滿意的成果吧。然而就連具備軍事才能的君士坦丁登基之後，擊破敵軍的時機，也要等到國界遭人突破，以農民為主的境內居民受到重創以後。

一旦肩負國界防衛任務的人，大多兼營農耕與兵役，那麼第一個會出現的現象就是士兵的高齡化。實際上，到了這個時代以後，關於二十年役滿退伍的記載也完全消失了。由開國皇帝奧古斯都創設，在古代史無前例的退休俸制度也無人記載，看樣子是同時讓人取消了。人員高齡化加上酬勞不理想，自然會造成品質惡化。與國界的駐軍相較，有如游擊部隊的皇帝直屬部隊待遇就顯得優渥，成員也都屬於青壯年。有一派說法認為，可能是政府在年滿四十五歲的退除役官兵離開直屬部隊時，適用當時對直屬部隊還有效力的退伍戰士授田制度，讓他們轉型成半農半軍的國界兵。不管怎麼說，這些兼營農耕與軍務的男子，就是過去讓人視為帝國國防骨幹，將死守「防線」視為對「共同體」之職責，充滿榮譽感的軍團兵在西元四世紀時的落魄模樣。雖然說帝國要到百年之後，才遭到異族入侵滅亡。可是象徵於國界盡早擊退敵軍之國防體系的「防線」，早在這個時候就已經實質棄守。從這時期以後，元首政治時期羅馬人心目中的"limes"也就消失了。

對國防的觀念，和對於身為居民共同體的國家之觀念，會是同一件事情。因為國防是個人能力不及，由國家代為負責的頭一件事項。即使進入了帝政時期，羅馬人依舊喜好意為共同體的"res publica"概念。意為整個帝國是一個大房子，住在帝國內的每個人全都是羅馬帝國這個大「家庭」(familia) 的一員。筆者將這個名詞譯為命運共同體，不過在羅馬人所說的拉丁文中沒有這個名詞。他們只是很單純地稱呼 "familia"。

放棄「防線」等於從外側保護房屋的木柵圍籬不存在。也就是說，從君士坦丁眼中來看，翻越圍籬侵入家中的敵人，雖然沒有時效上的保證，但會由房屋中央高聳且警備森嚴的塔樓裡派出官兵前往驅逐。在這段期間內產生的犧牲，已經不再列入估計了。

如此一來，"res publica" 的理念也就無從存在了。原本是一個大家庭的羅馬帝國，亦即在這個層面上屬於公共財產的羅馬帝國，讓皇帝化為私人物品了。如今保衛的對象已經不再是帝國居民，而是掌握帝國的皇帝。從這個角度來說，中世紀也是由君士坦丁開創的。

在羅馬帝國後期，不但軍事人員專業化，連行政人員也跟著專業化。換句話說，羅馬成了一個遍地官僚的國家。在專制君主政體下，協助治國的人，只要是皇帝的手足就可以了。在帝國後期，教授法律的私塾數量開始增加，學生不是要學習法律當律師，而是因為對中央公務員來說，有法律知識對於日後升遷比較有利。在皇帝敕令等於國法的時代裡，以往用於舉行各種審判的公會堂，如今頂多作為商業談判的場地罷了。

在戴克里先推動的改革當中，君士坦丁可能承襲了行政與稅制改革的絕大部份。因為新的行政改革適於絕對君主政體，而稅制概念也從國家只著手稅賦能夠承擔的建設，改為隨國家需求恣意課徵。對於專制君主君士坦丁來說，正是再好不過了。

不過，從這個時期以後的稅制詳情，後人已經完全不得而知。可能是因為稅賦沒有像元首政治時期一樣維持固定稅率，國家隨需求金額課稅，稅率本身也隨之一再變動的緣故。在現存的記錄中偶爾可見到不針對全國，僅記載某一地區的文件。然而其稅率之高往往讓人難以置信，懷疑是否眼花沒看清楚。只不過，由於帝國後期的稅制研究幾乎沒有成果可言，這些資料的真偽也難以判斷。唯一能夠確認的是，元首政治時代的稅金絕對比較低廉。

在貨幣政策上，君士坦丁可就完全與戴克里先分道揚鑣了。在當時，銀幣的價值正在無限度地向下探底，政府必須拿出一套根本的改革方案。在這個方面上來說，君士坦丁可說是發起了強勢的革命。以現代的方式來形容的話，就是從銀本位制換成了金本位制。

貧富差距

自從開國皇帝奧古斯都建制之後，羅馬的貨幣三百多年來一直維持銀本位制。這是一種以狄納利斯銀幣為基準貨幣的制度。帝國內的所有物產或服務，都以「狄納利斯銀幣」或「塞斯泰契斯銅幣」標價，就足以證明這一點。

奧雷斯金幣並非流通市場的貨幣。由於金幣以純金打造，地位反而接近現代的金條。而奧古斯都確立帝國的貨幣制度時，也將貨幣匯率固定成一奧雷斯金幣＝二十五狄納利斯銀幣＝一〇〇塞斯泰契斯銅幣＝四〇〇亞西小銅幣。並且由國家致力監視，維持素材價值與面額價值一致，以使匯率能夠維持固定。而且在「元首政治」時代的帝國，確實有足夠的經濟力量維持素材價值與面額價值一致。不過，這股經濟力量也只能維持在西元一世紀與二世紀，到了三世紀之後就確實地衰落了，其結果造成貨幣的素材價值與面額價值差距日益擴大。

西元前二世紀結束布尼克戰役之後，到西元二世紀為止的四百年時光中，人們一提到羅馬貨幣，馬上就會想起「狄納利斯銀幣」。這種銀幣的信用程度，比起古代其他國家發行的銀幣還要高出許多。對羅馬來說，東方出產的香料向來是貿易入超產物，所以東方挖掘出不少羅馬貨幣，而它們絕大多數是「狄納利斯銀幣」，就可以證明上述論點。到了西元二世紀末的五賢君時代末期，銀幣的信用開始下滑。亦即素材價值與面額價值開始有了差距，簡而言之就是貨幣的水準開始下滑。下滑速度更為迅速的時期，就是筆者稱為「迷途帝國」的西元三世紀。羅馬帝國的基準貨幣「狄納利斯銀幣」的素材價值，低落到含銀率只有百分之五。名義上是銀幣，實際上卻是鍍銀的銅幣。

這個時代皇帝並未袖手旁觀，只是大多數的皇帝忙於應付異族入侵的燃眉之急。列位皇帝雖然設法改善貨幣政策。可是鑄造含銀率高的貨幣發行到市場之後，不久新的貨幣又會消失。這是因為含銀率高的貨幣和奧雷斯金幣一樣，被民眾當成寶物儲藏。在現代的古董貨幣市場上

羅馬帝國的金幣銀幣匯率變化

迦利艾努斯 (AD 265～)	卡拉卡拉 (AD 215～)	尼祿 (AD 64～)	奧古斯都 (BC 23～)	
奧雷斯 6.0 g（純金）	奧雷斯 6.5 g（純金）	奧雷斯 7.3 g（純金）	奧雷斯 7.8 g（純金）	金幣
安東尼 3 g（銀 5%，銅 95%）	安東尼 5.5 g（銀 50%，銅 50%）	狄納利斯 3.4 g（銀 92%，銅 8%）	狄納利斯 3.9 g（純銀）	銀幣
處於三世紀危機中，匯率不定		1 金幣＝25 銀幣		匯率

出現的奧雷斯金幣與狄納利斯銀幣，大多數看不出有使用的痕跡。儘管最新的硬幣距今已有一千七百年，看來卻彷彿昨天剛從鑄幣廠提領出來的一樣。每當撫摸著這些硬幣時，總讓人覺得好像同時也把西元三、四世紀的羅馬人私房錢握在手中。

這種把流通貨幣藏在家中不送出市場的現象，代表羅馬人已經無法相信母國的貨幣。如果放任這個局面不理，等於放任帝國經濟逐漸衰退。因此，從卡拉卡拉皇帝起，到戴克里先皇帝為止，百年來的皇帝陸續嘗試恢復貨幣信用，但通通都失敗了。可能就是這些歷史，讓君士坦丁發現如果執著在銀幣上，就無法成功重建一套強勢基準貨幣政策。

雖然當時還沒有這種概念存在，不過君士坦丁捨棄了羅馬傳統的「銀本位制」，轉型成今日所謂的「金本位制」。他決定將以往因為沒有在市場流通，因此能維持百分之百純金的金幣轉為帝國貨幣制度的軸心。對於一心替換新帝國、新首都、新宗教的君士坦丁來說，想必新的基準貨幣也是一項聽來悅耳的政策。不知是否因為如此，新的貨幣也從涵義為光輝的「奧

君士坦丁 (AD 325～)	戴克里先 (AD 295～)
索利鐸斯 4.5 → 4.0 g（純金）	奧雷斯 5.4 g（純金）
亞爾堅突斯 3.4 g（銀，日益減少）	亞爾堅突斯 3.4 g（純銀） （一發行立即從市場消失）
1 索利鐸斯金幣 = 4500 銀幣（四世紀前半） = 30000000 銀幣（四世紀後半，根據某派說法）	1 奧雷斯金幣 = 1200 銀幣

雷斯」(aureus)，改為「索利鐸斯」(solidus)。索利鐸斯的意思是堅實，或者安定。

君士坦丁的貨幣改革特色在於，以「索利鐸斯金幣」來替代以往「狄納利斯銀幣」強勢時的地位。雖說從銀幣換成了金幣，至少成功地復興了強力的基準貨幣，提供穩定貨幣制度時不可或缺的要素。

只不過，既然金幣是要以流通為首要目的的「通貨」，那麼面額太高就不符實用了，因此金幣的重量自然會隨之縮減。如同附表所示，金幣的重量讓政府削減至四．五公克。到後來，又削減至幾近四．〇公克。亦即「索利鐸斯金幣」地位穩定後，其重量約為「奧流斯金幣」的一半。而且含金率似乎也未能維持百分之百。現代的金製品中有分成二十四K金與十八K金，當時的「索利鐸斯金幣」似乎也滲入了差不多這個比例的雜質。一來含有少量雜質，可以增加金幣的硬度，再者當時的金幣已經不是保值用的金條，而是以流通於市場為目的的貨幣。

拿起元首政治時期的奧雷斯金幣、君士坦丁時代之後的索利鐸斯金幣、千年後佛羅倫斯共和國的菲歐利諾金幣、威尼斯共和國的多坎特金幣比較之後可以發現，以重量而言，「索利鐸斯金幣」比較接近中世紀、文藝復興時期的佛羅倫斯、威尼斯貨幣，反而不像古羅馬貨幣。專門研究貨幣的人員表示「由君士坦丁轉型的金本位制，要比奧古斯都皇帝確立的銀本位制長壽」，而我們光從貨幣的質感就可以感覺得出來。因為直到紙幣問世為止，金幣一直是歐洲的基準貨幣。直到現在，人們依舊會為了保值購買金條；但是除了加工用途以外，只怕沒有人會購買銀條。君士坦丁的確成功地確立了穩定貨幣制度時不可或缺的「強勢貨幣」。

只不過，君士坦丁將貨幣轉型成金本位制，卻為西元四世紀的羅馬帝國帶來經濟上與社會上的重大弊病。因為他雖然成功確立金幣為強勢貨幣，但金幣以外的銀幣與銅幣匯率，卻放任為「變動制」。這造成了什麼結果？

比方說有些人領薪水時領的是金幣，這些人在購買日常用品時，必須將金幣換成銀幣或銅幣。又有些人銷售貨物或提供各種服務，取得銀幣或銅幣為酬勞。這些人在繳納規定以金幣支付的稅金時，必須前往匯兌所把手頭的銀幣、銅幣都換成金幣。這項經濟機制，使得前者與後者的經濟力量產生大幅差距，這項差距一年比一年大。這也就是君士坦丁轉型金本位制所帶來的最大弊端。研究人員也表示，君士坦丁的改革，直接衝擊到中下階層人民。然而，問題還不只如此。

薪資係以價值穩定的金幣給付的人，首推軍事相關人員，尤其是皇帝直屬軍的官兵。雖說如今守衛國界的是兼營農業的士兵，但率領這些農民兵的將領必須是專業人員。這些專業人員的薪水，想必也是以金幣給付。

與軍人相同地，行政官僚也是屬於領取金幣當薪資的階層。也就是說，軍人與行政官等中央公務員可以領取價值下滑風險低的金幣做薪水，形成收入優渥的階層。

除了這些人以外，為軍方或政府生產物資的業者也成為經濟條件優渥的階層，因為這些人可以用實物來繳納稅賦。尤其對軍隊而言，如果軍糧或軍用品供給不穩定，會破壞工作效益。早在銀幣淪落為鍍銀銅幣的西元三世紀後半，生產軍用品的業者就已經獲准可以拿生產的貨物來繳納稅賦。

上列人物在銀幣、銅幣價值不斷低落的羅馬社會中，形成了富裕階層。相對地，日益貧窮的，就是沒有成為中央公務員的人們了。既不是軍人也不是官僚，生產非軍用品的業者和一般人民，就形成了貧民階層。這些人不論多認真工作，到手的銀幣、銅幣價值還是只有日益萎縮。

於是農地遭到棄置，沒遭棄置的也被大型農莊吸收；商店陸續倒閉，手工業者紛紛轉行生產軍用品。當時的社會情況已經變成即便沒有異族襲擊掠奪，金本位制度已將人民財富搜刮殆盡。在經濟層面上，「共同體」理念也已經成為歷史，只有「索利鐸斯金幣」閃閃發光。就好像大多數帝國人民疲憊衰敗，其中只有皇帝一個人閃閃發光。

家庭悲劇

雖然君士坦丁一副光芒萬丈的模樣，其實他與家族中的流血事件關係相當深厚。

首先，在西元三一〇年，他殺害了岳父前任正帝馬克西米安。兩年後的西元三一二年，又逼使大舅子馬克森提斯敗亡。而在西元三二五年，他在戰勝異母妹夫正帝利齊鈕斯之後，以通敵密謀的罪名將其處死。這三件事例，對象雖然分別是岳父、大舅子、妹夫，但同時也是爭奪政權的敵手。在爭奪權力的舞臺上，即使敵手是親人，按理也必須一一剷除。

而在西元三二六年發生的這件事情，卻不屬於上述類別。不知是否因為如此，君士坦丁方面並未設法找出通敵密謀、篡位亂政等能夠訴諸武力又有宣傳效果的名義。君士坦丁對於這件事變的態度，一直只有沉默兩字而已。

西元三二六年，「副帝」庫里斯普斯突然遭到逮捕，並且在極機密中押送大牢。牢房位於插入亞德里亞海的伊斯特利亞半島前端的波拉鎮。就在這間牢房中，連日連夜地展開殘酷至極的拷問與偵詢。然而被告一直到最後，都堅持自己無罪。

西元三二六年，是君士坦丁把最後一名競爭敵手利齊鈕斯處死後，名副其實成為羅馬帝國僅有的「正帝」的第二年。因此這個時期的庫里斯普斯，地位可說是一人之下，萬人之上。如果在「元首政治」時代，他不可能成為拷問的對象。因為在元首政治時代，不僅皇位繼承人或元老院議員，國法規定只要是非奴隸的公民，在審案時就不得以拷問手段逼其自白。可是到了絕對君主政體下，除了專制君主外的其他國民，在某個層面上算是一律平等了。因為專制君主政體下的社會，是「領袖與其他人」。即使身為「副帝」且是「正帝」的親生長子，只要正帝不反對，就能成為拷問的對象。

庫里斯普斯的罪名，是與皇后法烏斯塔私通。可是當庫里斯普斯遭到逮捕，在波拉的牢房中遭受嚴刑拷打時，皇后在皇宮內的日子卻一點變化都沒有。既沒有讓人打入牢房，也沒有隔離在皇宮中。不過，當庫里斯普斯在波拉的牢房裡嘶吼著冤枉，結束二十九歲的生涯時，皇后的待遇也就定案了。

皇宮內的浴室，是為了皇帝及其家族所修築，因此規模不會像是卡拉卡拉浴場裡頭的浴池那般廣大。在這時期，君士坦丁堡的皇宮還在施工期間，因此處刑的地點應該是在色米姆或尼科米底亞的皇宮裡。推測皇帝用的浴室，和元首政治時期的富翁別墅的設備應該差不多。浴池裡的溫水變成直冒蒸汽的熱水，再讓蒸汽充滿整間浴室所需的時間，應該也不會太久。

當皇后發覺情況不對，以及平常在浴室中候命的女奴隸不見身影時，也打算走出浴室，可是浴室的大門卻遭到外力深鎖。不久後政府便發出公告，表示君士坦丁的皇后法烏斯塔於入浴時過世。

說不定皇后與繼子間，真有私通的情事。從胞兄馬克森提斯的年齡推測，皇后法烏斯塔這時應該四十歲左右。她與政治婚姻的對象君士坦丁生有三名兒子。可是與她生有三名兒子的丈夫，為了爭奪政治權力，殺害了她的親生父親與兄長。法烏斯塔把一切苦悶都藏在心中，以君士坦丁的妻子身份過了二十年。如果年輕十歲的庫里斯普斯同情法烏斯塔皇后，溫柔對待她的話，又會發生什麼事？中年女子的戀情，不像年輕女子一般由夢想起步，而是往往源自絕望。即使當事人知道情事曝光就只有死路一條。

只不過，庫里斯普斯應該也很清楚自己的立場相當微妙。庫里斯普斯於西元三一七年受君士坦丁任命為「副帝」。這時君士坦丁擊敗馬克森提斯，成為帝國西方首腦才沒多久。庫里斯普斯二十歲時，而君士坦丁與庫里斯普斯的母親離婚，迎娶具皇家血統的法烏斯塔後所生的長子這時才一歲。在當時幼兒的死亡率高，從君士坦丁的角度來看，是有充足的理由任命年滿二十歲的庫里斯普斯擔任具有皇位繼承人意味的「副帝」。此外，一時之間曾多達六人的正副帝權力抗爭，在這時尚未結束。最為強力的競爭對手利齊鈕斯，當時正掌握著帝國的東半部。而且國際局勢還不容許君士坦丁疏忽皇帝的最大職責，必須派兵對付入侵的異族。

在這種狀況下，具有軍事才華，又受官兵擁戴的庫里斯普斯，對君士坦丁而言也是個方便使喚的人才。君士坦丁在副帝任內，肩負的是以萊茵河為前線的高盧地區防衛責任。當庫里斯普斯獲得副帝稱號之後，也接手了這個地區的防衛，而且年紀輕輕地就成功完成任務。庫里斯普斯還不只能在防衛作戰時發揮，當西元三二四年與正帝利齊鈕斯決戰時，指揮海軍的庫里斯普斯雖然年僅二十七歲，卻能在左右戰局的海戰中獲勝，為親生父親君士坦丁的東征做出貢獻。但他以私通後母的罪嫌遭受處刑，卻是在短短的兩年後。

的確，從立功到處刑，只有短短的兩年。可是由皇家出身的法烏斯塔所生，亦即血統高貴的妻子所生的三個兒子，這年分別是十歲、九歲，以及六歲。這個時代的幼兒死亡率雖然偏高，但是社會認為脫離幼年時期之後就能順利成長。而且做父親的君士坦丁這時才五十出頭，想必自認為還能活上二十年。

而且，雖說只有短短兩年，這兩年的意義卻十分重大。

首先要提到的是，君士坦丁歷經長年的爭權奪勢，如今順利攀上羅馬帝國唯一最高權位者的寶座。在長年權力鬥爭後存活的人，對於可能成為競爭對手的存在自然敏感至極。而君士坦丁與庫里斯普斯之間，年齡差距只有二十二歲。

第二，對君士坦丁而言，「副帝」已經不是自己的左右手，而又回到皇位繼承者的意思。那麼，以十歲的少年做繼承人也沒有什麼不好的。

第三點，在讓人加上私通罪名時，皇后法烏斯塔只怕已經過了能幫君士坦丁生孩子的年紀。透過他獲得的三名具有皇家血脈的兒子，又已經脫離高夭折率危險期的年齡。對君士坦丁

君士坦丁

而言，庫里斯普斯已經失去利用價值。而從別的理由來看，法烏斯塔如今也失去利用價值了。

這對母子是否真的發生了感情？或是兩人都淪為君士坦丁冷酷謀略下的犧牲品？到如今已經無從辨別。同一個時代的記載，都出自於基督教徒手中。這些人正忙著感激，給君士坦丁加上「大帝」的稱號。這些人面對有損大帝形象的事物時，即便是事實也會視而不見，更別提要去追根究底了。也因此，這件懸案直到現代依舊真相成謎。只有一件事情，是後人可以明瞭的。就是當庫里斯普斯死於大牢，法烏斯塔於浴室中遇害不久之後，君士坦丁與法烏斯塔所生的三個兒子中，較年長的兩名讓父親任命為「凱撒」，這時兩個人分別為十歲與九歲。而三個兒子中年紀最大的君士坦丁二世，以十歲的幼齡，卻獲得了高盧司令官的職位。君士坦丁的新王朝，正一步步地成形中。

庫里斯普斯與過去的君士坦丁一樣，生母遭到生父離棄。可是從君士坦丁的角度來說，那也是微不足道的事情了。

根據傳說，君士坦丁大帝人高馬大、身材魁梧。即使與官兵同聚一堂，他還是比眾人高出一個頭，無論隨時隨地，都是個引人注目的存在。再加上他討厭樸素的衣服，有機會穿上華麗的服裝時，絕對不會放過機會。在元首政治時代，只有東方王侯才會喜好華麗的服裝，以及綴滿寶石的王冠。而當戴克里先皇帝將其引進羅馬帝國之後，最喜好這種服裝的皇帝就是君士坦丁了。

不過筆者注意的，還不是這些事情。在雕像或貨幣上的君士坦丁人像中，沒有半個年老色衰的相貌出現。這個人登上政治舞臺時才三十剛出頭，過世時已經六十多歲。亦即有資格在貨幣上刻肖像的年齡層，包含了青年、壯年、老年三個時期。儘管如此，不僅我們後人，連當時的人民也只能看到君士坦丁三十五、六歲時的模樣。當然，在他身邊服侍的人，可以看到他隨年齡增長老化的模樣。筆者在這裡要特別提到的是，君士坦丁的「官方容貌」。自從哈德良皇帝即位之後，羅馬皇帝的肖像上都留有鬍鬚。而到了君士坦丁登基後，卻又好像回到了初期羅馬皇帝的時代一樣地，恢復了刮鬍子的習慣。順帶一提，鬍子刮乾淨的男子看來比較年輕。

這讓筆者聯想起未滿三十五歲就成功地在羅馬建立帝政，直到七十七歲駕崩為止，四十多年來一個人治理國家，但是只留下青年時期面容的開國皇帝奧古斯都。

奧古斯都會這麼做，有其確切理由存在。當初朱利斯·凱撒登上政治舞臺的時間較晚，雕像與貨幣上的肖像都是五十多歲的模樣。而奧古斯都必須不擇手段地宣傳，自己已經讓朱利斯·凱撒收做養子並列為繼承人。在凱撒遭到暗殺之後，奧古斯都能從權力鬥爭中存活下來，第一項原因就在於他是讓飽受民眾愛戴的朱利斯·凱撒收為養子兼繼承人的青年。奧古斯都尤其注重在人民天天使用的銀幣、銅幣上，宣傳自己是神君凱撒的兒子。

不過，君士坦丁的理由應該不一樣。他同樣只留下介於三十歲與四十歲之間的容貌，可能是在強調自己與只有留下壯年時期蓄鬚面容的戴克里先皇帝不同。因為對於西元四世紀的羅馬人來說，二十年前的羅馬帝國最高權位者戴克里先，要比一世紀的奧古斯都皇帝更印象深刻。人們看到雕像或硬幣肖像上的青年君士坦丁之後，在與奧古斯都相較之前，應該會先想起當時依舊四處流通，因此依舊有許多機會看到的戴克里先貨幣肖像。若能加強人們對君士坦丁的青年印象，那也就是君士坦丁的形象作戰成功了。

第三章

君士坦丁與基督教

將帝國首都君士坦丁堡捐給聖母與幼兒基督的君士坦丁皇帝

（伊斯坦堡，聖索菲亞教堂的鑲嵌畫像）

君士坦丁會被視為羅馬史上，以及世界史上的偉人，首要原因在於他對提振基督教做了莫大的貢獻。如果提到中文翻譯為大帝，英文稱做 "the Great"，在史上享有「大帝」稱號的人物，我們馬上可以舉出三個人物來。分別是亞歷山大大帝、君士坦丁大帝，以及查理曼大帝三人。

除了生於西元前四世紀，希臘文姓名叫做亞歷山大的青年英雄以外，西元四世紀的君士坦丁與九世紀初期的查理曼與基督教的關係都頗為深厚。君士坦丁是承認基督教的人物；而查理曼所屬的法蘭克族，在羅馬帝國存續時，僅是北方異族的其中一支。他在西元八〇〇年造訪羅馬，從教宗手裡接下了神聖羅馬帝國皇冠。自從羅馬帝國滅亡之後，歐洲陷入漫長且黯淡的中古時期。神聖羅馬帝國的創設意圖，就在於建立一個高舉基督教旗幟的強大帝國，基督教之所以為法蘭克王查理曼加上「大帝」稱號，是因為對當時的基督教教會來說，這個人是唯一的希望。不知與這件事情有無關連，位於布魯塞爾的歐盟大樓也讓人命名為查理曼。

神聖羅馬帝國最後沒有形成帝國就冰消瓦解了，如果只因身為創始人就有資格稱為「大帝」，那麼君士坦丁就更有「大帝」的資格。試問，如果不是君士坦丁大力扶持基督教教會，基督教還會有日後的蓬勃發展嗎？對於這項問題，有許多史學家表示，基督教應該會因為內部永無止息的教義論爭而疲憊衰敗，淪為地方性的宗教。

在敘述君士坦丁與基督教的關係時，筆者想要依照年代順序一一討論。這個方式，也許不適於迅速獲得結論。然而探討歷史時，面臨的問題愈是重大，往往就愈適合依照時間順序一一印證。

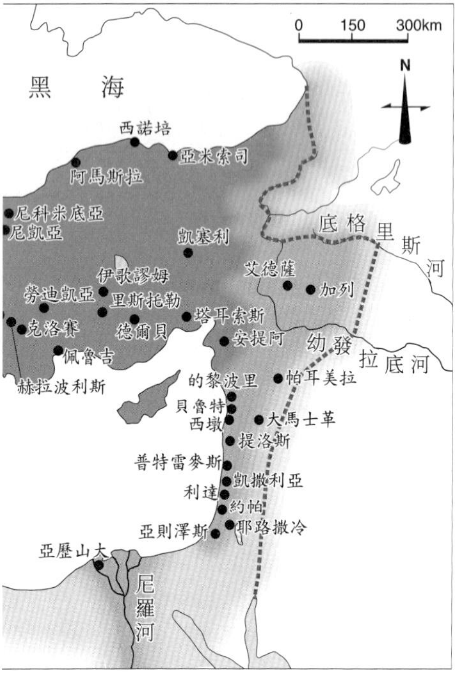

羅馬帝國基督教教徒分布推測圖（西元三世紀末期）（再度刊登）

潛伏時期

實際上，沒有任何人知道君士坦丁的正確出生年月日。後人有許多說法可以參考，但並沒有定論。本書中採用西元二七五年出生的說法，過程幾乎像是抽籤決定，這點要請各位讀者見諒。畢竟當初君士坦提只是巴爾幹貧民出身的諸多百夫長之一，妻子又是酒館老闆的女兒海倫娜。兩個人所生的小孩，便以帶有君士坦提之子的意義，命名為君士坦丁。在這個時代中，包括戴克里先在內的列位皇帝生年都不詳。就連後來讓人稱為「大帝」的君士坦丁也不例外。

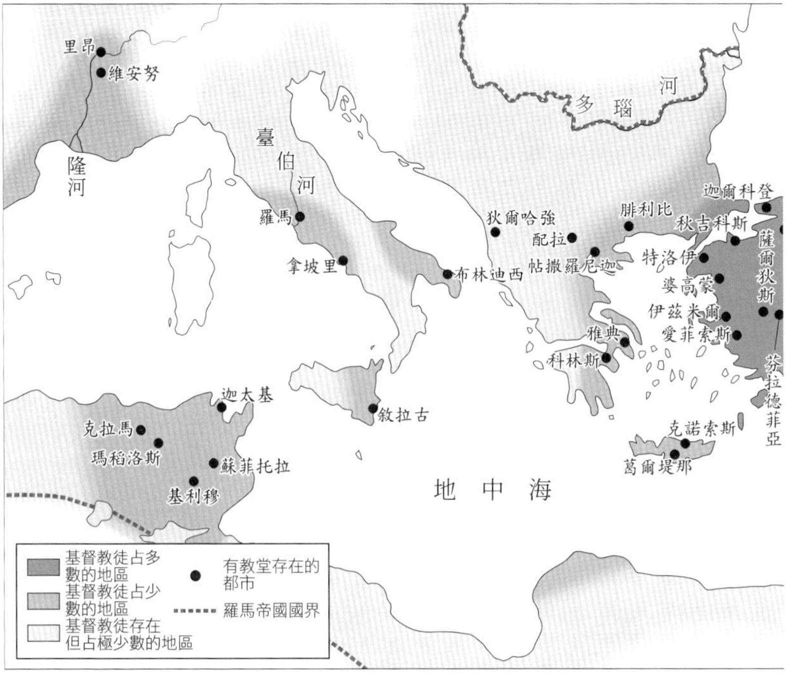

據說君士坦丁生於保加利亞國界附近，但屬於塞爾維亞與蒙特內哥羅國境內的尼修。在羅馬時代，這裡是個名叫尼蘇的小鎮，因為位於羅馬街道網路幹道沿線而獲得發展機會。幹道起自多瑙河附近的色米姆，途經新幾多穆（今日的塞爾維亞與蒙特內哥羅國首都貝爾格萊德）、賽爾蒂迦（今日的保加利亞首都索菲亞）、哈德良堡（今日土耳其境內的艾迪魯內）、拜占庭（不久後成為君士坦丁堡，西元一四五三年起成為土耳其境內的伊斯坦堡）通往小亞細亞，是銜接帝國東西雙方的重要道路。由於這裡位於行軍必經之路，百夫長與酒館老闆的女兒談起戀愛也不是什麼新鮮事。

君士坦丁出生在尼蘇的原因，想必也是因為父親的駐地調動頻繁，母親只好在娘家生產。幼年時期可能也基於同樣的原因，就在尼蘇成長。不過父親君士坦提似乎是個正直的人，沒有四處拈花惹草幫家裡增加人口。幼年時期的君士坦丁，就在雙親的愛情之下成長，看樣子是個標準的獨生子個性。

做父親的君士坦提不僅生性正直，而且富有軍事方面的才華，隨著獨生子的成長，父親的宦途也步步高升。

後來到了西元二八四年，戴克里先於東方，馬克西米安於西方分擔帝國防衛的工作，起始了「雙頭政治」。君士坦提身為馬克西米安麾下將領，從這年起駐地也固定為以高盧為主的帝國西方。馬克西米安皇帝的根據地，位於交通可以直達萊茵河防線的特里爾，似乎旗下武將的妻小也讓人召集到當地同住。如果真是如此，那麼當時才十歲的君士坦丁，就在摩澤爾河上游，現代德國西部國界附近，度過少年時期。每天聽著軍馬嘶鳴、看著官兵往來。只不過到了十八歲時，他的生活又為之一變。

「四頭政治」起始於西元二九三年。所謂四頭政治，是東西方的兩名正帝之下各設置一名副帝，由四個人分擔廣大帝國國防的體系。政府任命君士坦丁的父親君士坦提為「副帝」，在馬克西米安「正帝」之下協助執行帝國西方的國防任務。只不過，「四頭政治」的創始人東正帝戴克里先開列了一項條件，就是必須與正帝的女兒成婚。

被任命為帝國東「副帝」的伽雷留斯，依照計畫與「正帝」戴克里先的女兒瓦雷力亞結婚。可是已經成婚的君士坦提在與馬克西米安正帝的養女堤歐鐸拉結婚之前，必須先與君士坦丁的母親海倫娜離婚。

由於馬克西米安正帝把首都遷移到義大利的米蘭，升上副帝的君士坦提只有繼續留在特里爾。既然將根據地在交通直達萊茵河防線的特里爾（羅馬時代名叫奧古斯塔．特列維羅姆），代表君士坦提副帝的首要任務，在於防衛整個高盧地區不受外族入侵。可是，儘管君士坦丁已經過了能夠服兵役的年齡資格下限十七歲，君士坦丁卻不能留在特里爾，於父親之下累積軍事經驗。由於迎娶了正帝的女兒，具有皇家血統的堤歐鐸拉為妻，特里爾已經沒有離婚後的海倫娜棲身之地。此外，新的婚姻也就連帶造成添丁的機會，前妻的小孩君士坦丁同樣沒有辦法在特里爾棲身。

這對母子走投無路時，是東正帝戴克里先伸出援手接應下來。可能是君士坦提無法扶養妻小之後，委託上司代為照料。沒有任何史料表示，做父親的在離婚後就把前妻和兒子忘記。

戴克里先的首都，位於小亞細亞西側邊緣上的海港都市尼科米底亞。從十八歲到三十歲，君士坦丁在尼科米底亞度過了十二年的時光。既然他年滿兵役資格下限，肩負帝國東方防衛工作的戴克里先，自然不可能讓這個年輕人遊手好閒。雖然沒有任何文獻留下，不過君士坦丁似乎參加過在埃及的戰鬥。至於由副帝伽雷留斯擔任總指揮的兩次對波斯戰鬥，想必也親身參戰過。君士坦丁的軍事經驗，沒有在父親跟前，而是在戴克里先之下培養起來的。從十八歲到三十歲這段期間，正是一個人最適於為將來累積實力的時期。順帶一提，收養這名青年的皇帝，與他有三十歲的年齡差距。

青年時期的君士坦丁，在戴克里先身邊還經歷了另外一項特殊經驗。那就是親眼看見這名最高權位者再三公布敕令，一反羅馬傳統有系統且徹底地鎮壓基督教。由西元三〇三年起連續公布的敕令，使得基督教教會教徒陷入了迫害的風暴之中。尼科米底亞位於小亞細亞。由地圖可以得知，小亞細亞與敘利亞、巴勒斯坦地區，正是基督教勢力最強盛的地方。有人甚至表示，這一帶的基督教勢力，可說是在國家中另立國家。在這一帶，亦即在戴克里先腳底下，鎮壓與迫害的工作執行得最為嚴格徹底。原因就在於這一帶的新興宗教的勢力，要比帝國其他地方都來得強盛。畢竟尼科米底亞主教官邸就隔著廣場與皇宮相對。話說回來，我們無從得知二十八歲的君士坦丁是怎麼看待這個時期迫害基督教的政策。

浮出檯面

就在十二年的潛伏時期之後，戴克里先再次間接地決定了君士坦丁的命運。西元三〇五年，戴克里先以在位屆滿二十年為由表示準備退位，並且立即付諸實行。由於西正帝馬克西米安也在同時一同退位，因此進入了第二次的「四頭政治」時期。在兩名正帝退位之後，兩名副帝隨之升格為正帝。當時的西副帝，君士坦丁的父親，便登上了西正帝的職位。君士坦丁知道這消息後，向戴克里先申請到成為正帝的父親身邊任職，並獲得批准。據說那年做父親的滿心喜悅地迎接長大成人的兒子。

西元三〇五年這一年，君士坦丁決定離開長年居住的東方趕往歐洲。這不但正確，而且是個幸運的決斷。雖說沒有人能預料到他的父親一年後就離世，但是在這一年內，他還能在父親麾下作戰累積戰功。因此當正帝君士坦提駕崩時，君士坦丁已經能掌握父親麾下將士的心。官兵們很清楚，無能的指揮官將可能讓部屬白白送命。三十歲那年回到父親麾下的君士坦丁，對於保衛帝國西方的官兵而言，已經不只是正帝之子，還是獲得部屬一致認同的優秀指揮官。

正因為如此，君士坦提猝逝之後，官兵們也就毫不猶豫地立刻推舉君士坦丁即位。如果君士坦丁繼續待在尼科米底亞的皇宮中任職的話，想必也不會有日後飛黃騰達的生涯。各位讀者請不要忘記，君士坦丁的父親雖然是帝國正帝，但是母親沒有貴族血統。在無法忽視血統優勢的局面下，君士坦丁唯一的生存之道，就是憑實力硬闖。而且君士坦丁在比拼實力的過程中，一直以冷靜巧妙的方法行事。他以三十剛出頭的青年身份，就在帝國西方取得了「副帝」的地位。下一個目標，就是如何對付逼迫西正帝謝維勒自裁之後，掌握了義大利與北非的馬克森提斯。

西元三〇八年秋季，三年前剛退位的前任正帝戴克里先、馬克西米安，與現任正帝伽雷留斯聚會於多瑙河沿線的前線基地之一卡爾倫托姆（今日的佩特洛那）。會談結果，正式承認君士坦丁登上「副帝」職位。當父親剛過世，父親麾下的官兵擁立君士坦丁為「正帝」而不是「副帝」。官兵們歡呼「讓君士坦丁成為奧古斯都」的聲浪如今還餘音繚繞。因此如果君士坦丁有這個打算，大可對卡爾倫托姆「高峰會談」的決定提出抗議。可是君士坦丁卻接受了這項降格任命。當初戴克里先構思並實施「四頭政治」體制，是為了避免西元三世紀時官兵肆意擁立上司，使得皇帝在位期間短暫的弊端。如今雖然戴克里先已經退位，對於政治依舊有影響力，想必不會輕易承認君士坦丁沒有擔任「副帝」的經歷，就由官兵直接擁立為「正帝」。年僅三十三歲，未來的「大帝」計畫按部就班鋪路，而不是一鼓作氣攻頂。話說回來，按部就班鋪路，也就代表他為了達成最後目標，會施展出現狀下可能的任何手段。

從西元三〇八年就任「副帝」起算，到西元三一二年與登基稱帝的最大障礙馬克森提斯開戰為止，中間有四年的時間。在這四年裡，君士坦丁嘗試了許多從基督教徒眼中看來顯得無法理解，對於筆者這種非基督教徒而言卻很容易了解的措施。

其中一項，是公開表示自己的祖先可以向上回溯到克勞狄斯皇帝。克勞狄斯皇帝曾經獲得「哥德克斯」的尊稱，意為征服北方異族之一哥德族的人。克勞狄斯皇帝在位的時期，正值西元二六八年到二七〇年之間，此時羅馬帝國正陷入一片前途迷茫的局面。古代被稱作伊利利亞地方，也就是後世的巴爾幹北部，此地方出身的人登基稱帝，在西元三世紀後半已經不是稀奇的事情。而克勞狄斯．哥德克斯，也正是第一位巴爾幹地區出身的軍人皇帝，他與其他軍人皇帝不同的地方在於，雖然在位僅短短一年半，但他終止統治並非因為麾下官兵引發政變，也非遭受親信暗算，而是因為得了當時流行的瘟疫。就連從這方面來看，都適合讓君士坦丁拿來冒稱祖先。

第二項嘗試，是公開表示信仰太陽神。眾所周知，繼承克勞狄斯．哥德克斯之後，但遭受親信暗殺的奧雷利亞皇帝信仰的就是太陽神。這名皇帝雖然在位只有五年，可是在他統治的這五年之中，將曾因為皇帝淪為波斯俘虜的衝擊而一分為三的帝國重新統一。由於他的軍功卓越，直到謝世之後依舊長期獲得官兵尊敬。而且在羅馬帝國，無論皇帝或個人都擁有宗教自由。羅馬皇帝會兼任最高神祇官，只是因為有義務在國家的官方祭典上祭祀羅馬的傳統諸神。不僅是奧雷利亞，就連君士坦丁也沒有放棄「最高神祇官」(pontifex maximus) 的職位。

這個時期的君士坦丁，還發行了刻有「不敗的太陽」(soli invictus) 的貨幣，意為復興奧雷利亞皇帝以來的太陽神信仰。後來還規定，在太陽神的節日，也就是後來的星期日之中，法院停止審理案件。猶太教與基督教認為，羅馬人與羅馬皇帝認可

刻有「不敗的太陽」的貨幣

這種個人信仰與國教不同的態度叫做「諸神混處主義」，並大肆抨擊。而這個時期的君士坦丁，也的確是個完全的諸神混處主義信徒。

這段時期的君士坦丁，號稱克勞狄斯．哥德克斯是自己的祖先，並推廣奧雷利亞皇帝信仰的太陽神，真正的打算只怕是在掌握麾下官兵的人心。西元四世紀的羅馬帝國軍方主力出身於巴爾幹地區，而克勞狄斯．哥德克斯與奧雷利亞在巴爾幹地區出身的皇帝中又屬於佼佼者。同樣出身巴爾幹地區的君士坦丁為了達成登上帝國唯一最高權位者的目的，在這段時期正走上第二階段，由「副帝」升格「正帝」的道路上，對他來說最重要的課題在於取得官兵的支持。為了確實取得支持，就算稱呼沒有血統關係的人是祖先，或者公開表示信仰太陽神，也都不足為奇了。在決戰為止的四年中，想必君士坦丁也忙於儲備麾下的兵力，只不過「準備」的內容，還不只是武裝與訓練而已。

「米蘭敕令」

決定生死關鍵的西元三一二年終於到了。這年無論對君士坦丁來說，或者對羅馬帝國來說，都是關鍵的一年。

在這一年，君士坦丁歷經了名為「米爾維亞橋之戰」的決戰後，獲得了勝利。第二年，西元三一三年時，攀上帝國西正帝位子的君士坦丁，與東正帝利齊鈕斯在米蘭會面。在這場高峰會議之後，當成會後聯合公報發布的，就是有名的「米蘭敕令」。這道敕令發布後，社會雖然還在諸神混處的情狀下，但基督教已經能成為由羅馬帝國公認的宗教之一。對於信奉基督教的人而言，這是一項劃時代的大事。

只不過，「米蘭敕令」中還明文記載了下列內容。

「自今日起，無論信仰基督教或者其他宗教，個人皆能信奉自身所好之宗教，有參加祭典之完全自由。並期望無論何等神明，其至高之存在，能以恩惠及慈愛，引領帝國全體民眾走上和解與融合之道路。」

這段內容簡直可以說是為十八世紀的啟蒙主義「人權宣言」開了先河。而即使身處過了啟蒙時代三百年的二十一世紀，看到這段文章時還是令人感慨。真希望能讓舉著宗教旗幟爭鬥不休的人也來看看這篇文章。而且不知是否為了貫徹這項主旨，在「米蘭敕令」的後頭，向身處帝國各地擔綱行政的地方長官下指示的段落中，又重複強調了一次。

「對基督教徒認可之全面宗教自由，亦同樣適用於信仰其他神明之國民。只因吾等（君士坦丁與利齊紐斯）判斷，此一全面認同宗教信仰自由之決策，對帝國內部和平有所助益。因而吾等認為，不論何等神明、何等宗教，其名譽與尊嚴皆不該遭致損毀。」

這簡直是自由精神的昇華，無懈可擊的理念。如果這股精神能夠存續到現代，民族間、國家間雖然還會起衝突，至少也不會以宗教為旗幟。如果不以宗教為旗幟，衝突雙方的成員就僅止於人類，亦即僅是單純的利害衝突，一旦不划算就會停手。如果以宗教為旗號，問題往往會愈陷愈深。

總而言之，如果「米蘭敕令」的義涵僅限於書面所述的內容，還不至於讓羅馬帝國大幅轉向。在這道法令中僅承認基督教的存在，並非將其立為國教。問題是在公布這道敕令之後，君士坦丁的言行舉止卻讓人認為「米蘭敕令」僅是藉口，其實他另有居心。君士坦丁真正的目的，隱含在敕令最後面，規定歸還由戴克里先鎮壓時沒收的財產這一段之中。而這段敕令的內容如下：

「若資產在沒收後付諸拍賣，於歸還資產之同時，國家將對原收購者給與正當價位之賠償。」

在西元三世紀後半上臺又下臺的皇帝之中，有些皇帝鎮壓基督教，可是沒鎮壓基督教的皇帝還是居多數。在後者登基親政之後，通常會把鎮壓時沒收的資產歸還給基督教教會相關人員。不過，即便在這種狀況下，國家也沒有對競標拍賣買到這些資產的人做補償。可是「米蘭敕令」就不一樣。皇帝，亦即國家保證會做賠償。在拍賣會中購得這些沒收資產的人，當然樂於遵從歸還命令。

相對地，基督教的教會人員想必也發現這條法令中隱含的重大意義。因為這項政策，必須有真正理解教會資產對基督教教會的重要性的人存在，才有可能成立。

在一神教的信仰教義裡，教祖的言行會是最重要的教義。只不過這些教義，必須經由專人解釋說明，才能與一般信徒相通。沒有教義存在的多神教之中，沒有專業的神職人員階層；而對一神教來說，神職人員不可或缺，其道理也就在此。

教會資產的必要性之一，在於培養維持神職人員存續。第二項必要性不用說，當然是為了對於環境惡劣的人進行慈善事業。早在基督教滲入社會之前，羅馬人已經將這種慈善事業稱為「卡利塔斯」(caritas)。直到現代，基督教相關人員依舊稱呼這種非營利事業為「卡利塔斯」。

簡單來說，對於基督教教會而言，資產是左右教會活動的重要必備因素。君士坦丁不僅提出歸還命令，還明文表示將由國家賠償，當然基督教徒的立場會向他靠攏。

「米蘭敕令」是由西正帝君士坦丁與東正帝利齊鈕斯聯名簽署公布。可是這一道橫貫基督教史，甚至在世界史上劃時代的敕令，卻讓人視為猶如君士坦丁一個人發布，那是因為在實際施政時，君士坦丁要比利齊鈕斯來得熱心和徹底。原因可能是因為在他勢力範圍下的帝國西側，基督教勢力並不強盛，國家賠償所需的金額也較少。各位可以從「羅馬帝國基督教教徒分布推測圖」中發現，西元四世紀初期時，基督教在羅馬帝國內部的滲透率，要以東方來得高，西方則少了許多。在西方普及率最高的地區，是以北非的迦太基為中心的一帶。君士坦丁發出的國家賠償也集中在這個地區。

因此，如果利齊鈕斯以同樣的態度進行的話，帝國東方的國家賠償金額會高出西方許多倍。沒有任何史料表示，利齊鈕斯樂於執行歸還基督教教產的政策。恐怕利齊鈕斯與熱心於歸還教產的君士坦丁的差異，就在於他把基督教問題當成宗教問題看待，君士坦丁卻以跨越宗教的角度，亦即以支配的問題來看待基督教政策。正因為如此，當君士坦丁一步步朝著帝國唯一最高權位者的路途行進時，在處理基督教問題時，也以步步為營，累積名聲的方式進行。在某一方面來說，他是在為將來的政體鋪路。從另一個方面來說，他是在遙遠的帝國西方，向尚未進入自己統治範圍下的帝國東方基督徒招手。也正因如此，當他在西元三二四年擊敗最後一名競爭對手利齊鈕斯，成為羅馬帝國唯一的皇帝之後，也就迅速地推展了下列政策。

基督教扶助策略

君士坦丁在公布「米蘭敕令」不久後，隨即再推出基督教相關政策。這一套政策，同樣對於提振羅馬帝國境內的基督教勢力有重大助益。那就是君士坦丁把皇帝的私人資產捐贈給基督教教會。順帶一提，推行帝政體系至今已有三百多年，由於自耕農的衰退，這時皇帝所吸收的農耕地已經廣大無邊。亦即這時的羅馬皇帝，也是羅馬帝國境內最大的地主。

可是，將皇帝資產捐贈給基督教教會的行為，完全違反了「米蘭敕令」。「敕令」之中承認基督教與其他宗教一樣，具有信仰與宗教活動的自由，並非將其立為國教。此外，皇帝的私有財產，是登基即位之後才能取得其使用權，並非可以隨意運用的個人私產。正因為如此，打從奧古斯都開國以來，皇帝資產一直都由下一任皇帝所繼承。換句話說，這些資產屬於羅馬皇帝，但並非皇帝個人擁有的資產。在西元三世紀前半，有個熱心於利用皇帝資產扶助特定宗教的荷拉迦巴爾皇帝，他濫用職權的行為遭到大眾厭惡，最後不但身敗名裂，還慘遭部將謀殺。

因此，君士坦丁將皇帝資產捐給基督教教會的行為，不僅違反了「米蘭敕令」，還違反了羅馬皇帝身為公共人物應有的行為準則。問題是，如今他已經是實質上的最高權位者，這個人一旦玩起兩面手法，西元四世紀的非基督教徒也已經沒有力量與氣魄出面指責。

此外，雖說教堂是向天神祈禱用的場地，要讓教堂發揮功能，可不是跪地祈禱就可以的了。姑且不論祈禱與否，彌撒等各類宗教儀式，還有救濟貧民等各項活動都需要金錢後援。理想而言，這些活動最好是能由信徒捐款贊助，但如果有人提供龐大的經濟支援，對於教會的規模和功能性就更有助益了。這些經濟援助，可以是教堂周邊的農地、飼養在農地的家禽家畜、生產商品的工廠，以及銷售商品用的門市。

簡單來說，即便是宗教組織，不，說不定正因為是宗教組織，是否能擁有資產才會如此重要。如果不能理解這一點，那就無法理解當君士坦丁將皇帝資產捐贈給基督教教會時，當時的基督教教會人員為何不僅感激，簡直是永誌不忘。能夠了解這一點之後，相信也就能理解，為何君士坦丁會獲得「大帝」的稱號。

有一項證據可以證明，君士坦丁的捐贈行為，是如何長期停留在基督教教會人員的心目中。這份文獻名叫〈君士坦丁捐贈狀〉，在漫長的中世紀裡束縛著歐洲君王諸侯的行動。因為這篇文獻中記載著，君士坦丁已經將整個歐洲捐贈給羅馬教宗。天主教會高舉這塊金牌對王侯們表示，如今君王們號稱領有的土地，其實都是經由君士坦丁大帝捐贈，由基督教教會所有的資產，王侯們只是受教會委託統治的人員而已。因此如果有任何違逆身為土地真正所有人的教會意願行動，羅馬教宗有權將委託權立即收回。

到了西元一四四〇年，這篇文獻才被證明是偽造品。在文藝復興時代，通曉希臘文與拉丁文的人被稱為「人文主義者」。其中出身義大利的羅倫佐．瓦拉在一字一句詳細推敲內文結構之後發現，這篇文獻並非出自君士坦丁在世的西元四世紀，而是十、十一世紀時，由基督教教會內部人員偽造的贗品。這項發現使得世俗君主脫離了中世紀千年來的束縛。而這項象徵文藝時代精神的實例，還告訴我們另外一件事情。亦即會有這樣一份偽造文件出現，代表君士坦丁在四世紀時將皇帝資產捐贈給教會的行為，對於教會人員來說意義萬分重大。順帶一提，這份真正的贗品，原版的〈君士坦丁捐贈狀〉，目前還保存在巴黎的國立圖書館之中。

在「米蘭敕令」公布之後，君士坦丁就是如此擅長玩弄兩面手法。除了由國家賠償沒收資產，將皇帝資產捐贈給教會之外，還有一項影響重大，直到後世都脫離不了其影響的政策，那就是由皇帝強力支持神職人員階層獨立。

這項政策也是以敕令的形式實施。具體內容，是承認決議將一生獻給基督教神明的人，有權不從事包括國家公職、地方政體職務，乃至於軍務在內的各項公務，亦即「神職人員」從今以後只要從事宗教任務即可。這道法令形成了身為羅馬皇帝的最高權位者，正式承認神職階層獨立的局面。

基督教的神職人員，在義大利文中稱作“clero”。其語源為拉丁文的“clerus”，不過這個名詞要到帝國後期才出現，語言學上將其分類為「後期拉丁文」。因為不僅在共和時期，即便在推動帝政之後，羅馬人使用的拉丁文千年以來只有「祭司」(sacerdos)，沒有「神職人員」

(clerus)。這是因為羅馬雖然有主持儀式的人，但是沒有以傳達神意給人民為業的宗教專門人員。既然沒有實體存在，那用於表現的名詞也就沒有必要存在了。從「神職人員」一詞開始出現在羅馬社會中就可以得知，君士坦丁想要建立的羅馬帝國，和以往的羅馬帝國完全不一樣。

而君士坦丁自己也表示，他承認神職人員可以免服公職的理由是：

「神職人員應該不受其他諸般任務煩擾，而應專注於神聖之任務。如此對於國家方能提供無法衡量之貢獻。」

西元四世紀的基督教神職人員當然大為歡迎這項政策。在君士坦丁的時代，基督教徒雖然獲得了宗教自由，但是其他宗教依舊存在。尤其是羅馬帝國的國教傳統諸神至今依舊健在。在這個時代擔任公職者仍必須常常參加官方的祭典，對於決心僅向基督教唯一真神祈禱的基督教徒而言，參加獻給羅馬諸神的祭典本身就是一種痛苦。尤其在場的如果不是被比喻為羔羊的一般信徒，而是以引導羔羊為任務的牧羊人，亦即神職人員，那就更痛苦了。因為基督教的神明，與其前身猶太教的神明同樣地，神明為「一」不為「多」。對一神教而言，拒絕承認唯一真神以外的神明存在，正是其宗教的存在理由。

因此，君士坦丁所說的「應該不受其他諸般任務煩擾」，也就等於「應該不受其他諸般神明煩擾」。這些「牧羊人」當然會歡天喜地地接受這項政策。

君士坦丁本人既然身為羅馬皇帝，也就身兼羅馬宗教首長「最高神祇官」。在官方祭典中，負有領頭舉行儀禮的義務。姑且不論君士坦丁本人內心感想如何，至少他並非基督教徒，也沒有接受過洗禮。

政策也好，施政也罷，時常會在立案人意想不到的地方發生效果。這一道免除基督教神職人員公務義務的敕令，恐怕也產生了出乎君士坦丁本人意料之外的效果。那就是羅馬社會的中間階層，尤其知識水準高的人們，開始設法擠進基督教教會。

西元四世紀的羅馬社會，由於列位皇帝的一連串政策直接衝擊，在「元首政治」時代中身為羅馬帝國社會骨幹的中產階級，已經稀稀落落、瀕臨崩潰。

戴克里先皇帝推動稅制改革，將稅制從以間接稅為主，轉移成以直接稅為主的稅制。結果最深受重稅之苦的，就是中產階級。

君士坦丁直接承繼了上述稅制，而且君士坦丁還把貨幣從既有的銀本位制，改換成金本位制。在這項改革之後，羅馬社會分成以素材價值穩定的金幣為收入的人，以及以匯率不斷變動的銀幣為收入來源的人。除了能以金幣給薪的中央公務員、軍方人員以外，其他中產階級又被歸類為後者。

人們自然可以選擇投入國家的行政事務或者服兵役。然而雖然行政機構擴大，使得公務員員額遽增，但也因這是能夠支領金幣的職業，結果成了就業的窄門。至於兵役，由於當時正由巴爾幹出身的人掌握大權，想必有人不願意投身兵營受人欺凌。

也許有人會說，要成為神職人員，那宗教信仰就不可忽視。在此想要向這些人提示兩項事實。

第一點，當時羅馬帝國的勢力威望日益衰退，令羅馬人悲嘆遭到羅馬諸神拋棄。在這個時代，即便心理還沒有進入願意信仰基督教的狀況，至少對羅馬諸神的信心也已經大為減弱。此外，一神教的弊害，要到千年之後才正式浮上檯面，多神教社會下的古羅馬人根本不可能想像得到。對於這些人來說，要應徵基督教神職人員時，心中也不會有什麼疙瘩。

第二點，在於現實生活困苦。人們一旦迫於需要且無計可施時，就會將信仰放在一旁了。實際上，的確有不少人為了掙一口飯吃而改信基督教。而且在君士坦丁的大力推廣之下，這些人的數量還在日益增加。

這種現象甚至普及羅馬社會中產階級上層的地方議員階層 “decuriones”。不過這些人轉業擔任神職人員，並非純因經濟需求。由於所有的職業都轉為世襲制度，這些人也被綁在地方議會的席位上。而在羅馬帝國後期，這項工作是最沒有職業樂趣的業種，經濟上又要背負沉重的負擔。在中央集權化的羅馬帝國後期，地方政體以往享有的特權都遭到剝奪。元首政治時代身為帝國「細胞」的地方自治體與殖民都市，如今都淪為單純的地方行政區。身為地方議員之子，沒有選擇職業的自由，必須繼承家業，又被政府視為富裕階層課以重稅。這些稅賦，必須兌換成金幣之後才能繳納，每當兌換一次，資產就減少一分。

如果成為神職人員，這些問題就當場解決了。首要好處，在於君士坦丁免除神職人員的納稅義務。不僅如此，生活費用完全由教會體系負責。雖說這也是教會需要資產的原因所在。

也許有人會說，禁止結婚的規矩，不是會妨礙一般民眾轉業神職人員嗎？其實基督教教會的神職人員，要到中世紀之後才有單身義務。耶穌基督之下的十二使徒多半有家室，初期基督教教會的主教也大多有婚姻關係，因此在這方面尚非妨礙轉業的因素。

就在這個時期中，君士坦丁皇帝發布敕令，把在古代對單身者不利的社會制度做了改變。有許多研究人員認為，這是輔助神職人員的政策。不過，若從別的角度來看，說不定是在為陸續由民間轉業，日益增加的神職人員數量踩煞車。因為在君士坦丁任內早期，就頒布了神職人員數量的限制措施。無論主教或司鐸，除非有空缺，否則不允許添增新人。

優西比烏斯主教在其著作《教會史》之中寫道：「為利益入教的人比為信仰入教的人多」，其社會實況也就在此。不過基督教教會方面，也因為這個世俗現象而獲利，亦即神職人員的水準因此大為提升。以往主教與司鐸多由出身社會低層的人擔任，如今知識水準也提升了。當時的基督教教會獲得君士坦丁這個難得的後援者，正在逐漸滲透羅馬帝國中樞，這個現象又使得教會獲得能言善辯的才能這一項有利的武器。《聖經》上不是有這樣一句話嗎：「起初，先有語言」。

西元三二四年，君士坦丁擊倒最後一名競爭對手利齊鈕斯之後，從這年起，到西元三三七年為止，十三年間一個人獨掌羅馬帝國的最高權位。這也代表他以往只在帝國西側施行的基督教提振措施，從此也適用於帝國東側。基督教的勢力，原本就以帝國東方較為盛行。從小亞細亞到敘利亞、巴勒斯坦這一帶的帝國東方基督教教會，自然會把君士坦丁當成與十二使徒一般偉大的存在崇拜。如此一來，羅馬帝國更像是基督教的帝國了。第一項基督教國家政策，就是在擊敗利齊鈕斯之後隨即展開的新首都君士坦丁堡建設工程。

君士坦丁為了在新首都聚集人潮，除了進行之前已經說明過的諸般政策外，另外還追加了在這個時期後才有可能施行的政策。他將埃及出產的小麥，全數轉運到新首都。以往埃及的小麥，用途在確保帝國首都羅馬以及義大利本國的需求不虞匱乏。載著埃及產小麥的運輸船，絕大多數都由地中海往西航行。如今雖然同樣經由地中海運輸，卻是朝北航行。君士坦丁為了保障在新首都君士坦丁堡定居的社會低層人民福利，決定在此恢復以往羅馬和其他都市實施過的小麥免費配給政策。據說在新首都君士坦丁堡，能夠支領免費小麥的民眾為八萬人。在開國皇帝奧古斯都時代的羅馬，這項人數為二十萬人。因此新首都規模應該是舊首都的四成左右。埃及產小麥與帝國全區小麥產量的比例，也大致如上。不管怎麼說，光從這件事情就能知道，君士坦丁對於新首都的關切之深。而熱心關切也會造成與關切對象的關係加深。對於熱心提振基督教的君士坦丁來說，與基督教的教義問題有密切關聯，也是自然的結果。

尼西亞公會議

「在尼西亞召開的公會議中，眾主教圍繞著站在中央的君士坦丁皇帝。這是最能具體象徵中世紀已經開始的景象。」

上面這句話，引用自某位專門研究羅馬帝國後期歷史的英國學者著作。眾主教聚集於小亞細亞西側邊緣的尼西亞召開公會議時，正值西元三二五年，距離羅馬帝國滅亡還有一百五十年。

在這之前，主教也經常聚會，但並非由皇帝所召集。尼西亞公會議是第一次由羅馬皇帝正式召開的公會議。為什麼君士坦丁要做出這項史無前例的事情呢？在此要重複強調，當時的基督教立場，儘管有最高權位者在背後大力贊助，依舊只是帝國諸多宗教之一。

有許多人一聽到霸權國家，馬上會聯想起一個超級大國任意使喚在其霸權下的其他國家。然而，無論是霸權國家也好，霸權領袖也好，取得霸權的同時，也就得到了相對的義務。第一項義務，在於保衛處於霸權下的國家或人民。第二項，在於調節霸權下國家民族間的利害衝突。

因為人世間的爭端，有許多往往當事者遲遲無法收尾。大多數的狀況下，由具備足夠的權威與權力，能夠讓雙方認同的第三者來調停，反而比較能夠解決爭端。

那麼，對於君士坦丁而言，非得在尼西亞召集各地主教解決的問題又是什麼？

這項問題，起源於七、八年前的亞流派與阿塔那修斯派教義論爭。君士坦丁曾派遣心腹手下荷修斯主教前往調停，但沒有任何成果。

如果只是神職人員之間為教義展開論爭，那問題不需要皇帝介入，大可放置不管。為什麼君士坦丁要插手這件事情呢？因為如果放置不管，曾經接受君士坦丁大力協助，至今依舊在輔助之下的基督教教會，有可能走上分裂的結局。一旦允許組織分裂，其後還會一再地發生分裂現象，最後只有凋零沒落的結局而已。

一般人也許會認為，君士坦丁位於世俗權力的頂端，對他來說宗教圈子內的分裂或凋零應該八竿子打不著關係。可是當事人並不這樣想。

為什麼君士坦丁不這樣想？這個問題的答案並不容易說明。因為這項問題的答案，與君士坦丁為何那樣熱心提振基督教的問題的答案相同。

在歷史上，尼西亞公會議的重要性實在難以比喻。在基督教史上來說是一件大事，而既然基督教成為世界三大宗教之一，這件事情當然也就成了世界史上的一件大事。因為在尼西亞公會議中決定的基督教「形式」，一直延伸到現代，形成了如今世界三大宗教之一的「基督教」。

也正因為如此，光是近代、現代，探討這次公會議的研究報告已經多如牛毛。不過筆者要寫的是羅馬史而不是教會史，在此僅大略敘述其內容。總之君士坦丁由於偏袒基督教，因此陷入必須牽涉到「教義」問題的局面。在過去的歷代皇帝之中，沒有人需要介入這個問題。

多神教祭祀的諸神，為從旁守護人類的神明。因此就算沒有意為「天神降旨通告人類的真理」的「教義」(**dogma**) 存在，也沒有什麼影響。然而一神教的目的，在指引人類生存的方式，教義本身可說是宗教存在的理由。而且教義既然這樣重要，那麼對教義的解釋因人而異，也就是當然的現象。如果放任解釋的差異而不進行調整，宗教組織就會冰消瓦解。召集主教舉行的公會議，目的就在於調整解釋內容之差異，避免組織崩潰。

那麼公會議的召集權在誰的手上？

由於羅馬皇帝身兼「最高神祇官」，所以召集權在皇帝手中。後來這項地位由主教中的有力人士，亦即羅馬主教接手，一直延續到現代。因此公會議的召集權在教宗手上。從這件事情就可以得知，在教會史上公會議的重要性從未減少過。畢竟「教義」是由活著的人類所解釋，那解釋的內容因人而異，也就不是什麼奇怪的現象了。而且「教義」還有另一項複雜的特質，在於解釋會隨時代變化。

在此將話題回到尼西亞公會議上。逼得君士坦丁必須親自召開尼西亞公會議設法處理的論爭，簡單來說，在於神與其子耶穌基督是同位，抑或是不同位。

事情的開頭起因於埃及的亞歷山大司鐸亞流主張不同位的說法。亞流認為，神應該與哲學上的「摩那多」同等，是構成存在的最高心理物理要素，為不可知的存在。耶穌基督並非如此，因此既不與人同位但也不與神同位。亦即，神明究竟是永恆的要素，因此凡人無從探知。出生、成長，死於十字架上的耶穌，從這個層面來說不是神。

從筆者的角度來看，會認為這項說法很有意思。可是基督教教會向來主張「三位一體」理論，亦即神與神子耶穌及聖靈同位，因此屬於一體。從教會的角度來看，亞流的說法屬於異端邪說。亞流的上司，三位一體派的阿塔那修斯主教開除了亞流，還把他驅逐出所屬的亞歷山大教區。

可是亞流在流浪過程中，陸陸續續獲得群眾支持。比方說巴勒斯坦地方的主要都市凱撒利亞主教優西比烏斯，就是其中一人。這個人日後著作有《教會史》和《君士坦丁的生涯》等書籍。雖然不久後又轉換教派，但在當時他也支持亞流的論點。不過，最為大力支持的是另一名同名主教，當時對於信徒擁有強烈影響力的尼科米底亞主教優西比烏斯。在帝國東方的教區中，勢力最強大的就是埃及的亞歷山大、敘利亞的安提阿，以及尼科米底亞。亞歷山大主教與尼可米底亞主教意見相左，代表帝國東方的基督教勢力分裂成亞流與阿塔那修斯兩個派系。如今已經不是教義論爭的問題，而是升級到教會分裂的層面。召集兩派人物前往尼西亞，試圖消除因教義解釋不同而產生的對立局面，對君士坦丁來說已經是無法避免的行為了。

據說當時在小亞細亞的地方都市尼西亞聚集的主教多達三百人。其中由帝國西方前來的人數不到十位，其他都出身於帝國東方教區。從這件事情就可以得知，帝國東西方的基督教勢力差距有多大。而且可以得知，出席尼西亞公會議的主教多半都是希臘人後裔。不知是否因為這項原由，主教們在皇帝面前大發議論、爭執不休，遲遲無法做出最終結論。因為希臘人自古以來一直愛好議論，常常讓羅馬人感到受不了。

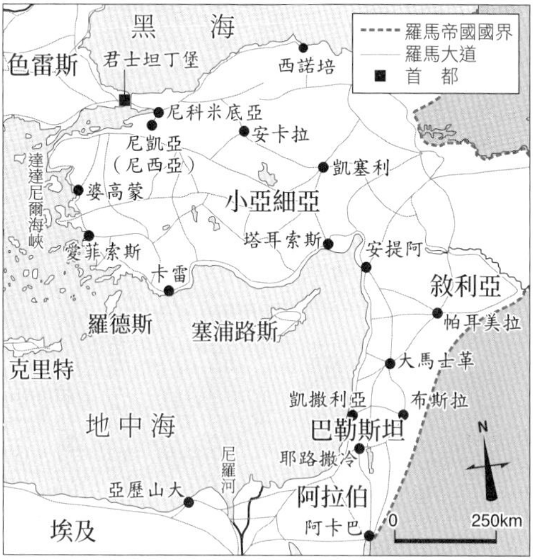

羅馬帝國東方

最後，不知道身為議長的君士坦丁是承諾了什麼代價為條件，抑或是以皇帝的權勢施壓，總之他讓最終會議以發表聯合公報作結。公報中重新確認了「三位一體」論的地位。從日後的君士坦丁言行來推測，他本人應該比較偏向亞流的觀點。只不過若是把現存的基督教正統觀點「三位一體」論駁回，那就有如一場大型地震，將會使基督教徒為之動搖。君士坦丁當時重視的，應該是基督教教會組織的統一。

不過直到最後，亞流與兩名支持他的神職人員都拒絕在聯合公報上署名同意。君士坦丁皇帝將這三個人驅逐到遠離東方的萊茵河濱，在幾年後又取消了這項處分。從這一點可以得知，在西元三二五年的尼西亞公會議之中，基督教教會也並非全面支持三位一體論。在後來，教會又發生了許多變化，尤其亞流派日後在北方異族間傳教成功，使得兩派之間的爭執持續了好幾個世紀。

教會論爭最後以「三位一體」論統合，一直延續到現代。亦即當初耶穌基督雖然死於十字架上，但是得以在三日後復活，升天之後成為「不可知」的存在，亦即「神」。如果考古學家挖掘出經科學證實為耶穌基督的人骨，那麼以神、神子、聖靈三位一體論維持統合的基督教教會立刻會陷入絕境。因為「復活」情事消失了，基督教的根基「三位一體」論也就隨之崩盤了。

從理論上來說，亞流派的神與耶穌基督不同位的說法較有道理。就算耶穌死於十字架上，一個關懷人世，探究真理的高僧，不也是挺完美的形象嗎？

話說回來，雖然筆者不是基督教徒，但是可以體會基督教的神職人員選擇「三位一體」論時的心態。因為人們光是聽到修道的方法還不會徹底滿意，還要追求外力救贖。若說追尋真理的人物，在歷史上已有一位蘇格拉底。如果說耶穌在十字架上結束一生之後就沒有故事了，那麼蘇格拉底為了堅持理念而死於毒酒，與耶穌基督可說同等。不過，死於十字架上的人類耶穌基督後來又復活升天，成為救贖的象徵。耶穌要復活升天，成為「不可知」的存在之後，才能成為救贖的象徵，亦即成為讓人類感到自己還有希望獲得救贖的存在。相對地，蘇格拉底沒有給與後人救贖。因為他自始至終一直都是個「可知」的人類。

柏拉圖所著傳達蘇格拉底理念的《對話錄》，與《新約聖經》同樣是暢銷書。不過這兩千年來的銷售成績相信有無法比較的差距。這段差距，也代表著對一般善男信女而言，追求真理大道與期望救贖的需求差距。

西元四世紀時的基督教教會，沒有採用亞流的論點，而採用了「三位一體」論。對不將基礎置於真實與否，而注重信奉與否的宗教組織而言，是個適切的選擇。或者說，就是因為選擇了「三位一體」論，才敞開了通往世界宗教的大門。而這項決斷，也是在君士坦丁主導的尼西亞公會議之中成形的。

很久以前，筆者曾經聽過有人這樣說：

「羅馬人曾經三度支配世界。第一次以軍團，第二次以法律，最後則是以基督教。」

這句話很有道理。軍事力量與羅馬法是眾所周知的史實。而基督教也要到了羅馬人經手之後，才獲得了國際競爭力。耶穌基督與十二使徒並非羅馬公民，而是受羅馬人統管的行省民。

可是在卡拉卡拉皇帝廢除行省民與羅馬公民的差異之後，過去的「行省民」也就成為「羅馬公民」了。列席尼西亞公會議的君士坦丁與諸位主教，從這個層面來說全部都是「羅馬人」。羅馬人採用了神子耶穌與神同等的「三位一體」論，因而確立了死後救贖的觀念。亦即將基督教改造成我們後人所知的這個樣子。即使這與當初耶穌基督的理念不同。

那麼，為什麼君士坦丁要花費這樣大的心血去扶持基督教教會？

基督教方面經常以「為耶穌基督所說的真理而醒悟」的說法，形容信仰基督教的人。如果模仿這項說法的話，根據目前的專家考究推論，在遭受戴克里先皇帝徹底鎮壓，又由君士坦丁轉向扶持的西元四世紀初期，為基督的教誨而醒悟的人，只占帝國人口的百分之五左右。不過，有些學者表示，這項數字僅限於大都市之中，如要算成全國平均比例又要大幅下滑。而且所謂的大都市，指的是小亞細亞的尼科米底亞、敘利亞的安提阿、埃及的亞歷山大等帝國東方都市。同樣是大都市，在基督教徒眼中的異教聖地羅馬，便難有百分之五的情況了。

基督教方面，以一神教徒慣有的看法，將與自己信仰不同的人統稱為「異教徒」。「異教徒」一詞，在拉丁文原文中稱作“**paganus**”。專家學者表示這個名詞的意思，是住在意為「村」(**pagus**)裡的人，也就是「村人」。這也就證明，西元四世紀時都市裡的基督教徒多，而鄉村地帶少。

為什麼都市的基督教徒多，而鄉村地帶少呢？第一項原因，應該是都市地帶容易產生追求新事物的潮流，相對地鄉村地區就比較保守。這是一項古今中外都相通的現象。此外，西元三世紀起羅馬帝國產生一個特殊的社會現象，就是異族入侵造成鄉村地區人口流散，都市地區人口過度密集。至於這項因素為何衍生出基督教勢力擴增的現象，筆者已經在第XII冊最後一章「羅馬帝國與基督教」之中有詳細討論，在此就不重複了。不管怎麼說，筆者在本書中所提及，西元三世紀、四世紀中「為耶穌基督所說的真理而醒悟」的人，在羅馬帝國人口中的比例占「絕對少數」，是個不爭的事實。

那麼，既然基督教徒占「絕對少數」，為什麼戴克里先皇帝還要這樣徹底地鎮壓呢？

戴克里先向來以不惜任何代價復興帝國為己任，他的施政以帝國安全為中心要旨。具體來說，就是讓帝國內的居民，脫離被異族突破帝國防線、入侵領土及燒殺擄掠的慘狀。為了達成這項任務，恢復領導階層同心協力的體制，穩固皇位根基的政策固然重要；帝國內的一般居民一起保衛「共同體」的心意也是不可或缺的。堅決認定異族是敵人的想法，才是真正能穩固國家安全的「基礎」。

可是在一神教之中，尤其在熱心於對異族傳教的基督教之中，有一股認同相同宗教信仰的信徒，更勝於住在同一社會之同胞的傾向。換句話說，比起自小一同長大的朋友，基督教徒更注重臨時造訪，但信仰相同的信徒。如此一來，對於在帝國內部居住的基督教徒而言，比起同住在帝國內的同胞，如果異族信仰基督教的話，這些人反而會是更加親近的同胞。同胞一詞，除了同一國的國民以外，還有兄弟姐妹的意味。而在基督教中，「兄弟姐妹」代表雖然沒有血緣關係，但是有共通信仰，是一種相當重要的關係。

戴克里先畏懼的，並非基督教徒的實際數量。而是害怕基督教普及之後，帝國的「防線」也就跟著消失了。如果敵我不分，那麼防衛的對象不明確，「防衛」也就無法發揮機制。從這個角度來看，戴克里先也承襲了「元首政治」時代列位皇帝對基督教的觀念。有許多專家學者將戴克里先定位為羅馬帝國最後一位皇帝，也是基於這個角度的看法。

相對地，雖說中間隔著一段爭權奪勢的時期，不過戴克里先的實際繼承者還是君士坦丁。君士坦丁不僅轉向承認基督教的存在，更是第一個熱心扶植基督教的羅馬皇帝。話說回來，在君士坦丁的時代，國內的基督教勢力依舊是「絕對少數」。不僅如此，在戴克里先大力鎮壓之後，數量還要比以往更加稀少。君士坦丁明知社會局勢如此，卻還要一百八十度改變前任皇帝的政策，這是為了什麼？

研究人員一字一句解析君士坦丁留下來的文件書信，試圖探討君士坦丁在公布「米蘭敕令」之前是否對基督教抱持親近感。另外還舉出在戴克里先向基督教宣戰，數度發布鎮壓基督教的敕令有效時，君士坦丁的父親君士坦提統治的帝國西側幾乎沒有鎮壓基督教的史實為證，表示君士坦丁的家族向來對基督教寬容。學界主張君士坦丁偏袒基督教的政策，是理所當然的結果。換句話說，君士坦丁在政治上偏袒基督教，只是因為他本人信仰。

確實，在西元三二四年成為唯一的最高權位者之後，君士坦丁建設了沒有異教神殿，只有基督教教堂存在的新首都君士坦丁堡。而在異教的聖地羅馬，包括聖彼得大教堂在內，存留到現代的重要教堂也幾乎都由君士坦丁主導修建。此外，君士坦丁還在基督教的聖地耶路撒冷，修築了對基督教徒而言無比重要的聖墓教堂。

可是，儘管君士坦丁如此公然表露親基督教的行為，他同時也是照著傳統羅馬皇帝的風格行事的人。他發行的貨幣正面是他個人的側面肖像，背面則與歷代皇帝相同地，刻有羅馬諸神圖案。而且他也沒有禁止舉辦官方祭典。君士坦丁的兒子在發布敕令，禁止舉辦官方祭典時，表示這是父親的遺志。問題是，這種沒有任何文件佐證的「遺志」，是最靠不住的史料。簡單來說，儘管君士坦丁偏袒基督教，至少表面上他還遵守著「米蘭敕令」中宣言的宗教平等。當他治理羅馬帝國時，帝國還是處於「諸神混處」的現象。我們也可說諸神混處在某個角度而言等於羅馬本身。

筆者閱讀君士坦丁留下的書信之後覺得，反對派系只怕不容易從他字裡行間找出毛病批評。因為文體是所謂小心謹慎的政治人物書信，從字面上不可能看得出來任何一丁點與基督教信仰相關的事物。可見君士坦丁實在是個很巧妙的雙面人。

至於他的父親君士坦提在鎮壓基督教時消極，也只是因為帝國西方的基督教勢力原本就不強盛。既然衰弱又屬於少數，鎮壓迫害的程度自然也跟著等比例下降。

至於君士坦丁個人信仰基督教與否，這件事情實在很難一口咬定是或否，因為宗教信仰完全是個人的問題。不過，相信至少君士坦丁本人並不討厭基督教。

君士坦丁的親生母親海倫娜是個有名的基督教徒。當然在戴克里先在位時，這件事情不能對外聲張。海倫娜公開表示信仰，恐怕要等到兒子的皇位穩固，發布承認基督教的「米蘭敕令」之後。尤其君士坦丁在西元三二四年成功掃蕩所有對手之後，海倫娜成為皇太后，倍受眾人禮遇，甚至於完成了巡禮聖地耶路撒冷的旅行。

海倫娜出生於鄉間酒館，在「四頭政治」體系下，由於副帝必須迎娶正帝的女兒，迫使她必須與結髮多年的丈夫離婚。如果親生兒子君士坦丁與母親有深厚感情，也沒有什麼好奇怪。做兒子的總會同情母親，尤其是遭遇不幸的母親。假使兒子對母親寄與同情與親情，愛屋及烏擴及母親信仰的宗教，這也是為人子理所當然的心態。

儘管如此，君士坦丁如此偏袒占絕對少數的基督教，理由依舊成謎。因為君士坦丁既然身為政治人物，也就該知道如果強硬推動支持者少的政策，會成為政治人物的致命傷。

有許多人認為，領導者或支配者的任務，就是汲取受領導或支配的群眾之慾望、需求，並將其化為現實。不過，這是在未深入了解民主政治的狀況下形成的觀念。而這種「任務」，也就成了許多政治人物的行動準則。確實這是從政人員的任務，但並非為政者的全部任務。現存的需求固然是需求，然而也有些需求必須經由人力喚起。

如果君士坦丁是那種認為統治者應理解被統治者的需求，將其化為現實的領袖人物，他也就不會對僅有百分之五的人施政。筆者認為，君士坦丁是個理解需求能藉由人工喚起的領袖。

那麼這又形成了一個問題，君士坦丁為什麼有必要這般不辭辛勞，設法喚起群眾的需求？這種把「少數」變成「多數」的企圖，其動機不論為何，絕對不是可以輕忽省略不理的問題。換個角度來說，君士坦丁這樣幫助基督教，到底有什麼好處？

"Instrumentum regni" 亦即「支配用的工具」

羅馬人歷經了王政、共和、帝政等政體變遷，然而整個民族一直對世襲制度感到難以釋懷，或者說感到懷疑。當初在王政時期，採用的是選舉制度。到了共和政治就不用說了，相當於現代首相的執政官，也是經由公民大會選舉產生。在羅馬帝國，即便是帝政時期，官方主權者依舊不是皇帝。皇帝只是接受身為主權者的羅馬公民權所有人，以及羅馬元老院委託行使權力。因此，一旦皇帝讓人覺得不值得託付權力，就會遭到暗殺。由於皇帝的任期與一年制的執政官不同，屬於終身職，要把皇帝換下臺，唯一的方法就是使其死亡。

西元三世紀，羅馬帝國會面臨危機的第一項因素，以現代的方式來形容，就是因為接連撤換皇帝，造成政局動盪不安。為了改善現狀，戴克里先構思推動了「四頭政治」體系，但壽命並不長久。君士坦丁也是造成體系崩潰的人物之一，想必他已經看穿了「四頭政治」無法解消政局不穩定的現狀。此外，他還有野心，想要與「元首政治」時代的皇帝一樣一個人統治國家。

可是，如果想要一個人統治國家，那就有必要構思一套不但有效，而且能長期維持效力的體系。這既不是已經證明無法發揮效果的「四頭政治」體系，也不是隨時可能以暗殺方式撤換的「元首政治」體系。

君士坦丁也知道，政局穩定是維持帝國存續的關鍵。可是在他任內，軍事力量的分配，也不是以國界上的「防線」為重，而是注重強化他個人直屬的兵力。因為他視保護個人家族存續，優先於政局穩定或帝國利益，所以才會被稱為第一個中世紀君主。

只要託付權力給掌權者的是「人類」，剝奪掌權者手上的權力，亦即撤換掌權者的權力也就會掌握在「人類」手中。那麼，如果這項權力不在「人類」手上，而在其他存在之上，會是什麼樣的狀況？

羅馬傳統諸神，並不適合扮演這項角色。因為多神教的神明是協助保護人類的神明，並非指揮人類如何生存度日的神明。多神教與一神教的神明，打從性質起就不一樣。亦即，能讓君士坦丁滿意的神明，必須從一神教裡面去找。因為猶太教一直維持猶太人民族宗教的地位，在西元四世紀時，能滿足上述條件的一神教，只有以跨越民族間隔為傳教方針的基督教。而且，在兩百七十年前，基督教勢力還未壯大時，聖保羅便計畫將基督教從猶太民族宗教，轉化為世界宗教，他曾經留下這樣一段言論：

「每個人都應當遵從在上位者。在我們的教誨中，不認同除了上帝以外的權威。而現實世界的各個權威，都是受神指示才成為權威。遵從權威，也就是遵從君臨於現世權威之上的天主。」

不知從什麼時期開始，君士坦丁身邊多了一位宗教顧問，名叫荷修斯。關於這個人物，我們只知道他是西班牙南部的都市科爾多瓦的主教。還有他雖然年齡不詳，但是比君士坦丁年長。目前沒有任何著作或文書可以確定出自這個人的手中，因此我們後人也無從而知，他實際上曾經對皇帝做過什麼建議。

話說回來，顧問能發揮的影響力也有限。顧問的建議如果沒有獲得掌權者接受，那也只是紙上談兵。建議的實現，以及化為現實時所需的力量，全看掌權者的一念之間。如此一來，是誰提出建議，問題也就不大了。真正的問題，是受到建議的人能不能接受這些意見。而在歷史上，做出重大決斷，分隔了古代與中世紀的，還是君士坦丁本人。

君士坦丁的政治敏銳度的確令人讚嘆。他能夠發現在現實世界中，亦即在俗世之中，把委託統治或支配的權力從「人類」身上轉移到「神明」身上的觀念之效力。因為委託及撤換的權力，再也不是可知的「人類」所有，而是歸於「不可知」的唯一真神。

這種制度，把政權交給實際上不會有任何意志表示的神明做決定。那麼，就需要某些有資格聽取神意的人，將神意傳達給人類。在基督教的制度裡，神意是透過神職人員傳遞的。而且還不是每日與信徒接觸的司鐸、在孤獨環境中探究信仰的修道士，而是在召開以解釋、整理、統合教義為目的的公會議時，有權利出席的主教。亦即，根據基督教的制度，只有主教可以向人類傳達「天意」，表示天神決定賦予統治權給世俗君主與否。那麼，只要與主教成了同夥，就能把「天意」也拉攏過來。這樣一來問題就簡單了，純粹就看有沒有辦法拉攏主教。

「主教」一詞，在後期拉丁文中叫做 "episcopus"，後期希臘文中叫做 "episkopos"。在基督教日益滲入社會的羅馬帝國後期，這是最值得矚目的階層。

當時的基督教教會組織，不像現在的天主教會那樣高度官僚組織化，因此主教的地位非常的重要。

主教被視為十二使徒的繼承人，受託擁有傳達耶穌基督與十二使徒的意旨、教育引導信徒、統合信徒等各項權力。而且除了上述權力以外，還具有對有助於傳播基督教的人物，賦予神聖正統性的權力。

在中世紀封建制度下的國王，多半是割據一方的封建領主，在合意之下共擁其中一名領主為王。身兼主教的教宗與其他主教的關係，與封建國王的立場頗為相似。直到現代，羅馬教宗同時也是以引導身居羅馬的信徒為首要任務的羅馬主教。如果要在凡間找尋立場與主教相似的職務的話，那就是州長了。簡單來說，教區內的信徒，歸主教統轄，只因為主教也是傳達天意的人。現代的羅馬教宗，是由獲得任命為樞機主教的主教選舉產生。而理論上，樞機主教投的票，是接受三位一體中的聖靈告知「天意」後，才投給符合天意的人選。一切都按照天神的意旨，沒有樞機主教個人意志摻雜在內。在基督教教會中，一切事物全都是依照天意而行。因此對他們來說，現實世界的統治，交給獲得天意的人掌管，也是理所當然的事情。而聽取天意傳達給世人的，就是主教。

那麼，當君士坦丁要拉攏主教時，具體採取了哪些措施？

組織的領袖最重視的，就是鞏固組織並維持存續。對主教來說，就是如何確保人力與資產，以便在教區推展宗教活動、福利事業與教育事業。君士坦丁只要提出保證，並增加其數量即可。

君士坦丁修築教堂捐贈給教會，捐贈資產作為教會活動的財源。對於在教會活動時，實際在第一線工作的神職人員，給與免除公務與稅賦的優待。即使不進入教會，以信徒身份積極參與福利活動的人，對教會來說也是重要的人力資源。君士坦丁因而解除了對單身者不利的法令。

這些項目，筆者在前面的篇章之中已經敘述過了。而除了這些優惠政策之外，君士坦丁還賦予主教在教區內的司法權。羅馬帝國再也不是法治國家了。原本司法與宗教應該涇渭分明，如今就連在司法圈子裡，身為基督教徒的人都占優勢。

而且除了上述項目外，主教還成為苦於重稅的納稅人在請求皇帝的徵稅官手下留情時，唯一能請求斡旋的對象。這並非君士坦丁制定的制度。只不過既然主教的權力膨脹至此，想必人人也都會認為，說不定主教有辦法讓稅金少一點。

除了與自然環境相處的時間多過與人相處的農村地帶以外，基督教滲透速度最慢的地方應該是軍隊了。原本在羅馬軍的官兵中，信仰太陽神或密特拉神的信徒就不少。而羅馬軍團已經習於在整體行動時把個人信仰擺在一邊，參加為守護羅馬帝國的羅馬諸神舉辦的祭獻儀式。

發布承認基督教的「米蘭敕令」十一年後，西元三二四年君士坦丁與利齊鈕斯展開內戰，最後由君士坦丁獲勝。利齊鈕斯陣營的官兵在戰敗投降時，向著戰勝者君士坦丁如此歡呼：

「君士坦丁皇帝，願您獲得諸神加護！」

諸神，也就是傳統的羅馬諸神。這表示即便在承認基督教之後，對官兵而言，「諸神」還是比較親近的存在。

在面對官兵時，君士坦丁沒有表露出任何親基督教的態度，也沒有提出任何措施。因為君士坦丁知道，皇帝的權威基礎在於軍隊。如果做出什麼減損軍方支持的動作，會成為身兼最高司令的皇帝之致命傷。

不過，君士坦丁也做了個小動作。他允許信仰基督教的官兵以向天神祈禱為由，在星期日休假。至於異教徒官兵，在星期日與其他日子同樣要接受訓練。

在此要重複，君士坦丁只是承認基督教為宗教，並未將其立為國教，也沒有排擠基督教以外的其他宗教。也正因為如此，對於西元四世紀的羅馬人來說，基督教只是諸多宗教的其中之一。換句話說，就算只是為了星期日可以休假的無聊理由改教，精神上的負擔也會比我們後人想像中來得輕微許多。

凱撒利亞主教優西比烏斯，以第一位《教會史》作者身份揚名於世。他在書中曾經很痛心地寫道，當時改信基督教的人，多數並非為了信仰，而是基於利益。不過，如果等待個人自然提升對基督的信仰，想必要把「少數」轉變為「多數」，又要花去難以估計的長年歲月。光是從耶穌基督死於十字架上，到宗教獲得政府承認，就花去了三百年的時間。如果在其中，隨業種或個人摻雜些許「利益」存在，不正能讓「少數」轉為「多數」所需的時間縮短了嗎？這些政策與籠絡主教的政策同樣地，是冷靜洞察人性現實之後，所設計的巧妙戰術。這是相當政治的手段，也顯示出君士坦丁滿足了從政者的最重要條件，亦即對政治現實的敏感性。

自從統治與支配的權力，不是由「人類」賦予，而是由「神明」賦予之後，讓歷代羅馬皇帝頭痛的問題也就跟著一筆勾消了。

身為皇帝權力監督機構的元老院，從此也失去了最重要的存在理由。因為監督掌權者的功能，必須要有賦予掌權者權力的資格才能持有。

圓形競技場與大競技場，在過去也是身為有權者的公民表達意見的地方，從此以後只是單純的娛樂設施而已。

儘管羅馬人向來對皇位世襲抱持懷疑的態度，如今就算讓多無能的兒子繼承，也不須傷透腦筋找理由。

一切只要一句「你們會受我和我兒子統治，並非因為你們的意志，而是你們所信仰的神明的意志」就可以打發。換句話說，只要表示「一切都是天神的意旨」就好。

在絕對君權盛極一時的十七世紀，英國的詹姆士一世與法國的路易十四高唱「君權神授」理論。如果將其轉換成「現世支配權神授說」，那麼這個想法是由比十七世紀早了一千三百年的君士坦丁播的種子。

如果這個想法是以由同一血統的子嗣繼承為限，那麼君士坦丁花費這樣大的功夫鞏固的支配權神授說，在他的兒子那一代就宣告斷絕了。然而「觀念」的部份，從某個角度來說，甚至於一直延續到了法國大革命為止。這項觀念會延續如此長久時間，是因為對統治者來說，統治者的選擇並非由人類決定，而是由天神決定的理論，會更有助於他們掌握權力。

加冕儀式（圖為查理曼大帝加冕儀式油畫）

加冕儀式是最能代表其內情的事物。首先由國王屈膝跪在代表神意的主教跟前。而作為神明代理人的主教，把象徵著經由神明正統化的統治權的王冠，戴在屈膝跪地的國王頭上。

元首政治時期的羅馬帝國，不認為統治權是由神明賜予。因此既沒有皇冠，也沒有加冕儀式的存在。

西元三三〇年五月十一日，新首都君士坦丁堡舉辦了慶祝落成的大型典禮。在全力兼程趕工之下，短短六年之間，這座城市至少具備了首都應有的外型。如果說，羅馬是多神教羅馬帝國的首都；那麼加上君士坦丁皇帝名諱，號稱「新羅馬」的君士坦丁堡，也就是一神教的基督教羅馬帝國首都了。君士坦丁認為，要讓光榮的羅馬帝國重生，就必須在新政體、新首都、新宗教之下完成。也當然，從這一年起，所有的首都功能都從羅馬轉移到君士坦丁堡了。

權力的轉移，也會連帶造成權力周邊的人口轉移。就好像梳子的齒一根根掉落似的，地位高的人與富裕階層的人紛紛從羅馬移居到君士坦丁堡。在慶祝首都落成的第二年發生了事變，使得這個移居的現象更形加速。

這一年，北方異族大舉來襲，突破了人稱「羅馬帝國國防能力檢測儀器」的多瑙河防線。皇帝坐鎮後方指揮羅馬軍隊擊破敵軍，將投降的敵軍編入羅馬軍中終結戰爭，共花去了兩年的時間。即便最終獲勝，但也是在國境被破壞、敵人深入國土之後的事情，這代表君士坦丁也無法完成將敵人屏除國境外的局面。

西元三三七年，春季一到來，君士坦丁就率領大軍離開首都君士坦丁堡，前往小亞細亞。因為在「四頭政治」時期遭羅馬徹底擊敗而言和的波斯帝國，在事隔四十年後又再度展開反羅馬的軍事行動。雖說君士坦丁這時已經六十二歲，然而與波斯王國作戰的話，還是需要本人親自領導。君士坦丁與在私通罪名下處死的皇后法烏斯塔之間生有三名兒子。這時三個人分別是二十一歲、二十歲與十七歲，還不足以承擔對波斯作戰的重責大任。除了嫡子以外，君士坦丁還有兩個同父異母的弟弟，以及幾個姪子。然而君士坦丁重視以親生子嗣繼承皇位的觀念，不可能讓這些人有建功揚名的機會。

不過，這時君士坦丁已經六十出頭。可能是三十年來忙於爭奪皇位與專制統治，把意志與體力全數投入取得與維持權力，因而積勞成疾。君士坦丁一到達小亞細亞西側邊緣的尼科米底亞後，就臥病不起了。在病情沒有起色的狀況下，於五月二十二日過世，享年六十二歲。

君士坦丁的遺體，沒有按照傳統舉行火葬。而是直接運到君士坦丁堡，埋葬在他生前修築的「聖十二使徒教堂」。原本羅馬是歷代皇帝的埋骨之處，如今連這個功能都失去了。

根據基督教方面留下的史料，君士坦丁臨終時，是由原屬於反對三位一體論的亞流派成員，尼科米底亞主教優西比烏斯為其洗禮。不過留下這段記載的，並非為皇帝洗禮的當事人，亦即最佳目擊證人尼科米底亞主教優西比烏斯。而是同名，但不在場的凱撒利亞主教優西比烏斯。換句話說，這只是傳聞。不過君士坦丁在臨終前是否真的洗禮成為基督教徒，只怕沒有那樣重要。現代人也許認為，這是君士坦丁皇帝在臨終前痛改前非的表徵。不過對於臨終洗禮這件事，還有不同的說法。西元一九六四年，於牛津出版的 *The Later Roman Empire* 作者，亦即羅馬帝國後期歷史的世界權威 A. H. M. Jones 教授是這樣表示的：

「君士坦丁只是依循著大多數誠摯基督教徒的慣例罷了。亦即，他在現世既然必須沾染於基督教教義中屬於重罪的惡行，那麼乾脆把成為基督教徒所需的洗禮，延後到想幹壞事都沒辦法的時候舉辦。」

看到這段文字時，筆者心中浮現了吉田茂首相的身影，覺得十分愉快。筆者自認為已經充分理解古代基督教順應時代的能力，以及因應羅馬人觀念的彈性，在作品中也陸續提及，可是沒想到還有這樣有趣的一面。筆者自從出道以來，一直站在非宗教觀點敘述歷史。如果真是如此，說不定筆者在臨死之前還能接受洗禮，獲得基督的救贖。不過話說回來，一生中重於基督教義而活的人，與臨終前補票上車的人，在基督教的神明之前是否真的還一律平等？

雖然說君士坦丁到最後才補票上車，但在生前如此熱心扶植基督教成長，其成果可不是頒贈「大帝」稱號就能形容的。關於這點，查理曼可就遠遠比不上他了。有一位研究人員曾這樣表示：

「如果沒有君士坦丁，基督教教會將因為每當教義解釋時都產生論爭，結果造成一再分裂，最後與古代其他宗教一樣銷聲匿跡。」

不過，其他研究人員不僅針對君士坦丁，而是統括從戴克里先起，到君士坦丁，即筆者在本書中討論的時代後這樣表示：

「羅馬帝國有必要為了延續壽命做到這個程度嗎？」

有許多研究人員認為，戴克里先與君士坦丁兩位皇帝使得羅馬帝國復甦了。可是這兩個人，是把羅馬帝國轉換成另一個帝國，才維持了羅馬帝國的名義。如果沒有這兩個人存在，也許帝國的結局會在西元三世紀末期就到來。然而，他們興起的帝國，後來也維持不到百年。如果這百年之中，是與五賢君時代相似的百年的話，那付出多少代價都還無所謂。也就是說，如果在這百年裡帝國國界上的「防線」如同銅牆鐵壁，異族無法入侵；可以用於檢測百姓是否安居樂業的農業也興隆發展；治安良好，在道路上往來的旅人車輛不用擔心遭盜匪襲擊；人員物資在廣大的帝國之中流通；有選擇職業的自由；社會階層間的流動性高；登用人才的機制能發揮作用；政府抽稅時又輕徭薄賦，那還沒話講。換句話說，就是享受百年的「羅馬和平」。

可是在這之後的百年，社會卻不是這個樣子。「羅馬和平」已經一去不復返。所以說「羅馬帝國有必要為了延續壽命做到這個程度嗎？」這句話，是許多學習羅馬從誕生到滅亡的歷史的人，心中自然會浮現的疑問。尤其是在知道其後的中世紀，是個怎麼樣的時代之後。

大事年表

西元	羅馬帝國 帝國東方 （中東、小亞細亞、埃及、巴爾幹、多瑙河流域）	羅馬帝國 帝國西方 （義大利、萊茵河流域、高盧、不列顛、西班牙、北非）	世界其他地方
二四五	約在此時，戴克里斯（後來的戴克里先）出生於達爾馬提亞地方史普利附近的薩羅那耶		（日本）彌生時代
二六〇	瓦雷力亞努斯皇帝遭波斯王夏普爾一世俘虜		
二七五	約在此時，君士坦丁生於今塞爾維亞與蒙特內哥羅國的尼蘇		
二八三	夏季，卡爾斯皇帝於波斯戰役途中遭雷殛喪生 秋季，卡爾斯之子努美梨亞，喪生於尼科米底亞 皇帝侍衛長戴克里斯由麾下軍團擁立稱帝		（中國）西晉滅吳統一中國（二八〇）
二八四	夏季，努美梨亞之弟卡梨努斯陣亡 **戴克里斯就任皇帝，易名戴克里先** 秋季，戴克里先**指名馬克西米安為「凱撒」**，展開「雙頭政治」		
二八六	戴克里先在多瑙河防線擊退異族，轉向東方加強防線	馬克西米安著手強化北非防線	

二八八		元老院向成功強化東方防線的戴克里先獻上"Persicus maximus"（克服波斯之偉人）稱號 戴克里先趕往拉耶提亞	
二九〇	戴克里先再度趕往東方，於敘利亞征討薩拉森盜匪		
二九一	戴克里先到埃及，擊退由尼羅河上游襲擊而來的原住民		（中國）八王之亂
二九二	戴克里先返回多瑙河防線，擊退薩爾馬提亞族		（日本）三世紀後半至四世紀初期，由畿內至瀨戶內海沿岸建設有許多古墳
二九三	五月一日，展開第一次「四頭政治」 **東方由正帝戴克里先、副帝伽雷留斯擔任。西方由正帝馬克西米安、副帝君士坦提．克洛魯斯擔任** 君士坦丁被送至東方，在尼科米底亞的戴克里先皇帝之下就軍職		（印度）約此時期，《摩訶婆羅多》、《羅摩衍那》兩大敘事詩成立 （印度）初期帕拉瓦王朝興起
二九五	「戴克里先浴場」開工破土 努米底亞青年馬克西密里亞努斯拒服兵役殉教		
二九六	波斯入侵美索不達米亞北部。東副帝伽雷留斯迎擊鎩羽而歸		

二九七	伽雷留斯戰勝波斯軍。與波斯締結和約後，將美索不達米亞納入掌握	
三〇一	戴克里先發布價格管制敕令	（中國）趙王司馬倫篡位
三〇三	二月二十四日，戴克里先發布鎮壓基督教徒敕令 十一月二十日，戴克里先與馬克西米安共同於羅馬舉辦凱旋儀式	
三〇五	五月一日，戴克里先、馬克西米安同時退位。戴克里先前往史普利，馬克西米安前往南義大利隱居 第二次「四頭政治」肇始，**東正帝伽雷留斯、副帝馬克西米努斯．岱亞；西正帝君士坦提．克洛魯斯、副帝謝維勒**	（日本）古墳時代
三〇六	「戴克里先浴場」竣工 君士坦丁前往西方，加入君士坦提．克洛魯斯麾下 七月，西正帝君士坦提．克洛魯斯病逝。君士坦提．克洛魯斯麾下官兵擁立君士坦丁為正帝 伽雷留斯將謝維勒推上西正帝，以君士坦丁為副帝收拾局面 十月二十八日，馬克西米安之子**馬克森提斯於羅馬擁兵稱帝**	
三〇七	二月，西正帝謝維勒為征討馬克森提斯揮軍羅馬。遭前正帝馬克西米安俘獲後自裁	
三〇八	秋季，東正帝伽雷留斯於卡爾倫托姆召集戴克里先、馬克西米安會談。**達成以利齊鈕斯擔任西正帝之協議**。展開第四次「四頭政治」 君士坦丁與馬克西米安之女法烏斯塔結婚	（中國）漢王劉淵即位稱帝

三〇九	戴克里先之鎮壓基督教敕令遭取消	異族大舉跨越萊茵河防線入侵帝國內部。馬克西米安藉機發動政變準備打倒君士坦丁	
三一〇		君士坦丁與異族和談後反擊馬克西米安。馬克西米安自裁	
三一一	四月，東正帝伽雷留斯發布敕令認同宗教自由 五月，伽雷留斯駕崩。**東正帝由利齊鈕斯繼位，西正帝職位懸缺**		
三一二		君士坦丁為與馬克森提斯決戰，率軍攀越阿爾卑斯山進擊義大利 十月二十七日，君士坦丁於羅馬郊外米爾維亞橋戰鬥獲勝，馬克森提斯陣亡 元老院決議將進入羅馬城之君士坦丁升格為正帝。「君士坦丁凱旋門」破土開工。禁衛軍團遭解散	
三一三	馬克西米努斯．岱亞將戴克里先之女，伽雷留斯遺孀瓦雷力亞及其母普利斯佳流放東方 馬克西米努斯．岱亞入侵屬於利齊鈕斯管轄之小亞細亞 三月底，利齊鈕斯擊敗馬克西米努斯．岱亞。馬克西米努斯．岱亞逃亡 六月十五日，頒布「米蘭敕令」承認基督教 八月，馬克西米努斯．岱亞逝世 戴克里先於此年逝世	君士坦丁於米蘭與利齊鈕斯會談，同意公布「米蘭敕令」 利齊鈕斯與君士坦丁之妹君士坦堤亞結婚	（朝鮮）高句麗滅樂浪、帶方郡
三一五	「君士坦丁凱旋門」竣工 秋季，君士坦丁與利齊鈕斯作戰獲勝。第二場戰鬥又再度獲勝 十二月，君士坦丁與利齊鈕斯議和。利齊鈕斯勢力受限於小亞細亞以東		

三一六	君士坦丁展開北方異族擊退戰	（日本）古墳時代（中國）西晉滅亡
三一七	君士坦丁正式開始迎擊跨越防線入侵之異族。多瑙河防線由君士坦丁指揮，萊茵河防線由長子庫里斯普斯負責	（中國）司馬睿即位晉王（東晉，三一八） （中國）劉曜以長安為郡，建立前趙（三一九） （印度）禪德拉格普塔一世興格普塔朝（三二〇）
三二二	君士坦丁率軍渡過多瑙河擊破北方異族，與異族和談，成功確保北方安全	
三二四	七月三日，君士坦丁軍與利齊鈕斯軍於土耳其之艾迪魯內戰鬥獲勝 君士坦丁軍於拜占庭再度戰勝利齊鈕斯軍。利齊鈕斯投降，退出正帝職位，隱居於帖撒羅尼迦。 **君士坦丁成為唯一的正帝** 君士坦丁將帝國首都轉移至拜占庭，著手建設新首都	
三二五	利齊鈕斯以勾結外族密謀作亂罪名遭處死 君士坦丁於小亞細亞尼西亞召集基督教主教舉行公會議。決定以三位一體論為正統，將亞流派視為異端	

三二六	庫里斯普斯以私通後母法烏斯塔之罪名遭逮捕，於伊斯特利亞半島的波拉牢獄中逝世。法烏斯塔亦遭到謀殺
三三〇	五月十一日，新首都君士坦丁堡舉行慶祝竣工典禮
三三七	為對抗波斯之軍事行動，君士坦丁率軍前往東方五月二十二日，君士坦丁病逝於尼科米底亞

參考文獻

ALFOLDI, A., *Costantino tra paganesimo e cristianesimo*, Bari, 1976.
ARIÈS, P. & DUBY, G., *La vita privata. Dall'impero romano all'anno mille*, Bari, 1990.
BARNES, T. D., *Constantine and Eusebius, the New Empire of Diocletian and Constantine*, Cambridge, 1981.
BARROW, R. E., *Slavery in the Roman Empire*, London, 1928.
BLECKMANN, B., *Konstantin der Grosse*, Hamburg, 1996.
BROWN, P., *Società romana e impero tardo-antico*, Roma-Bari, 1986.
BRUUN, P. M., *Studies in Constantinian Chronology*, New York, 1961.
BUGNER, L. (ed.), *The Image of the Black in Western Art vol. I: From the Pharaohs to the Fall of the Roman Empire*, Harvard University Press, 1983.
BUONAIUTI, E., *Il Cristianesimo nell'Africa Romana*, Bari, 1928.
BURCKHARDT, J., *L'età di Costantino* (1853), Firenze, 1957.
BURÝ, J., *The Invasion of Europe by the Barbarians*, London, 1928.
CALDERONE, S., *Costantino e il cattolicesimo*, Firenze, 1962.
CAMERON, A., *The Later Roman Empire*, Harvard University Press, 1993.

CHARLESWORTH, M. P., *Trade Routes and Commerce in the Roman Empire*, Cambridge, 1924.

CORCORAN, S., *The Empire of the Tetrarchs: Imperial Pronouncement and Government, A.D. 284–324*, Oxford, 1996.

COSTA, G., *L'Opposizione sotto i Costantini*, Milano, 1925.

CRIVELLUCCI, A., *Storia delle relazioni tra lo stato e la chiesa*, Bologna, 1885.

DAGRON, G., *Naissance d'une capitale: Constantinopole et ses institutions de 330 à 451*, Paris, 1974.

DALLE SPADE, G., *Immunità ecclesiastiche nel diritto romano imperiale*, Venezia, 1940.

DANIELE, I., *I documenti costantini della Vita Costantini di Eusebio di Cesarea*, Roma, 1938.

De BROGLIE, A., *L'eglise et l'empire romain au IVe siècle*.

De GIOVANNI, L., *Costantino e il mondo pagano*, Napoli, 1977.

De MARTINO, F., *Storia economica di Roma antica*, Firenze, 1980.

De ROBERTIS, F. M., *Il diritto associativo romano. Dai collegi della Repubblica alle corporazioni del Basso Impero*, Bari, 1938.

DIEHL, Ch., *Constantinopole*, Paris, 1924.

DOWNEY, G., *A History of Antioch in Syria, from Seleucus to the Arab Conquest*, Princeton, 1961.

DUNCAN-JONES, R., *Money and Government in the Roman Empire*, Cambridge University Press, 1998.

EUSEBIUS, *Historia Ecclesiastica & Vita Constantini*, Berlin, 1909.

FISCHER-FABIAN, S., *I germani*, Bologna, 1985.

FRASCHETTI, A., *La conversione. Da Roma pagana a Roma cristiana*, Bari, 1999.

GARDNER, I. & LIEU, S. N. C. (eds.), *Manichaean Texts from the Roman Empire*, Cambridge University Press, 2004.

GIBBON, E., *The Decline and Fall of the Roman Empire*, with introduction of J. Bury, London, 1890–1900; *Declino e caduta dell'impero romano*, Milano, 1992.

GIOBBO, A., *Chiesa e Stato nei primi secoli del cristianesimo*, Milano, 1914.

GWATKIN, H. M. & WHITNEY, J. P. (eds.), *The Cambridge Mediaeval History vol. I: The Christian Roman Empire and the Foundation of the Teutonic Kingdoms*, Cambridge, 1936.

JACQUES, F. & SCHEID, J., *Roma e il suo impero. Istituzioni, economia, religione*, Roma-Bari, 1992.

JONES, A. H. M., *Constantine and the conversion of Europe*, London, 1964; *The Cities of the Eastern Roman Provinces*, Oxford, 1971; *The Later Roman Empire. 284–602*, Oxford, 1984.

KIDD, A., *A History of the Church to A.D. 461*, Oxford, 1922.

LEVI, A., *Itineraria Picta. Contributo allo studio della Tabula Peutingeriana*, Roma, 1967.

LOT, F., *Les invasions germaniques*, Paris, 1935.

MacMULLEN, R., *Soldier and Civilian in the Later Roman Empire*, Harvard University Press, 1963; *Constantine*, London, 1987.

MATTINGLY, H., ENSSLIN, W., BAYNES, N. H. & others, *The Cambridge Ancient History vol. XII: The Imperial Crisis and Recovery*, Cambridge University Press, 1939.

MAZZA, M., *Lotte sociali e restaurazione autoritaria nel III secolo dopo Cristo*, Roma-Bari, 1973.

MAZZARINO, S., *Antico, Tardo-antico ed era costantina*, Bari, 1980; *L'Impero Romano*, Bari, 1984; *La fine del mondo antico*, Milano, 1988.

MILLER, E., POSTAN, C. & POSTAN, M. M. (eds.), *The Cambridge Economic History of Europe from the Decline of the Roman Empire vol. II: Trade and Industry in the Middle Ages* (2nd Edition), Cambridge University Press, 1987.

MOMIGLIANO, A., *Il conflitto tra paganesimo e cristianesimo nel IV secolo*, Torino, 1971.

MONTI, G. M., *Le corporazioni nell'evo antico e nell'alto medioevo*, Bari, 1934.

NORWICH, J. J., *Bisanzio. Splendore e decadenza di un impero 330–1453*, Milano, 2000.

ORTIZ De URBINA, J., *La politica di Costantino nella controversia ariana*, Roma, 1939.

OSTROGORSKY, G., *Storia dell'impero bizantino*, Torino, 1968.

PARIBENI, R., *L'Italia imperiale. Da Ottaviano a Teodosio*, Milano, 1939; *Storia di Roma vol. III: Da Diocleziano alla caduta dell'Impero d'occidente*, Roma, 1941.

PARATORE, E., *La letteratura latina dell'età imperiale*, Milano, 1992.

POHLSANDER, H. A., *Crispus: Brilliant Career and Tragic End*, London, 1984; *The Emperor Constantine*, London, 1996.

POSTAN, M. M. (ed.), *The Cambridge Economic History of Europe from the Decline of the Roman Empire vol. I: Agrarian Life of the Middle Ages*, Cambridge University Press, 1966.

RÉMONDON, R., *La crise de l'Empire romain de Marc Aurelè à Anastase*, Paris, 1964.

ROMANO, G., *Le dominazioni barbariche*, Milano, 1940.

SALVATORELLI, L., *La politica religiosa e la religiosità di Costantino*, Roma, 1928.

SALZMAN, M. R., *The Making of a Christian Aristocracy: Social and Religious Change in the Western Roman Empire*, Harvard University Press, 2002.

SCHREIBER, H., *I goti*, Bologna, 1981; *I vandali*, Milano, 1984.

SEGRE, G., *Osservazione sulla costituzione dell'impero da Diocleziano a Giustiniano*, Roma, 1934.

STEIN, E., *Histoire du Bas-Empire*, Amsterdam, 1959.

TENNEY, F., *Economic Survey of Ancient Rome*, Baltimore, 1930.

VEYNE, P., *The Roman Empire*, Harvard University Press, 1997.

WELLS, C., *The Roman Empire* (2nd (ed.)), Harvard University Press, 1995.

WILLIAMS, S., *Diocleziano. Un autocrate riformatore*, Milano, 1995.

圖片出處

- 戴克里先(Diocletianus)　伊斯坦堡東方古物博物館（伊斯坦堡／土耳其）收藏　© Erich Lessing
- 象徵「雙頭政治」的紀念幣　柏林國立博物館（柏林／德國）收藏　© Hirmer Fotoarchiv München
- 刻有兩種皇冠的硬幣（兩件都是）大英博物館（倫敦／英國）收藏　© Copyright The Trustee of The British Museum
- 代表四名皇帝的「四巨頭像」　聖馬可教堂（威尼斯／義大利）收藏　© Erich Lessing
- 馬克西米安　阿布魯佐國立博物館（基耶蒂／義大利）收藏　© Deutsches Archäologisches Institut, Roma
- 君士坦提．克洛魯斯　新嘉士柏博物館（哥本哈根／丹麥）收藏　© Ny Carlsberg Glyptotek, Copenhagen
- 伽雷留斯　札耶查爾國立博物館（札耶查爾／塞爾維亞與蒙特內哥羅國）收藏　© National Museum Zajecar, Serbia-Montenegro
- 刻有戴克里先皇帝價格管制敕令的石板（部分）　羅馬文明博物館（羅馬／義大利）收藏　© Archivo Iconografico, S.A./CORBIS
- 「聖母瑪利亞與天使及殉教者教堂」入口　聖母瑪利亞與天使及殉教者教堂（羅馬／義大利）　© Scala Archive, Firenze

・馬克西米努斯・岱亞　埃及博物館（開羅／埃及）收藏　© Archivo Iconografico, S.A./CORBIS
・謝維勒　大英博物館收藏　© Copyright The Trustee of The British Museum
・戴克里先宮殿復原圖　作畫：安尼斯特・赫柏拉　© AKG-Images
・君士坦丁(Constantinus)　卡匹杜里諾博物館（羅馬／義大利）收藏　© Araldo de Luca/CORBIS
・馬克森提斯　梵諦岡博物館（梵諦岡）收藏　© Deutsches Archäologisches Institut, Roma
・利齊鈕斯　梵諦岡博物館（梵諦岡）收藏　© Musei Vaticani
・現代的米爾維亞橋　米爾維亞橋（羅馬／義大利）　© Gianni Giansanti/Sygma/CORBIS
・君士坦丁凱旋門及其各側雕像　君士坦丁凱旋門（羅馬／義大利）（照片）　© Deutsches Archäologisches Institut, Roma
・拼湊而來的凱旋門及各時代雕像位置示意圖　作畫：峰村勝子
・圖拉真時代的雕像（照片，除了⑩以外）　© Fototeca Unione, AAR
・圖拉真時代的雕像（照片⑩）　© Deutsches Archäologisches Institut, Roma
・哈德良時代的浮雕（照片，除了⑤以外）　© Deutsches Archäologisches Institut, Roma
・哈德良時代的浮雕（照片⑤）　© Fototeca Unione, AAR
・馬庫斯・奧理略時代的浮雕　（所有照片）　© Fototeca Unione, AAR
・君士坦丁時代浮雕　（所有照片）　© Deutsches Archäologisches Institut, Roma
・和平祭壇南面　和平祭壇（羅馬／義大利）　© Archäologisches Institut, Philosophische Fakultät, Universität zu Köln

・圖拉真圓柱　羅馬文明博物館（櫻井紳二拍攝）

・格藍迪・魯鐸威治 (Grande Ludovisi) 石棺　羅馬國立博物館：歐坦普斯宮（羅馬／義大利）收藏
© Scala Archive, Firenze

・君士坦丁　烏菲茲博物館（翡冷翠／義大利）收藏　© AKG-Images/Nimatalah

・將帝國首都君士坦丁堡捐給聖母與幼兒基督的君士坦丁皇帝　聖索菲亞教堂（伊斯坦堡／土耳其）收藏
© Erich Lessing

・刻有「不敗的太陽」的貨幣　大英博物館收藏（倫敦／英國）　© Copyright The Trustee of The British Museum

・加冕儀式　拉斐爾及其工房製作，梵諦岡博物館（梵諦岡）收藏　© Scala Archive, Firenze

地圖製作　綜合精圖研究所

【塩野七生代表作——羅馬人的故事】

從崛起、壯大到轉折、衰敗，看羅馬千年的輝煌與落寞

羅馬人的故事I——羅馬不是一天造成的

羅馬的起源可以追溯到扎馬戰役前五百年，羅馬人歷經整整五百多年漫長的蟄伏歲月，因此才會有句話說：「羅馬不是一天造成的」。這五百年間羅馬遭遇哪些挑戰？羅馬人又是如何逐步累積實力，將國家帶往璀璨光明的未來？

羅馬人的故事II——漢尼拔戰記

西元前二一八年，漢尼拔從西班牙率領群眾翻越阿爾卑斯山，進攻義大利本土，直到羅馬名將西比奧打敗漢尼拔才落幕，這場戰爭歷時十六年之久。為什麼知識優越的希臘人、軍事力量強大的迦太基人最後會敗給羅馬人？什麼才是決定戰爭勝、敗的因素？

羅馬人的故事III——勝者的迷思

經過六天六夜激戰，迦太基城淪陷了！這個曾經風光一時的城市被消毀殆盡，羅馬名將小西比奧一想到敵人的命運不覺潸然淚下。勝者如何在勝利的欣喜中，思慮更遠大的未來？大國如何崛起？改變的是制度、心態，還有什麼呢？

羅馬人的故事IV——凱撒時代（盧比孔之前）

西元前一〇〇年七月十二日，「羅馬唯一的創造天才」——朱利斯・凱撒誕生！少年凱撒歷經鬥爭、殺戮、混亂與腐敗，因此致力於樹立羅馬的「新秩序」，他如何巧妙地逆轉國家、政局與社會重重的危機，將個人推向顛峰，創造羅馬歷史的光輝？

羅馬人的故事V——凱撒時代（盧比孔之後）

西元前四十五年，大權在握的凱撒開始進行羅馬帝政化改革，卻在隔年遭醉心共和體制派刺殺，羅馬頓時又陷入混亂狀態！年僅十八歲的屋大維成為凱撒指定的第一繼承人，他能否穩住凱撒留下的偉業？凱撒雖死，但他的精神又為後世留下哪些影響？

羅馬人的故事VI——羅馬和平

西元前二十九年，羅馬終於脫離戰亂狀態，屋大維運用卓越的政治手腕，於西元前二十七年宣佈回歸共和政體，並受贈「奧古斯都」尊稱，締造「羅馬和平」的時代。屋大維這位「非天才人物」，是如何完成連天才凱撒都無法達到的目標？

羅馬人的故事VII——惡名昭彰的皇帝

隨著西元十四年臺伯留繼任，奧古斯都締造的「羅馬和平」畫下句點，羅馬帝國在短短五十四年間，皇帝幾番更迭。是英雄創造的時代已遠？或是暴君當道的世紀來臨？這幾位皇帝究竟是帝國覆亡的推手？抑或是帝國變貌的一頁？

羅馬人的故事VIII——危機與克服

西元六十九年，羅馬接連由軍人掌權，內部動盪不安。所幸此時出現新的轉機：維斯帕先、提圖斯父子花費十多年，一步步將帝國導回正軌。後繼的圖密善勵精圖治，卻集權一身，威脅元老院的共和傳統，此舉是確立帝政的權威，還是另一場危機的引爆？

羅馬人的故事IX——賢君的世紀

走過動盪紛亂的「繼承者危機」，西元二世紀時總算迎來了當時代羅馬人口中的「黃金時代」。雖然圖拉真、哈德良和安東尼奧·派阿斯彼此個性差異頗大，卻能展現各自優秀的領導者特質。且看他們身為當仁不讓的「第一公民」，如何發揮己長、各擅勝場，聯手打造出「罕見的幸福年代」！

羅馬人的故事X——條條大道通羅馬

羅馬種種質、量兼具的建設，被史家讚為羅馬文明偉大的紀念碑。羅馬人為何如此致力於公共建設？為什麼已有踩踏形成的道路，還要鋪設大道？為什麼立國於臺伯河旁、不必擔憂用水問題，還要建設水道？眾多建設的目的，竟只是「為了讓人的生活過得像人」？

羅馬人的故事XI——結局的開始

告別賢君的世紀，羅馬帝國的光環褪色了嗎？「哲學家皇帝」馬庫斯·奧理略，實現了柏拉圖的理想。然而高尚的品德和絕佳的能力卻無法力挽狂瀾，夕陽的餘暉漸籠罩帝國。奧理略過世後，羅馬面臨重大轉捩點，等在道路盡頭的是更寬廣的前程，還是帝國的終點？

羅馬人的故事XII——迷途帝國

從西元二一一年到二八四年，被稱為「三世紀危機」。這時只要有軍隊，人人都可能成為羅馬的主人。在社會動亂、人心惶惶的氣氛之下，基督教成為一盞明燈，提供人們心靈的撫慰。面對逐漸衰頹的羅馬帝國，基督教是否能成為一劑強心針？或是加速羅馬的瓦解？

羅馬人的故事XIII——最後一搏

在羅馬帝國之中，凡事都大規模且多元化，就連走上了衰退的時代，這項特質也依舊沒變。進入帝政時代後期的羅馬帝國，已漸漸轉移為絕對君主政體。羅馬人為什麼要做出這樣的轉變？這個改變又引來什麼樣的結果？

羅馬人的故事XIV——基督的勝利

君士坦丁大帝逝後，東方波斯的威脅與蠻族的不時南侵已成為常態。然而，羅馬更厲害的對手來自內部：急速壯大的基督教。君士坦提烏斯追尋父親的腳步，一面提振基督教會的地位，一面排擠羅馬傳統宗教。羅馬的結局，竟是基督的勝利？

羅馬人的故事XV——羅馬世界的終曲

羅馬帝國的尾聲，從帝國真正的分裂開始。然而，東西羅馬仍竭力維持最後的尊嚴，在邊界疲於奔命。戰爭、停戰、休兵，不斷循環，扼殺了帝國僅存的氣息。登堂入室的外患，成為壓死駱駝的最後一根稻草，經濟被破壞、社會不安，早就宣告了羅馬的不治之症。羅馬帝國何時覆滅？沒有人說的清楚，它轟轟烈烈的出現，卻平平淡淡的結束，沒有該有的送別。

海都物語——威尼斯共和國的一千年（上）（下）

一個建立在水中央的國度，如何憑藉高超的航海與造船技術，成為地中海世界的海上霸主？又如何在大西洋航線開闢、國際局勢變化後喪失優勢？威尼斯如何透過轉型發展、彈性外交政策奮力一搏？塩野七生用其細膩、生動，富有文學性的筆調，讓您彷若搭乘威尼斯的「貢多拉」，徜徉於威尼斯共和國一千年的歷史長河。

國家圖書館出版品預行編目資料

羅馬人的故事XIII：最後一搏／塩野七生著;鄭維欣譯.——修訂二版一刷.——臺北市：三民，2024
面；　公分.——(羅馬人的故事系列)

ISBN 978-957-14-7553-0（平裝）
1.歷史 2.羅馬帝國

740.222　　111016914

羅馬人的故事

羅馬人的故事 XIII——最後一搏

著作人　塩野七生
譯者　鄭維欣

發行人　劉振強
出版者　三民書局股份有限公司
地址　臺北市復興北路 386 號 (復北門市)
　　　臺北市重慶南路一段 61 號 (重南門市)
電話　(02)25006600
網址　三民網路書店 https://www.sanmin.com.tw

出版日期　初版一刷 2006 年 9 月
　　　　　初版三刷 2016 年 1 月
　　　　　修訂二版一刷 2024 年 1 月
書籍編號　S740540
ISBN　978-957-14-7553-0

三民書局